世界著名大学

闻 珺 编著

吉林人民出版社

图书在版编目(CIP)数据

世界著名大学 / 闻珺编著. —— 长春：吉林人民出版社，2012.4

（看世界丛书）

ISBN 978-7-206-08779-0

Ⅰ.①世… Ⅱ.①闻… Ⅲ.①高等学校－介绍－世界－青年读物②高等学校－介绍－世界－少年读物 Ⅳ.①G649.1-49

中国版本图书馆CIP数据核字(2012)第071345号

世界著名大学
SHIJIE ZHUMING DAXUE

编　著：闻　珺
责任编辑：周立东　　　　　　封面设计：七　洱
吉林人民出版社出版 发行（长春市人民大街7548号 邮政编码：130022）
印　　刷：北京市一鑫印务有限公司
开　　本：670mm×950mm　1/16
印　　张：13.5　　　　　　　字　　数：220千字
标准书号：ISBN 978-7-206-08779-0
版　　次：2012年7月第1版　　印　　次：2023年6月第3次印刷
定　　价：48.00元

如发现印装质量问题，影响阅读，请与出版社联系调换。

目录 CONTENTS

兼容并包、思想自由的北京大学 …………001
清芬挺秀、华夏增辉的清华大学 …………005
人才强校的中国科学技术大学 ……………008
自强不息的复旦大学 ………………………011
春风化雨、桃李芬芳的南京大学 …………015
"敢为天下先"的上海交通大学 ……………017
享有"东方剑桥"之称的浙江大学 …………020
为巩固统治而建立的香港大学 ……………023
静雅而美丽的香港科技大学 ………………025
以质取胜的东京大学 ………………………028
日本精英的摇篮早稻田大学 ………………031
科学家的摇篮京都大学 ……………………033
立足本土、放眼世界的大阪大学 …………036
韩国的最高学府首尔国立大学 ……………039
亚太地区著名的高等学府新加坡国立大学 …040
被誉为"师生大学"的牛津大学 ……………043
人才辈出的智慧皇宫剑桥大学 ……………046
位列英国三甲的研究型高等学府
　伦敦帝国理工学院 ………………………049
与牛津、剑桥大学齐名的爱丁堡大学 ……051
英国最受海外学生欢迎的谢菲尔德大学 …053
人才辈出的伦敦国王学院 …………………055
英国最受欢迎大学之一的曼彻斯特大学 …057
带有浓郁古典气息的伯明翰大学 …………059
素有"欧洲大学之母"之称的巴黎大学 ……061
传统与现代性的结合巴黎高等师范学校 …063

目录 CONTENTS 2

巴黎中心科学思想的结晶巴黎第六大学 ………066
"下金蛋的母鸡"巴黎理工大学 ……………068
现代大学之母柏林大学 ………………………070
世界哲学家的摇篮海德堡大学 ………………072
德国精英大学之一的慕尼黑大学 ……………075
18世纪启蒙运动的产物波恩大学 ……………078
知识的圣地哥廷根大学 ………………………080
入学容易毕业难的柏林工业大学 ……………083
由市民捐赠建立的法兰克福大学 ……………085
几次中断授课的明斯特大学 …………………088
俄罗斯排名首位的综合大学莫斯科国立大学 …089
俄罗斯的王牌学校圣彼得堡国立大学 ………091
被誉为"欧洲麻省理工"的瑞士联邦理工学院 …093
丹麦历史最悠久的综合性公立大学哥本哈根大学
…………………………………………………096
诺贝尔医学奖的摇篮卡罗林斯卡学院 ………098
以手语见长的斯德哥尔摩大学 ………………100
芬兰第一所国立大学赫尔辛基大学 …………102
比利时最大的大学鲁汶大学 …………………104
享有"自由堡垒"美誉的莱顿大学 ……………107
挪威最大、最古老的大学奥斯陆大学 ………109
欧洲的科学"麦加"维也纳大学 ………………111
建筑家的摇篮罗马大学 ………………………113
阿拉伯文化的圣殿开罗大学 …………………116
南非最古老的大学开普敦大学 ………………118
享有"南半球牛津"美誉的悉尼大学 …………120

澳洲八大五星级名校之一的新南威尔士大学…122

澳洲排名第一的墨尔本大学……………124

百年树人、功勋卓著的阿德莱德大学……126

拥有澳洲最大校园的莫纳什大学…………129

昆士兰州的首席大学昆士兰大学…………131

透过现象看本质的澳大利亚国立大学……132

新西兰最具国际化的大学林肯大学………135

学无止境的梅西大学………………137

北美大陆历史最悠久的大学多伦多大学…140

"加拿大的麻省理工"麦克马斯特大学……142

全球最多亿万富豪就读的大学哈佛大学…144

"美国西岸的哈佛大学"斯坦福大学………148

全美最好的州立大学加州大学伯克利分校…151

"世界理工大学之最"的麻省理工学院……154

崇尚真理的加州理工学院………………158

美国精英的殿堂普林斯顿大学……………160

普利策奖的诞生地美国哥伦比亚大学……162

第一所美式大学芝加哥大学……………165

享有"美国学院之母"美誉的耶鲁大学……168

兼具公立和私立双重性质的康奈尔大学…171

培养务实、创新型人才的宾夕法尼亚大学…173

美国公立大学的典范密歇根大学…………176

美国政治家的摇篮乔治·华盛顿大学……178

名副其实的研究型大学约翰·霍普金斯大学…181

有"南方哈佛"之称的杜克大学……………184

美国最大的私立大学纽约大学……………187

目录 CONTENTS 4

美国最大的大学德州大学奥斯汀分校…………189
著名的企业家大学宾夕法尼亚州立大学………190
培养影视艺术名人的南加利福尼亚大学………192
世界最残酷的大学之一卡内基梅隆大学………194
美国"领导级的研究大学"佛罗里达大学………197
被誉为"美国航空航天之母"的普渡大学………199
美国较大的州立大学俄亥俄州立大学…………202
最合算的大学莱斯大学……………………………203
从牛奶学院到超级大学的密歇根州立大学……205
自由开放的布朗大学………………………………207

兼容并包、思想自由的
北京大学

北京大学学风：勤奋、严谨、求实、创新。

北大一直没有确定的校训。盛传的校训有两个，第一是为人所熟知的"兼容并包、思想自由"，第二个便是"爱国、进步、民主、科学"。没有校训仿佛是一个遗憾，但是，作为北大，没有校训仿佛便是最好的校训——充分的个人发展空间，或许你可以选择"格物致知"，也可以选择"修身齐家"，更可以选择"治国平天下"，这正是北大的精神所在。

● 历史上的北京大学

北京大学地处中国政治、文化的中心——北京，主校区位于北京市海淀区中关村核心地带，西靠颐和园，北临圆明园，占地面积2.72平方公里，建筑面积142.23万平方米。

北京大学创办于1898年，初名京师大学堂，是中国第一所国立大学，也是中国在近代正式设立的第一所大学，其成立标志着中国近代高等教育的开端。1912年5月，京师大学堂改名北京大学，著名的教育家、启蒙思想家严复出任北京大学第一任校长。1916年12月，蔡元培先生出任校长，实行"兼容并包、思想自由"的治学理念，在学术和思想上将北大造就成中国首屈一指的大学。1951年6月，马寅初教授被任命为中华人民共和国建立后的第一任校长。1952年院系调整后，成为一所侧重于基础学科教学和研究的文理科综合大学。

北京大学作为新文化运动的中心和五四运动的发祥地，作为中国最早的马克思主义和民主科学思想的源头之一，也作为中国共产党最早的活动根据地之一，为民族的振兴和解放、国家的建设和发展、社会的文明和进步做出了不可替代的贡献，在中国走向现代化的进程中起到了重要的先锋作用。爱国、进步、民主、科学的传统精神和勤奋、严谨、求实、创新的学风在北京大学生生不息、代代相传。

北京大学作为对中国近代史上影响深远的大学，其学术水平一直在国内傲视同侪。北大师资力量雄厚，他们或为学界泰斗，或为学术新星，构成了北大独特的学术风景。凭借其浓厚的学术氛围和卓越的科研水平，北大能够不断地推陈出新，把最前沿的科学知识传授给学生。北大堪称中国科学的圣地。陈独秀、李大钊、毛泽东以及鲁迅、胡适等一批杰出人才都曾在北京大学任职或任教。

● 师资力量

北京大学是中国实力最强的综合性大学之一。北京大学是国家首批"211工程"和"985工程"重点建设的大学。北大理科、文科和医科的国家重点学科，均居全国首位。能源与资源工程、石油地质、力学、测绘科学与技术、材料科学、景观设计与建筑学、环境工程、计算机科学与技术、电子科学与技术、航空航天研究、先进技术研究、跨学科研究等都在国内处于领先水平。同时，北京大学的诺贝尔奖得主、国家最高科学技术奖得主、院士、"973项目"首席科学家、教授、博士生导师、长江学者、国家重点学科、国家实验室、国家重点实验室、教育部重点实验室、卫生部重点实验室、国家人才培养基地的数量，均居全国高等院校之首。

北京大学图书馆现为亚洲高校最大的图书馆，其前身是始建于1898年的京师大学堂藏书楼，是中国近代第一所新型的国立图书馆。

● 今日的北京大学

这是一块神圣的土地。百余年来这里成长着中国几代最优秀的学者。广博的学识，闪光的才智，庄严、无畏、独立的思想，这一切又与先天下的严峻思想、刚正不阿的人格操守以及勇锐的抗争精神相结合，构成了一种特殊的精神魅力。

北京大学大力推进教学改革，按照"加强基础、淡化专业、因材施教、分流培养"的方针，在低年级实行通识教育，高年级实行宽口径的专业教育，培养学生独立思考和继续学习的能力，培养学生的创新能力和创造精神，并把培养社会主义现代化建设需要的高级专门人才同重大研究有效地结合起来，在继续加强和发展基础学科的同时，着力发展经济建设以及科技进步和社会发展急需的应用学科、交叉学科和新兴学科，使学校成为一所拥有自然科学、技术科学、社会科学、人文科学、管理科学、教育科学、语言科学、医药科学和新型工程科学等多种学科，集人才培养、科学研究、社会服务为一体的新型综合性大学。

北京大学以其突出的影响力吸引着全世界的目光，全世界的政要、学者无不把到北京大学演讲作为中国之行的首选。他是中国学术的圣殿，是科学家与学者的摇篮。

● 大学名人堂

北大学子中涌现了近400位大学校长，遍及中国各大名校，包括：清华大学、中央大学校长罗家伦；中国人民大学校长袁宝华；北京师范大学校长徐旭生；中国协和医科大学校长顾方舟；北京航空航天大学校长李未；中国政法大学校长陈光中；中国地质大学校长赵鹏大；复旦大学校长张志让；上海交通大学校长叶恭绰；中国科学技术大学校长管惟炎；浙江大学校长钱三强；哈尔滨工业大学校长刘哲；吉林大学校长唐敖庆、周其凤；南开大学校长滕维藻；北洋大学校长刘仙洲；同济大学、重庆大学、西北大学校长胡庶华；武汉大学校长刘秉麟；西北大学校长张岂之；兰州大学校长聂大江；山东大学校长潘承洞等。

北京大学为中国培养了一大批外交人才，两任外交部部长唐家璇和李肇星；前外交部副部长徐敦信、周南；前中国常驻联合国代表团首席代表凌青等均出身北大。据不完全统计，新中国成立以来北大学子中有至少45人出任驻外大使。

北京大学也为中国司法界培养了一大批人才，包括最高人民法院原院长任建新、最高人民法院原副院长张志让、江必新以及多位各省最高人民法院院长、最高人民检察院检察长等。

金融界同样活跃着一大批北大学子，仅"文革"以后的毕业生中，就有前任中国人民银行副行长李若谷、项俊波；行长助理、前货币财政司司长，央行系统唯一中央直管专家易纲；中国证监会副主席屠光绍；深圳证券交易所总经理张育军；泰康人寿总裁刘经纶；华尔街著名投资银行高盛集团亚洲地区总经理蔡金勇；美林集团亚太区总裁蔡红军；摩根士丹利亚太区总经理兼亚太区固定收益证券部主管刘嘉凌；摩根大通中国区总经理、研究部主管兼首席经济师龚方雄等。

北京大学在新闻传媒界也培养了大批优秀人才。新中国成立前一代报业巨子成舍我和中国副刊之父孙伏园均为北大学子；新中国成立以后有新华社社长朱穆之、郭超人；人民日报社社长范长江；中央电视台台长杨伟光；中国新闻社社长郭瑞；人民文学出版社社长聂震宁；21世纪报系发行人、总编沈颢；著名记者唐师曾、李响等。

北大学子在网络传媒时代中的表现也极为出色，包括新浪网创始人、首任CEO王志东；TOM互联网事业集团首席营运官许志明；全球最大的中文搜索引擎提供商"百度"创始人兼总裁李彦宏等。

北大毕业生入掌大型国企的都风华正茂，如中国房地产集团公司董事长、"房地产学院派"代表人物孟晓苏；中国旅游企业旗舰华侨城集团公司总经理任克雷；鞍钢集团公司副董事长杨华；中辰国际集团有限公司董事长常景兴；中国对外贸易运输（集团）总公司总裁张斌；中国广东核电集团董事长昝云龙等都是数十亿甚至上百亿大型国企的领军人物。

在各大知名企业中，北大学子同样有不错的表现，例如康佳集团总裁侯松容；TCL集团副总裁严勇；联想集团副总裁马越；神州数码副总裁王平生；中科软件集团总裁柳军飞；林凤集团总裁张涌；达因集团总裁张璨以及董事长阎俊杰夫妇；亚信科技董事长丁健；国美电器总经理何炬；红蜻蜓集团董事长钱金波；恒基伟业常务副总裁孙陶然；李宁体育用品集团公司董事长兼总经理李宁；深圳万科集团总经理郁亮；新东方创办人、"留学教父"俞敏洪等。

在华大型跨国公司中也活跃着北大人的身影：Adobe大中国区总经理皮卓丁；IBM中国华南区总经理鞠立；IBM莲花软件公司中国区总经理刘洪；Oracle中国公司前董事、副总经理张书恒；微软中国有限公司副总经理刘凤鸣；中国惠普有限公司副总裁孙逢举；摩托罗拉公司中国软件中心董事、总经理邹贵华；爱立信中国公司副总裁赵钧陶；华纳中国区前总裁许晓峰等。

在海外的北大校友在创业方面也不甘寂寞。美国成功集团总裁刘宁；全球数码相机的OEM产品领域中位居第一的虹软创办人兼首席执行官邓辉；赛门铁克原全球副总裁、现知名软件开发公司蓝代斯克的首席执行官王苗；在中德贸易中占近6%的份额的德国周氏王朝国际控股（集团）有限公司创办人兼董事长周松波；美国光以太网技术领导厂商Atrica公司副总裁兼产品营销总监陈子南等均毕业于北大。

北京大学是新文化运动的发祥地，也是白话文运动的中心，鲁迅、周作人、郁达夫、沈从文、梁实秋、林语堂等现代文学大师都曾在北大任教。百年北大为中国造就了大量蜚声文坛的诗人、作家，不仅有现代文学大师茅盾、朱自清；有"新月诗派"主将徐志摩；"七月派"诗人胡风；"中国最为杰出的抒情诗人"冯至；"汉园三诗人"卞之琳、何其芳、李广田；"九叶派"诗人穆旦、郑敏、杜运燮、袁可嘉；新中国著名诗人李瑛，也有小说家台静农、废名、张天翼、徐訏、汪曾祺、鹿桥、刘绍棠、叶永烈；还有著名散文家俞平伯、梁遇春、张中行、剧作家杨晦、刘锦云。在"文革"以后的文坛佼佼者有张承志、刘震云、陈建功、黄蓓佳、张欣、曹文轩等；盛极一时的"北大诗会"涌现了海子、骆一禾、西川、臧棣、戈麦、西渡等一大批当代杰出诗人。

北京大学自蔡元培校长开始就强调美育，北大学子中出现了人民音乐家冼星海；戏剧家李约祉、金仲荪；北派书画艺术的领袖人物郭风惠；大写意花鸟画家李苦禅；国画家秦仲文、吴镜汀；作曲家吴伯超；书法家柯璜、谢无量、欧阳中石；篆刻家乔大壮等一批一流艺术家。

清芬挺秀、华夏增辉的清华大学

校风校训："自强不息、厚德载物"的校训，"行胜于言"的校风，从建校初期就成为清华师生治学与为人的追求，并一代代得以传承。从"五四"爱国运动、"一二·九"抗日救亡运动到反内战争民主的"一二·一"学生运动，从施滉、韦杰三到闻一多、朱自清，生动地展现了清华师生的革命精神。新中国成立后，清华大学坚持党的教育方针，坚持"又红又专"的方向，培育"严谨、勤奋、求实、创新"的学风，探索出一条"爱国、成才、奉献"和"为祖国健康地工作五十年"的成才道路。今天，它更以"拼搏、创新"的精神，迎接新世纪的挑战。

清华大学校园占地356公顷,建筑面积168万平方米,校园内绿草青青,树木成荫,湖光山色,景色优雅。各个不同时期的建筑自然形成各具风格的建筑群落,为师生创造了适宜的工作、学习和生活环境。

清华大学主体所在地——清华园,地处北京西北郊名胜风景园林区,明朝时为一私家花园,清朝康熙年间成为圆明园的一部分,称熙春园,道光年间分为熙春园和近春园,咸丰年间改名为清华园。清华大学是中国著名高等学府,是中国高层次人才培养和科学技术研究的重要基地之一。

● 历史上的清华大学

清华大学的前身是清华学堂,成立于1911年,1912年更名为清华学校。为尝试人才的本地培养,1925年设立大学部,1928年更名为"国立清华大学",并于1929年秋开办研究院。1937年抗日战争爆发后,南迁长沙,与北京大学、南开大学联合办学,组建国立长沙临时大学,1938年迁至昆明,改名为国立西南联合大学。1946年,清华大学迁回清华园原址,并设有文、法、理、工、农等5个学院和26个系。

1952年,全国高校院系调整后,清华大学成为一所多科性工业大学,重点为国家培养工程技术人才,被誉为"工程师的摇篮"。1978年以来,清华大学进入了一个蓬勃发展的新时期,逐步恢复了理科、经济、管理和文科类学科,并成立了研究生院和继续教育学院。1999年,原中央工艺美术学院并入,成立清华大学美术学院。在国家和教育部的大力支持下,经过"211工程"建设和"985计划"的实施,清华大学在学科建设、人才培养、师资队伍、科学研究以及整体办学条件等方面均跃上了一个新的台阶。

● 师资力量

清华大学拥有国内一流的师资力量和优越的教学、科研和实践环境。素有"大师之园"美誉的清华大学,校园环境优美,教学设施先进,学校名师荟萃。

至2005年4月,清华大学有理工学院、建筑学院、土木水利学院、机械工程学院、信息科学技术学院、人文社会科学学院、经济管理学院、法学院、美术学院、公共管理学院、应用技术学院、新闻与传播学院、航天航空学院等13个学院和54个系，41个研究院（所）、35个研究中心和171个实验室，其中包括1个国家实验室、12个中国国家重点实验室和15个中国教育部重点实验室。

清华大学现有教职工7 800余人，其中诺贝尔奖获得者1名（杨振宁，取得诺贝尔奖时是中国国籍）、图灵奖获得者1名（姚期智）、中国科学院院士35名、中国工程院院士32名、正高级专业技术职务1 300余人。国家重点学科49个，本科专业60个，第二学士学位专业1个，硕士学位授权点170个，博士学位授权点128个，博士后科研流动站27个。在校全日制学生32 000余名，其中本科生13 000余名，硕士生13 000余名，博士生近5 000名。有来自46个国家和地区的在校留学生及进修生1 700余名，远程教育学员9 000余名。

● 今日的清华大学

清华大学大力推进教学改革，倡导宽口径、厚基础的培养模式，加强基础课教学，充实、更新教学内容，注重学生创新能力和创造精神的培养；在教学管理上，实行学分制，缩减课内学时，提倡学生自主学习，鼓励学生跨专业选修课、攻读辅修专业等，提前修满学分的学生可以提前毕业，推荐品学兼优的应届毕业生免试攻读硕士、博士学位，以最优化的模式培养多样化的高层次人才。此外，学校注重多学科、跨学科的研究与培养，"基础科学班"和"中外文化综合班"等因其富有特色的培养方式、深厚的基础教学和对未来多样化的选择机会等备受学校的重视和社会的欢迎。

水木清华90余载，清华散发出独特的精神魅力。这里治学严谨、学风浓郁，拥有一流的学术水平和教学质量。清华大学本科教育和研究生培养质量得到国内外各界的普遍认可，正在成为学校跻身世界一流大学的又一显著标志。清华大学正以其自身的学科优势同世界学术界对话，担当着"科教兴国"的重任。

清华大学传承培育"为国家社会服务之健全品格"的人才的教育理念。建校至今，共培养了近10万名毕业生，其中包括一批又一批中华民族引以为豪的学术大师、兴业之才和治国之才。清华大学一直是全国最优秀考生心向往之的处所。

清芬挺秀，华夏增辉。今天的清华大学面临着前所未有的历史机遇，清华人继承"爱国、奉献"的优良传统，秉承"自强不息、厚德载物"的校训,"行胜于言"的校风以及"严谨、勤奋、求实、创新"的学风,为使清华大学的明天、为中华民族的伟大复兴而努力奋斗。

● 大学名人堂

清华大学治学严谨,有着较高的学术水平和教学质量。建校至今,培养了一大批中华民族引以为自豪的治学大师、兴业英才和治国栋梁。他们中有竺可桢、高士其、姜立夫、段学复、张子高、杨石先、叶企孙、周培源、钱三强、王淦昌、邓稼先、梁思成、杨廷宝、钱伟长、吴仲华、洪深、曹禺、金岳霖、王力、陈岱孙、钱钟书、费孝通、吴晗、周光召、林宗棠等。此外,马寅初、陈寅恪、熊庆来、华罗庚、茅以升、吴有训、钱学森、张光斗等都是清华的进修生,美籍学者杨振宁、李政道、林家翘均是清华校友。在1999年被授予"两弹一星勋章"的23位功勋中,有14位是清华校友。截至2001年12月底,1 537名中国科学院和中国工程院院士中,近25%为清华大学校友。

清华大学的初期发展,虽然渗透着西方文化的影响,但学校植根于中华民族优秀文化的沃土,形成了自己优良的传统和精神。以国学研究院四大导师王国维、梁启超、陈寅恪、赵元任为代表的清华学者,主张中西兼容、文理渗透、古今贯通,对清华的发展产生了深远的影响。

人才强校的
中国科学技术大学

校训:勤奋学习,红专并进,理实交融。

中国科学技术大学是中国科学院所属的一所以前沿科学和高新技术为主、兼有特色管理和人文学科的综合性全国重点大学。

● 历史上的中国科技大学

1958年9月创建于北京,首任校长由郭沫若兼任。它的创办被称为

"我国教育史和科学史上的一项重大事件"。建校后,中国科学院实施"全院办校,所系结合"的办学方针,学校紧紧围绕国家急需的新兴科技领域设置系科专业,创造性地把理科与工科即前沿科学与高新技术相结合,注重基础课教学,高起点、宽口径培养新兴、边缘、交叉学科的尖端科技人才,汇集了严济慈、华罗庚、钱学森、赵忠尧、郭永怀、赵九章、贝时璋等一批国内最有声望的科学家,使学校得到迅速发展,建校第二年即被列为全国重点大学。

1970年初,学校迁至安徽省合肥市,开始了第二次创业。1978年以后,学校锐意改革,大胆创新,在全国率先提出并实施了创办少年班、首建研究生院、建设国家大科学工程、面向世界开放办学等一系列具有创新精神和前瞻意识的教育改革措施。"七五""八五"期间一直得到国家的重点建设,很快发展成为国家高质量人才培养和高水平科学研究的重要基地。

长期以来,学校大力弘扬"红专并进,理实交融"的校风,坚持"我创新,故我在"和精品办学、英才教育的理念,形成了不断开拓创新的优良传统,以及教学与科研相结合、理论与实践相结合的鲜明特色,培养出一批德才兼备的高层次优秀人才。学校面向世界科学前沿领域,凝练科学目标,开展科学研究,努力提高学术研究水平和科研创新能力与科研竞争力,取得了一批具有世界领先水平的原创性科技成果。

● 师资力量

校园总面积约145万平方米,建筑面积92万平方米,拥有先进教学科研仪器设备,图书馆藏书达183.5万册,已建成国内一流水平的校园计算机网络,并初步建成若干科研、教学公共实验中心。在校学生15 000多人,其中博士生2 400多人,硕士生5 800多人,本科生7 400多人。本科生生源和培养质量一直在全国高校中名列前茅。

中国科学院实施"全院办校,所系结合"的办学方针,与中科院近百家研究院所共同组建了全国最大的"科教联盟",统计至2008年,共有27个所长、院士兼任着学校各学院院长和系主任,在联合培养高素质创新人才、共建实验室、科研联合攻关等方面展开了卓有成效的合作。中国科大坚持"人才强校"战略,凝聚了一支爱岗敬业、乐于奉献的一流师资队伍,先后有9位"两弹一星"元勋和150多位院士在校任教。

至2009年，中国科学技术大学有两院院士28人，国家级教学名师5人，教育部"长江学者奖励计划"特聘教授和讲座教授16人，中科院"百人计划"入选者80人，国家杰出青年基金获得者75人，各类国家级创新团队16个，各类优秀人才占师资队伍的15%。

学校有11个学院、25个系，以及研究生院、软件学院、继续教育学院、网络教育学院等，在上海、苏州分别设有研究院。有数学、物理学、力学、天文学、生物科学、化学共6个国家理科基础科学研究和教学人才培养基地以及1个国家生命科学与技术人才培养基地，8个一级学科国家重点学科，4个二级学科国家重点学科，两个国家重点培育学科，1个安徽省A类重点学科，19个安徽省B类重点学科。建有国家同步辐射实验室、合肥微尺度物质科学国家实验室、火灾科学国家重点实验室、国家高性能计算中心、蒙城地球物理国家野外科学观测研究站等33个国家和院省部级重点科研机构。其中，理学门类一级学科国家重点学科数排名全国高校第3，理学博士点的国家重点学科覆盖率达100%；工学博士点的国家重点学科覆盖率达40%。从2000年到2008年，在两院院士评选出的年度"中国十大科技进展"中，中国科大有6项成果入选，名列全国高校第2，仅次于北大。

● 今日的中国科技大学

中国科学技术大学是中国科学院所属的一所以前沿科学和高新技术为主、兼有特色管理和人文学科的综合性全国重点大学，是唯一得到"211工程""985工程"和"知识创新工程"三大工程重点建设的大学。

中国科大从1963年有首届毕业生到2008年，已有42名毕业生当选两院院士，本科毕业生当选院士的比例高达1‰，排名全国高校第2，仅次于北大。1983年，我国自主培养的首批18名博士中，有7人是中国科大培养的；先后有23名博士生获得"全国百篇优秀博士论文"奖，比例居全国高校第2；据国务院学位办统计，中国科大博士生在国际权威学术期刊《Nature》《Science》上发表的论文数居全国高校第2；每年有70%以上的本科毕业生考取国内外研究生。

目前，全校上下正深化改革，锐意创新，力争在2018年建校60周年前后，把学校建设成为质量优异、特色鲜明、规模适度、结构合理的一流研究型大学，成为与中国科学院和其他专业研究院所及高科技企业相结合，面向全国培养具有创新能力和现代知识结构的一流人才，具有较强知识创新和技术创新能力的教育与科研基地，为实现"创寰宇学府，育天下英才"的宏伟目标而努力奋斗。

● 大学名人堂

中国科学院院士中的校友：白以龙、朱清时、赵忠贤、陈颙、马志明、徐建中、朱作言、施蕴渝、严加安、佟振合、王志珍、石耀霖、李邦河、李崇银、刘嘉麒、李曙光、吴奇、陈霖、林尊琪、侯建国、饶子和、郭光灿、李洪钟、王大成、魏奉思、黄民强、俞昌旋、陈润生、李灿、欧阳钟灿等。

中国工程院院士中的校友：吴有生、王震西、杨秀敏、李国杰、何多慧、龚惠兴、魏复盛、杜善义、宋湛谦、许祖彦、陈立泉、范维澄、周寿桓、吴以成等。

自强不息的 复旦大学

校训：博学而笃志，切问而近思。
校风：文明、健康、团结、奋发。
学风：刻苦、严谨、求实、创新。
教学原则：通才教育，按类教学。
教学理念：宽口径、厚基础、重能力、求创新。

复旦大学创建于1905年，原名复旦公学，于光绪三十一年（1905）中秋节正式开学，是第一所由中国人通过民间集资自主创办的高等学府。"复旦"二字由创始人、中国近代知名教育家马相伯先生选定，选自《尚书大传·虞夏传》中《卿云歌》"日月光华，旦复旦兮"的名句，意在自强不息，寄托当时中国知识分子自主办学、教育强国的希望。一百多年来，复旦大学经历了数不清的风风雨雨，然而"复旦"二字却深深地镌刻进了一代又一代复旦人的心中。2005年是复旦大学的百年校庆。国家主席胡锦涛发来贺信,贺信中称复旦大学是"由中国人自主创办的第一所私立大学"。全国人大常委会委员长吴邦国参加校庆大会并致辞。国家邮政总局发行复旦百年校庆纪念邮票,这是继北京大学百年校庆后我国第二次为一所大学百年校庆发行邮票。2006年,"复旦"被评为上海市著名商标;2007年,"复旦"商标(包括"复旦"二字和图形标识)被国家工商行政管理总局商标局认定为中国驰名商标(教育类),复旦因此成为继清华之后,中国第二所获此殊荣的高校。

● 历史上的复旦大学

复旦大学经历逾百年的沿革。1917年复旦公学改名为私立复旦大学,下设文、理、商三科以及预科和中学部。1937年抗日战争爆发后,学校内迁重庆北碚,并于1941年改为"国立"。1946年学校迁回上海江湾原址。到1949年学校已设立文、理、法、商、农五院20多个系(科)。鲁迅、郭沫若、邹韬奋、老舍、竺可桢、马寅初等著名学者曾到校演讲或任教。1950年高校初步进行院系调整,复旦大学的海洋系并入山东大学;上海暨南大学的文、法、商三院,同济大学的文、法两院,以及浙江大学、英士大学的部分系科并入复旦大学。1952年秋,全国高校院系调整,复旦大学的法学院、商学院、农学院调出,分别成立了华东政法学院、上海财经学院和沈阳农学院;而华东地区的浙江大学、交通大学、南京大学、安徽大学、金陵大学、圣约翰大学、沪江大学、震旦大学、大同大学、光华大学、大夏大学、上海学院、中华工商专科学校、中国新闻专科学校等高等院校的文、理科有关系科并入复旦大学。20世纪80年代以后,尤其是通过教育部和上海市共同建设,以及"七五""八五"和"九五"的重点建设,复旦大学逐步发展成为一所人文科学、社会科学、自然科学、技术科学以及管理科学在内的多科性研究型综合大学。2000年4月27日上海医科大学与复旦大学合并,成立新的复旦大学。上海医科大学创建于1927年,是中国人自己创办的第一所高等医学院校。建院时定名为第四中山大学医学院,1932年改名为国立上海医学院,1952年更名为上海第一医学院,1959年被中央指定为全国16所重点高等院校之一,1985年改名为上海医科大学。上海医科大学与复旦大学合并,进一步拓宽了复旦大学的学科结构,为综合性大学的发展目标奠定了坚实的基础。

● 师资力量

学校拥有一支高水平的师资队伍，现有专任教师与科研人员2 481人，其中教授、副教授近1 400人，中国科学院、中国工程院院士35人（含双聘），博士生导师831人，教育部"长江学者奖励计划"特聘教授40人、讲座教授14人，"国家重点基础研究发展计划（简称973）"项目首席科学家9人，国家级有突出贡献中青年专家33人。

复旦努力以一流的师资，一流的管理，培养出一流的复旦人才。复旦培养的人才，在各自岗位上大显身手，赢得了社会的肯定和用人单位的普遍欢迎。在全国高校毕业生就业市场竞争日益激烈的情况下，近年来复旦本科生就业率始终在95%以上。从毕业生流向，也可看出复旦人在社会发展中所担当的角色。进入国家机关的人数占毕业总人数的6%—7%，直升或考取研究生以及留在高校及科研单位的约占40%。进入金融单位、各类公司企业、律师事务所、会计师事务所等比例均较高。用人单位普遍反映，复旦的学生大多数具备自信心强、有协作精神、适应能力强等诸多优点，在工作中往往能脱颖而出。

截至2006年底，复旦大学图书馆由文科馆、理科馆、医科馆、张江校区图书馆、江湾校区图书馆组成，馆舍面积56 066平方米。另有35个院系和研究中心的资料室，总面积7 850平方米。全校图书馆总面积合计63 916平方米。馆藏纸质图书470余万册，含各院系资料室藏书112万册。馆藏文献中包括线装古籍40万册（含善本8万册），民国时期图书10万册，外国教材2.8万册。年订购中西文纸本期刊6 753种，订购报纸476份。

● 今日的复旦大学

经过多年的建设和发展，复旦大学已经形成"一体两翼"的校园格局：即以邯郸校区、江湾新校区为一体，以枫林校区、张江校区为两翼。

复旦大学把培养具有全面素质的高质量人才作为教学的根本目标。学校注意从自己的实际出发，大胆吸收国内外高校的成功经验，注重加强学科间的渗透、交叉、组合，发挥综合性大学多学科的特色和优势。经过长期的实践和探索，已经建立起一套比较完整的、有自身特点的教学计划和管理体系。

学校把加强和发展研究生教育视为建设世界一流大学的关键，始终以"提高研究生培养质量"为核心，激励研究生的创新能力，营造完善的成才机制和浓重的学术氛围。积极推进招生制度改革，扩大博士生导师的招生自主权，通过提前攻博、硕博连读和招收直博生制度来吸引优秀生源。通过加强课程建设和教材建设来完善研究生学位课程体系，以严格的科研训练和能力培养来激发研究生的自主创新潜力，实施学位论文开题报告、中期考核和博士资格考试等措施，提高研究生的培养质量。近年来，研究生发表的论文在质量和数量上都有较大的提高，在连续六届的全国百篇优秀博士学位论文评选中，该校有33篇入选，在全国名列第3。为适应国家现代化建设的要求，近年来着力于研究生教育专业结构的调整，大力发展专业学位研究生的培养，取得了很好的成效，得到社会的广泛认同。在2001年亚洲13所著名商学院参加的"亚洲创业计划大赛"上，该校MBA代表队囊括全部单项与总分冠军，在全国"华为杯"研究生电子设计大赛中，该校多次获团体和个人冠军。在第一届100名国家教学名师奖评审中，复旦2位教授获得殊荣；上海市首届52名教学名师奖评选中，有8名教授入选，居上海市各高校之首。

● 大学名人堂

复旦历史上曾经拥有一大批学术大师和著名学者，在国内外享有盛誉。周谷城、陈望道、颜福庆、苏步青、谭其骧、周予同、陈建功、朱东润、胡曲园、严北溟、张世禄、伍蠡甫、卢鹤绂、谢希德等著名学者长期在校执教，为复旦奠定了雄厚的学术基础。谈家桢、吴浩青、谷超豪、胡和生、王迅、陈中伟、杨雄里、杨福家、汤钊猷、顾玉东、李大潜、陈灏珠、沈自尹、闻玉梅、王威琪、陆谷孙、章培恒等一大批知名专家，仍活跃在国内外学术舞台上，成为复旦当代学术精神的代表。建校以来，复旦大学共培养了18万余名各类毕业生，涌现出包括于右任、邵力子、陈寅恪、竺可桢、张志让、李岚清等校友在内的众多杰出人才，为国家的建设事业做出了卓越贡献。

春风化雨、桃李芬芳的
南京大学

校训：诚朴雄伟、励学敦行。

南京大学坐落于钟灵毓秀、虎踞龙盘的金陵古都，是一所历史悠久、声誉卓著的百年名校。

● 历史上的南京大学

南京大学的前身是创建于1902年的三江师范学堂，此后历经两江师范学堂、南京高等师范学校、国立东南大学、第四中山大学、国立中央大学、国立南京大学等历史时期，于1950年更名为南京大学。1952年，在全国高校院系调整中，南京大学调整出工学、农学、师范等部分院系后与创办于1888年的金陵大学文、理学院等合并，仍名南京大学。

在一个多世纪的办学历程中，南京大学及其前身与时代同呼吸、与民族共命运，谋国家之强盛、求科学之进步，为国家的富强和民族的振兴做出了重要的贡献。尤其是改革开放以来，作为教育部直属的重点综合性大学，南京大学又在崭新的历史机遇中焕发出新的生机，在教学、科研和社会服务等各个领域保持良好的发展态势，各项办学指标和综合实力均位居全国高校前列。1994年，南京大学被确定为国家"211工程"重点支持的大学；1999年，南京大学进入国家"985工程"首批重点建设的高水平大学行列；2006年，教育部和江苏省再次签订重点共建南京大学的协议，共同支持南京大学建设具有鲜明特色和重要国际影响的世界一流大学。

● 师资力量

南京大学目前拥有鼓楼、浦口、仙林三个校区，设23个学院、65个系，共有全日制学生27 600名。全校设本科专业82个，专业硕士学位授权点9个，硕士学位授权点213个，博士学位授权一级学科点23个，博士后流动站23个，并有一级学科国家重点学科8个，二级学科国家重点学科13个；共有国家实验室1个，国家重点实验室6个，国家基础学科人才培养基地12个，国家生命科学与技术人才培养基地1个，教育部人文社会科学重点研究基地4个。学校拥有一支高素质的师资队伍，其中包括中国科学院院士29人，中国工程院院士4人，第三世界科学院院士4人，俄罗斯科学院外籍院士1人，"973计划"和重大科学研究计划项目首席科学家9人，国家级有突出贡献的中青年科学、技术、管理专家17人，国家杰出青年基金获得者76人，海外和港澳学者合作研究基金获得者26人，教育部"长江学者奖励计划"特聘教授、讲座教授59人，教育部"新世纪优秀人才支持计划"获得者96人，国家级教学名师7人。

在过去的一个多世纪中，南京大学在各个历史阶段培养和造就了众多中华英才，他们在各自的领域建功立业、成就卓著。南京大学确立了"吸引一流生源、给予一流培养、造就一流人才"的指导思想，以培养具有国际视野和高素质创新能力的拔尖领军人才为目标，坚持"融业务培养与素质教育为一体、融知识传授与能力培养为一体、融教学与科研为一体"的方针，大力推进"基础性人才和高科技应用人才的培养与国际接轨；复合型应用人才的培养与社会接轨"。在教育教学改革中进行了多方面的探索，形成了许多重要的教育思想和教学理念，在国内外高等教育界产生了重要的影响。

南京大学的前身即"以科学名世"，格物致知、追求真理的科学精神和传统始终贯穿于南京大学的发展史中，成为南京大学办学最重要的特色。一代又一代的南大人孜孜求索、攀高攻坚、为国争光、为民造福，涌现出一大批优秀的科研成果，蜚声国内外学界。

● 今日的南京大学

今日南京大学以"加强应用、注重基础、发展边缘、促进联合"为方针，以"基础研究面向国际学术前沿，应用研究面向国家战略需求和国民经济建设主战场，致力于解决关系国计民生的重大理论和现实问题"为指导思想，调整科研布局、加强科研组织，全力推进科学研究工作，将南京大学建成我国重要的科学研究中心。

自20世纪初建校以来，南京大学就一直是开展国际交流与合作最活跃的中国大学之一，与世界上众多一流大学和高水平科研机构建立了紧密的协作关系。其中，始建于20世纪80年代的南京大学—霍普金斯大学中美文化研究中心迄今已成功举办20多年，它是中国改革开放以后最早实施的高等教育国际合作长期项目，为中美文化交流事业培养了众多骨干人才，在海内外产生了巨大的影响。目前，南大正在新的历史形势下，大力推进各种宽领域、多渠道的国际交流与合作，全面提升办学的国际化水平。

当前，南京大学的办学事业已经掀开新的百年篇章，全体南大人正在为把南京大学建设成综合性、研究型、国际化的世界一流大学而努力奋斗，为中华民族的伟大复兴做出更大的贡献！

● 大学名人堂

截至2007年中国科学院共选出1 107名院士，其中南京大学校友有210人。自1956年至今的28项国家自然科学一等奖，大约一半的项目有南大校友参与，其中6项的得奖人或第一得奖人是南大校友；自1997年至今被授予自然科学领域国家最高奖的5项成果中，有3项的完成人或第一完成人是南大校友，分别是冯康、侯先光、闵乃本。在国家最高科学技术奖得主中，除毕业于前南大附中的袁隆平外，南京大学有两位校友：刘东生、闵恩泽。

南京大学培养了中国23位"两弹一星元勋"中的6位（黄纬禄、赵九章、钱骥、程开甲、朱光亚、任新民等，基本上都毕业于南京大学物理系）。此外，在政界、工程与科学技术界、法律界、文化语言界、传媒及艺术界、工商财经界、教育界也不乏其人。还有美国总统奖得主、美国科学院院士和美国工程院院士。

"敢为天下先"的
上海交通大学

校训：饮水思源，爱国荣校。

办学传统：起点高、基础厚、要求严、重实践、求创新。

精神品格：求真务实、敢为人先、与日俱进。

上海交通大学是我国历史最悠久的高等学府之一，是教育部直属、教育部与上海市共建的全国重点大学，是国家"七五""八五"重点建设和"211工程""985工程"的首批建设高校。经过百余年的不懈努力，上海交通大学已经成为一所"综合性、研究型、国际化"的国内一流、国际知名大学，并正在向世界一流大学稳步迈进。

● 历史上的上海交通大学

19世纪末，甲午战争失败后，民族危难。盛宣怀先生和一批有识之士秉持"自强首在储才，储才必先兴学"的信念，在上海创办了交通大学的前身——南洋公学。建校伊始，学校即坚持"求实学，务实业"的宗旨，以培养"一等人才"为目标，精勤进取，笃行不倦，在20世纪二三十年代已成为国内著名的高等学府，被誉为"东方的麻省理工"。抗战时期，广大师生历尽艰难，内迁重庆，坚持办学，不少学生投笔从戎，浴血沙场。新中国成立前夕，广大师生积极投身民主革命，学校被誉为"民主堡垒"。新中国成立初期，为配合国家经济建设的需要，学校调整出一批优势院系、学科，支持国内兄弟院校的发展；50年代中期，学校响应国家建设大西北的号召，历经西迁、两地办学、独立办学等变迁，为构建新中国的高等教育体系，促进社会主义建设做出了重要贡献。六七十年代，学校先后归属国防科工委和原六机部领导，积极投身国防科研和国防人才培养，为"两弹一星"和国防现代化做出了巨大贡献。

改革开放特别是直属教育部领导以来，学校以"敢为天下先"的精神，大胆推进改革：率先组成教授代表团访问美国，率先实行校内管理体制改革，率先接受海外友人巨资捐赠等，有力地推动了学校的教学科研改革。在国家和上海市的大力支持下，学校以"上水平、创一流"为目标，以学科建设为龙头，先后恢复和兴建了理科、管理学科、生命学科、法学和人文学科，1999年原上海农学院并入，2005年与原上海第二医科大学强强合并。至此，学校完成了综合性大学的学科布局。

● 师资力量

在师资队伍方面，学校现有专任教师2 978余名，其中正高级专业技术职务的700余人，中国科学院院士15人、中国工程院院士20人，"973"首席科学家11人，国家"长江学者奖励计划"特聘教授31人，"长江学者"特聘教授和讲座教授51人，国家杰出青年基金获得者46人，国家级教学名师2人；有博士学位的教师占50%。

学校现有21个学院/直属系（另有成人教育学院、网络教育学院、技术学院和国际教育学院），全日制本科生19 596人，全日制硕士研究生9 173人，博士研究生4 629人；有专任教师2 978人。

学校现有一级学科博士点22个，二级学科博士点143个，覆盖理、工、医、管、法、经、农、文等8个学科门类；一级学科硕士点41个，二级学科硕士点232个，涵盖全部12个学科门类；49个国家重点学科点，9个一级学科国家重点学科，19个上海市重点学科；1个国家实验室，6个国家重点实验室，1个国防重点实验室和1个国防重点学科实验室，13个部门重点实验室，21个上海市重点实验室，4个国家工程研究中心，3个教育部工程研究中心，1个上海市工程技术中心，2个国家"863"高技术网点开放实验室。2005年申请发明专利1 049项，发表国际国内论文13 381篇。2004—2006年，获得国家级科技奖15项，其中作为第一完成单位获得9项。

学校现有本科专业65个，涵盖经济学、法学、文学、理学、工学、农学、医学和管理学等8个学科门类的36个二级类；拥有工科物理、工科数学和电工电子等3个国家工科基础课程教学基地，生命科学和集成电路等2个国家人才培养基地和教育部大学生文化素质教育基地；有国家级实验教学示范中心1个，上海市实验教学示范中心3个；有国家级教学名师奖获得者5人，上海市教学名师奖获得者23人；有国家级精品课程22门，上海市精品课程78门。

● 今日的上海交通大学

近年来，通过国家"211工程"和"985工程"的建设，学校高层次人才日渐汇聚，科研实力快速提升，实现了向研究型大学的转变的目标。与此同时，学校通过与美国密西根大学等世界一流大学的合作办学，实施国际化战略取得重要突破。1985年开始闵行校区建设，历经20年，已基本建设成设施完善、环境优美的现代化大学校园，并完成了办学重心向闵行校区的转移。通过这一系列的改革和建设，学校的各项办学指标大幅度上升，实现了跨越式发展，整体实力显著增强，为建设世界一流大学奠定了坚实的基础。上海交通大学深厚的办学传统，奋发图强的发展历程，特别是改革开放以来取得的巨大成就，为国内外所瞩目。这所百年学府正乘风扬帆，朝着"综合性、研究型、国际化"的世界一流大学目标奋进。

● 大学名人堂

交通大学始终把人才培养作为办学的根本任务。一百多年来，学校为国家和社会培养了20余万各类优秀人才，包括一批杰出的政治家、科学家、社会活动家、实业家、工程技术专家和医学专家，如江泽民、陆定一、丁关根、汪道涵、钱学森、吴文俊、张光斗、邹韬奋、黄炎培、邵力子、蔡锷、王安、陈敏章、陈竺等。在中国科学院、中国工程院院士中，有200余位交大校友；在国家23位"两弹一星"功臣中，有6位交大校友。交大毕业生创造了中国近现代发展史上的诸多"第一"：中国最早的内燃机、最早的电机、最早的中文打字机等。新中国第一艘万吨轮、第一艘核潜艇、第一艘气垫船、第一艘水翼艇、自主设计的第一代战斗机、第一枚运载火箭、第一颗人造卫星、第一例心脏二尖瓣分离术、第一例成功移植同种原位肝手术、第一例成功抢救大面积烧伤病人手术等，都凝聚着交大师生和校友的心血智慧。改革开放以来，一批年轻的校友已在世界各地、各行各业崭露头角。

享有"东方剑桥"之称的
浙江大学

校训："求是"的渊源可以追溯至浙大的前身求是书院。

求是书院自创建之日起，就提倡"务求实学，存是去非"，并在师生中逐渐形成了"正其谊、不谋其利，明其道、不计其功""以尽一己职责"的"求是"校风，这种校风一直延续到以后的浙江大学。

学校位于中国历史文化名城、世界著名的风景游览胜地——浙江省杭州市。其北依苏沪，东接甬港，南联闽粤，是中国东南沿海长江三角洲地区的重要城市。学校设紫金港、玉泉、西溪、华家池、之江等5个校区，占地面积5.18平方公里，分布于杭州市区不同方位。校园依山傍水，环境幽雅，花木繁茂，碧草如茵，景色宜人，与西湖美景交相辉映，相得益彰，是读书治学的理想园地。

● 历史上的浙江大学

求是书院创建于1897年，是中国近代史上效法西方学制最早创办的几所新式高等学校之一。1901年起曾几度易名并一度停办；1927年在原校址成立国立第三中山大学；1928年4月1日改名为浙江大学，1928年7月1日起，冠以"国立"二字，称国立浙江大学，下设工、农、文理三个学院。

日本侵华战争爆发后，浙江大学被迫辗转西迁贵州。在中国著名气象、地理学家、校长竺可桢先生领导下，浙江大学历经艰辛，崛起为当时国内有影响的几所著名大学之一，被英国著名学者李约瑟称誉为"东方剑桥"。1946年秋，学校迁返杭州。至1948年3月底，浙江大学已发展为拥有文、理、工、农、师范、法、医7个学院、25个系、9个研究所、1个研究室的综合性大学。

1952年，全国高等学校院系进行调整，浙江大学的学科和院系设置发生了很大变动。其部分系科调整到省外兄弟院校，部分院系或独立成校或与之江大学、浙江省立医学院等院校重新组合建校。之江大学前身为建于1897年的育英书院；浙江省立医学院前身为建于1912年的浙江医学专门学校。浙江大学文学院、理学院的一部分、之江大学的文理学院和浙江师范专科学校合并，建立浙江师范学院，1958年又与新建的杭州大学合并，定名杭州大学；浙江大学的农学院单独分出成立浙江农学院，1960年更名为浙江农业大学；浙江大学的医学院与浙江省立医学院合并，成立浙江医学院，1960年更名为浙江医科大学。调整后的浙江大学成为一所多科性的工业大学。

经过近半个世纪的发展，特别是改革开放以来，源出一脉的浙江大学、杭州大学、浙江农业大学、浙江医科大学的建设和发展均取得了较大成就。浙江大学成为在国际上有较大影响的、以工为主、理工结合、人文经管协调发展的全国重点高校，1995年成为首批列入国家"211工程"建设计划的重点大学之一。杭州大学、浙江农业大学、浙江医科大学也分别成为实力雄厚、特色鲜明、居于国内同类高校前列并在海内外有一定影响的浙江省属重点大学,并分别通过了"211工程"部门预审和重点建设项目立项论证。四所学校对浙江省乃至全国的经济建设和社会发展都做出了重要贡献。

经国务院批准,1998年9月15日,浙江大学、杭州大学、浙江农业大学、浙江医科大学合并组建为新的浙江大学,这是我国高等教育管理体制改革和布局结构调整的一项重大举措,对于面向21世纪在我国组建若干所规模大、层次高、学科门类齐全的综合性大学具有重要示范意义,必将对我国高等教育的改革和发展产生重要而深刻的影响。新的浙江大学仍定名"浙江大学",为教育部直属高校,实行教育部与浙江省共建共管。

● 师资力量

学校师资力量雄厚,现有教职工8 400余人,其中中国科学院院士13人,中国工程院院士12人;教授及其他正高职人员1 200余人,副教授及其他副高职人员2 400余人。全校有全日制在校学生39 000余人,其中硕士研究生9 500余人,博士研究生6 600余人,本科生22 900余人;另有攻读专业研究生学位6 200余人,外国留学生1 700余人。

学校综合办学条件优良,基本设施齐备。校舍总建筑面积193余万平方米。拥有计算中心、分析测试中心、现代教育技术中心等先进的教学科研机构。科学馆、体育馆、活动中心、游泳池等各类公共服务设施齐全,为全校师生员工的学习、生活、开展中外学术和文化交流活动提供了条件。学校图书馆总建筑面积8.3万余平方米,总藏书量584万余册,是全国规模最大、分布面最广、学科覆盖最全的综合性大学图书馆之一。学校还创办了浙江大学国家大学科技园,并在南昌、宁波等地设立了分园。总长达68公里的高速计算机骨干网络以及特设的公交线路将在各校区和附属医院联为一体。

● 今日的浙江大学

"国有成均,在浙之滨。"如今,有着百年辉煌历史的浙江大学,肩负着新的历史使命。作为中国高等教育管理体制改革的试点之一,它将通过改革与发展,努力建设。

● 大学名人堂

浙江大学在长期的办学过程中，以严谨的求是学风培养了大批优秀人才，以执着的创新精神创造出了丰硕成果，蜚声海内外，曾被英国著名学者李约瑟誉为"东方剑桥"。竺可桢、马寅初、卢嘉锡、苏步青、钱三强、王淦昌、贝时璋、陈建功、钱令希、谈家桢、谷超豪、郑晓沧、梁守槃、夏承焘、姜亮夫、李政道、吴健雄、路甬祥、潘云鹤等著名学者都曾在校工作或学习。浙江大学校友中当选为中国科学院院士、中国工程院院士的有160余人。

为巩固统治而建立的
香港大学

校训：明德格物。

● 历史上的香港大学

香港大学的前身是创立于1887年的香港西医书院，孙中山先生曾习医于此。当时西方列强争相在中国成立大学，时任港督卢押认为英国也应该在香港建立一所大学，一来与其他列强竞争，二来让中国人（尤其是香港人）认同英国的价值观，从而巩固对香港的管治。当时两广总督和省港工商界亦觉得成立大学有助于中国人学习西方的科技，使中国自强，于是出钱支持。另一方面，当时太古公司辖下的一艘货船发生工业意外，导致多名中国船员伤亡，故急欲修补公司形象，便也出钱支持成立港大。在英国政府和其他香港英资（如汇丰银行）支持下，卢押最终筹得足够资金筹建大学，便于1910年3月16日主持大学的动工仪式，1911年港大成立，1912年举行了正式的创校典礼。大学最初模仿利物浦大学的制度，重理工而轻人文，故只设三个学院：医学院、工程学院及文学院，当中没有开设社会学和哲学等人文课程。1916年12月举行第一届毕业典礼,有23个毕业生及5个荣誉毕业生。政府为进一步沟通中西文化,遂召集本港绅商,磋商在香港大学增设中文学系,让汉文中学毕业生入读。港大中文系于1927年成立,邀得前朝翰林赖际熙、区大典等执教,加上其时又有富商邓志昂捐款建立中文学院、冯平山捐款建立中文图书馆等,涌起了一股重视中文教育的潮流。1941年因香港沦陷,本部大楼遭炸毁而停办,至1945年复办。战后随社会需要陆续加设理学院、法学院、社会科学院等。1961年学生人数达到2 000人,是1941年的4倍。1989年后政府推行大专教育本地化,使多数香港人不用远赴英国读大学,也为主权移交中国做准备,便大幅增加大学学位和课程种类。这使香港大学学生人数倍增,至2001年有学生14 300名。课程也多达百种。主权移交后,香港大学逐渐由专注于教学过渡为教学和研究并重,并增加与海内外大学和研究所的学术交流,数所实验室亦获"中华人民共和国国家重点实验室"称号。

● 师资力量

香港大学于1911年建校,是香港历史最悠久的大学,教研成绩显赫,校内有10名老师先后获选为中国科学院院士,两位为中国工程学院院士。

港大10所学院涵盖建筑、人文、牙医、教育、工程、法律、社会科学、医学、科学、经济工管等范畴,45项本科课程加上逾百项高级学位课程,为同学提供最完备的本科教育及专业深造课程。港大长久以来肩负着香港、中国、亚洲及世界各地学术交流枢纽的重任,努力不懈地为世界的学术交流和人才培养做出贡献。

● 今日的香港大学

香港大学为国际知名的高等学府,多次被香港及国际媒体高度评价为亚洲及太平洋地区(包括澳大利亚)最佳大学前五名。2005年英国《泰晤士报》公布全球最佳200所大学,香港大学属50强之一。香港大学以英语作为教学语言,师生来自世界数十个国家,非本地生人数为全港各院校中之最,多年来成功引领学生走向国际。

● 大学名人堂

孙中山、朱光潜、张爱玲、林夕、许鞍华、任志刚、梁爱诗、梁锦松、陈方安生、范徐丽泰、黄沾、许冠杰、关正杰、陈志云、吕炳强、施育晓、施丽珊、何国良、何洁云、李柱铭、余若薇、俞宗怡、张永霖、柯清辉、苏泽光、梁家杰、吴霭仪、庄陈有、程翔等。

静雅而美丽的 香港科技大学

校训：求进，求新，创未来。

香港科技大学位于九龙半岛东侧风景秀丽宜人的清水湾畔。依山临海，在喧嚣的繁华闹市之隙，为莘莘学子提供着一方静雅而辽阔的学术空间。创校15年，已在国际学术界崭露头角。香港科大的迅速崛起，在世界高等教育发展史上演绎了一段颇为独特的传奇。

● 历史上的香港科技大学

香港科技大学创立于1991年，设有理、工、工商管理及人文社会科学4个学院，共19个学系。其中理、工、工商管理学院提供本科生及研究生课程；人文社会科学学院则主要开办研究生课程，同时为本科生提供通识教育，以利学生的全面发展。

倾力支持香港科技大学在内地的拓展并尽快取得全球学术领袖地位，霍英东基金会于2005年7月慷慨捐赠8亿港元，此项捐款是科大创校以来最大的一笔私人赞助。

科大无疑是世界上最美丽的大学之一。优越的环境、舒适的宿舍、完善的设施、丰富的活动，令校园生活多姿多彩，成为人生难忘的一段经历。

● 师资力量

香港科大拥有一支享誉国际的优秀教研队伍和国际一流的先进实验设施设备以及网络全球化的学术图书数据查询系统。来自全球35个国家的430名教授，全部拥有博士学位，其中75%的博士学位来自世界一流研究型学府，包括：哈佛、加州伯克利、普林斯顿、麻省理工、耶鲁、斯坦福、康奈尔、哥伦比亚、剑桥、牛津、多伦多、英属哥伦比亚、西安大略大学等。物理学系王宁教授获华人物理学会颁授的2006年亚洲杰出成就奖。王教授于2000年在科大成功观察到全球最细、直径只有0.4纳米的单壁纳米碳管，为纳米碳管的研究做出重大贡献。这项研究成果被中国科学院和中国工程院院士推举为当年全球十大科技成果之一。其后他与同僚汤子康教授共同发现纳米碳管具超导性。

化学系韩利强教授与德国著名的拜耳公司成功研制出高疗效、低成本的抗疟疾新药青蒿砜，这项研究被全球化学领域的权威学术期刊《应用化学》选为2006年3月20日的封面专题。

生物化学系主任叶玉如教授，于2004年3月荣获有"女性诺贝尔奖"之称的"联合国教科文组织世界杰出女科学家成就奖"，成为获此殊荣的首位香港女科学家和第二位中国女科学家。生物学系张东才教授发明了分子生物感受器，并用于监测细胞凋亡过程。

工业工程及物流管理学系主任李忠义教授，其参与合撰的论文被《工业工程师学会专刊》选为2005年度最佳论文。李教授在2006年更被工业工程师学会选为亚洲区副主席，足见其在工业工程学的领导地位。

领导香港室内空气品质研究的机械工程学系副教授赵汝恒博士，获美国供热、制冷及空气调节工程师学会颁授的"Ralph Nevins 生理及人类环境奖"。较早前，该系主任余同希教授及李世玮教授获美国机械工程师学会颁授院士资格，而余教授同时荣膺英国机械工程师学会院士。

土木工程学系主任张慕圣教授被加拿大工程院及香港工程科学院选为院士，以嘉许他在土木工程学的成就。而同系的邓汉忠教授则被美国离岸能源中心选为"殿堂级技术拓荒者"并被美国土木工程师学会授予最高荣誉的"荣誉会员"。该系的劳敏慈教授成功开发的废物限制屏障技术，为控制地表下污染的工作做出了重大贡献，因此赢得美国土木工程师学会2004年度"James Croes 奖章"，成为15年来首位获此殊荣的亚洲人。翌年，劳教授获国际环境土工学会颁发的"2005年方晓阳研究奖"，令她在科研上的超凡成就再一次得到肯定。

电子及计算机工程学系曹希仁教授被委任为美国电机及电子工程师学会控制系统分会院士评审委员会主席。该系至今已有11位教授成为美国电机及电子工程师学会院士。而该系系主任则获邀加入美国电机及电子工程师学会通讯分会董事会，协助处理该分会事务。

计算机科学及工程学系的张黔教授是美国电机及电子工程师学会（IEEE）通讯分会"2005年亚太最佳青年研究员奖"得主，也是由《麻省理工学院科技评论》颁授的"2004年世界青年创新奖"的获奖者之一，她所获得的奖项足以证明她在计算机科学界的成就。同系的林方真教授则被授予"裘槎优秀科研者奖"，以表扬他在人工智能领域的卓越研究成就。

为吸引和培养国际人才，香港科技大学开办的所有课程均以英语授课，并采用英文教材。在这个充满国际化与创新的文化氛围里，科大的毕业生将拥有国际化的视野、知识与技能，以及广阔的发展前景。踏上新的里程，香港科技大学已开始筹办一所新的综合课程学院，为培养既有科技知识又具现代管理技能的人才做积极准备，以便更好地迎接21世纪全球化的挑战。

● 今日的香港科技大学

香港科大高等研究院是一所以普林斯顿高等研究院为典范的研究中心。透过广泛吸纳来自全球华人与香港社会各界的捐款，积极吸引国际顶级科技大师与杰出专家学者来港，从而搭建一个世界级的知识交流与相互启发的沟通平台，成为亚太及大中华地区科研活动的枢纽与培养学术领袖的基地。同时，香港科大高等研究院亦将致力推动与区内社会经济发展相关的基础研究，催化创新科技工业以至社会与经济更快速地发展，提高整个地区的长远竞争力。

在2009年，根据高等教育研究机构QS最新公布的首个亚洲地区大学排名榜，科大排名高居亚洲第4位，仅次于香港大学，香港中文大学和东京大学，是亚洲最年轻的顶尖学府。

香港科大高等研究院目前已成功邀请11位诺贝尔得奖者及6位科研界重量级大师加入国际顾问委员会，当中包括杨振宁教授及李远哲教授等，协助延揽国际顶尖学者成为科大高等研究院的核心成员。

成立至今，高等研究院总共举办了接近40场杰出讲座及专题研讨，邀请多位获得国际殊荣的杰出学者主讲，其中包括蜚声国际、被誉为当今最具影响力的科学家史蒂芬·霍金教授；诺贝尔得主杨振宁教授、Aaron Ciechanover教授、David Gross教授、Alan MacDiarmid教授、James Mirrlees教授、John Polanyi教授、Edward Prescott教授、Barry Sharpless教授;阿贝尔及菲尔兹得主 Michael Francis Atiyah 爵士;邵逸夫奖得主王晓东教授、Richard Taylor 教授以及狄拉克奖章得主李雅达教授。

以质取胜的东京大学

校训:以质取胜,以质取量,培养国家领导人和各阶层中坚力量。

东京大学是一所学科齐全、闻名于世界的综合性大学,基本上囊括了当今世界高等教育和学术研究的主要领域。东京大学有10个大学部,11个研究生院,是公认的日本最高学府,是亚洲最负盛名的世界一流大学之一。东京大学是最能代表日本民族精神的著名大学。它不仅孕育出了两位诺贝尔文学奖获得者——川端康成和大江健三郎,更多的还是活跃在日本政坛和经济界的风云人物。冰心女士是在此执教的第一位女教师。

● 历史上的东京大学

东京大学成立于1877年,是日本创办的第一所国立大学,也是亚洲创办最早的大学之一,被公认为日本最高学府,是亚洲一所世界性的著名大学。

东京大学的前身是明治时期创办的东京开成学校和东京医科学校。如果追溯得更远些,最早是幕府时期设置的"兰学"机构"天文方"、昌平坂学问府、种痘所历经演变而来。明治维新初期,日本政府公布了"新学制令",为向欧美学习打开门户,于1877年根据文部省指示将东京开成学校和东京医科学校两校合并,定名为东京大学。

1886年,明治政府为适应国家需要,颁布了"帝国大学令",东京大学改名为帝国大学,采用分科大学制,原来工务省管辖的工科大学,农务省管辖的东京农林学校和山林学校合并建成的农科大学,相继成为帝国大学的工科大学和农科大学，原有的几个学部分别改为法政大学、医科大学、文科大学、理科大学；并开始设置研究生院，成为一所名副其实的大学。

制定了"学位令"后，东京帝国大学增设了博士和大博士学衔。其间，各帝国大学纷纷冠上本地名称，以示区别，帝国大学的名称前面添上了"东京"二字，更深一层含义是使其成为各大学的样板。

第二次世界大战后，大学清除了军国主义教育的一套做法，调整了机构和不合理的制度，并去掉了"东京帝国大学"中的"帝国"二字，重新恢复了最早东京大学的校名。

● 师资力量

东京大学是一所学科齐全、闻名于世界的综合性大学，基本上囊括了当今世界高等教育和学术研究的主要领域。

东京大学共有藏书660多万册，其中西文书300多万册，分藏于全校60多个学部、研究所以及有关部门的图书馆和资料中心。中心图书馆藏书近100万册，38 600种期刊，每年全校订购新书近20万册。

东京大学学生总数约27 000人，有本科生16 500人、研究生9 000人，其中有来自70多个国家和地区的留学生约1 800人。教职员工近4 000人，其中教授、副教授占56%。

● 今日的东京大学

改制后的东京大学又新设了基础学部和教育学部，把东京帝国大学时的附属医学专业部、第一高中、东京高中亦同时并入，原有学部中又分化出新的学部，一大批研究所和研究中心相继成立。今天，东京大学已成为具有10个大学部、11个研究生院、12个研究所和数万师生员工的综合大学。

1986年亚洲一些大学校长和行政管理人员投票评选10所世界著名大学时，东京大学作为亚洲唯一代表入选，这是东京大学的荣耀，也充分证实了它的学术水平。

2005年6月，世界上最具权威的美国学术信息机构，公布了论文被引用次数的排行榜，在自然科学与社会科学的综合排名中，东京大学居世界第16位，位居日本国内第1位。

把东京大学办成以研究生教育为重点的大学，这是东京大学面对21

世纪世界高等教育的挑战而做出的抉择。

● 大学名人堂

东京大学建校以来培养了大量知名人物，据说当代日本知名人士中东京大学的毕业生约占半数以上。

以政界为典型，人们说东大是"官僚的温床""总理、首相、人才的发生地""东大培养出来的人掌握着日本政治经济命脉"。仅法学部的40 000毕业生中就有2 700人在官厅工作过。日本首相、总理、大臣中从1921年到1945年就有1/3出自东大，而战后至今除了少数几位外，其余均由东大人包揽。

在科学家中有长冈半太郎（后为大阪大学首任总长）、高木真治、近藤平三郎、小平邦彦、茅城司等知名学者。还有历史学家井上清，经济学家大内兵卫。

在文艺方面亦是人才辈出，有获得诺贝尔文学奖的大文豪中川端康成，还有世界闻名的夏目漱石、森鸥外、永井荷风、广津柳浪。白桦派有志贺直哉、菊池宽、芥川龙之介，以芥川龙之介命名的"芥川奖"为日本国内著名的文学奖。诗人上田敏、作家谭一雄、太宰治、三岛由纪夫、小田实、谷崎润一郎、铃木三重吾等均是国内受人欢迎的艺术家。此外，还有演员山村聪、南原宏治、平田昭彦，歌手加藤登纪予，著名歌手和演员竹内礼子等。

在日本较大的公司中任董事长、总经理、部长等重职者尤以东大毕业的人居多，据统计在资产为10亿日元以上的公司中担任上述重职的人，东大毕业生人数要数第1位，所以有"东大人掌握国家政治经济命脉"的说法。

另外，世界许多杰出人物也毕业于东京大学。中国林业部首任部长、林学家，曾任南京大学校委员会主席（校长）的梁希；中国现代著名历史学家、现代民族学研究奠基人之一，1935年曾就读于东京大学研究院的黄现璠；政治学者、曾任日本"昭和大学"政治学教授的黄昭堂；语言学及历史学者、《台湾青年》的创始人王育德；从事台湾史研究的著名学者张炎宪；历史学者、曾任台湾大学历史系教授的郑钦仁；应用微生物学家，台湾大学农业化学系、微生物及生化学研究所名誉教授，有"台湾酸醇之父"之称的苏远志等。

日本精英的摇篮
早稻田大学

早稻田大学宗旨：

早稻田大学以追求学术的独立、学术的活用、造就模范国民为建校宗旨。

校徽的由来：

最早学生制服上就绣有类似校徽的图样，它真正的由来我们不得而知。早稻田大学在成立20周年时，把上述的图样定为正式的校徽。但当初徽章的形状是呈圆形。4年后，重新设计了以汉字"大学"为主，稻穗围绕两旁的校徽。直到成立100周年时才正式统一"大学"的字形、丝带结、稻穗的叶数，成为现今的校徽。您知道稻穗的叶数实际共有19片吗？据说是因为在19世纪时创校，而且创立年1882的数字之和正好是19，所以决定用19片稻穗叶来纪念，其他的原因我们就不得而知了。

世界上唯一的学士帽：

大隈重信有一个多年的愿望就是设计一顶特别的学士帽，走到哪都能让人们一眼认出是早稻田的学生。这顶帽子是由"高岛屋洋服店"的主人弥七郎花了三天三夜，呕心沥血所设计的作品。

帽上的金色徽章是经过注册的商标，内沿标有校印及"早稻田学生"等字样，再填上学生的姓名、专业，以此证明是真正的早稻田学生。

● 历史上的早稻田大学

早稻田大学于1882年10月21日以"东京专门学校"之名成立。在这之前，位于早稻田的部分为"早稻田学校"，位于户冢的部分称"户冢学校"。在1892年人们开始称它为"早稻田学校"。在1902年9月2日获准改制为早稻田大学，是日本私立综合性高等学府。原为东京专门学校，该校创始人大隈重信以"学问的独立""知识的实际应用"以及"造就模范国民"为办校方针，主张自由探讨学术，提倡独创的钻研精神，培养具有实际应用知识并在国际事务中具有广泛活动能力的人才。反对当时高等学校只用外语授课的做法，坚持用本国语言教学。设有大学本科和研究生院。大学本科包括政治经济学、文学、文学构想教育、法学、商学、社会科学、教育学、基干理工、创造理工、先进理工、人间科学、运动科学、国际教养等13个学部。研究生院有政治学、经济学、法学、文学、商学、社会科学、理工学、教育学等20个研究学科。附设图书馆、戏剧博物馆、产业经营研究所、比较法学研究所、系统科学研究所、铸物研究所、大学史编纂所、环境保护研究中心、电子计算机研究室等机构。另有高等学院、专门学校、实业学校、高中和初中等附属学校。

● 师资力量

2002年度，早稻田大学共有各类正规在校学生5万多人。在校生中本科学生44 576人，研究生6 147人。此外，还有留学生1 500多人和附属学校的中、小学生。平均新生录取率约为9.1∶1。早稻田大学共有教师4 677人，其中专任教员1 912人，教师与学生比例约为1∶45.4。

全校藏书总量为4 417万册，杂志44 637种，外文报纸152种，缩微胶卷、卡片11.8万个，唱片1.2万张。本部校区中央图书馆是日本国内最大的图书馆之一，藏书220万册，面积6 800平方米，座位1 200个。图书馆拥有庞大而先进的图书管理系统。图书目录数据库被世界最大的图书目录利用机关OCLC所采用，可供世界各国的研究人员所利用。

该校设有大学本科和研究生院。大学本科有：政治经济学、法学、第一文学、第二文学、教育、商学、理工、社会科学等8个学部。其中第二文学部和社会科学部为夜间授课。研究生院有：政治学、经济学、法学、文学、商学、理工学等6个研究科。该校还设有戏剧博物馆、产业经营研究所、比较法学研究所、系统科学研究所、铸物研究所、大学史编纂所、环境保护研究中心、电子计算机研究室等附属机构，并设有早稻田大学高等学院、早稻田专门学校、早稻田实业学校和早稻田中、高等学校等附属学校。

● 今日的早稻田大学

早稻田大学共有4处校园。由地处东京市中心西北部新宿附近的西早稻田校园（本部）、户山校园、大久保校园和30公里以外的所泽校园构成。各个校园不仅风景秀丽，大楼林立，而且教学设备齐全，体育活动设施完善。

早稻田大学，一个具有浓厚田园色彩的校名，它是日本最负盛名的大学之一。1882年伴随着"学问要独立"的宣言声，早稻田大学的前身——东京专门学校诞生在东京郊区的一片稻田里。而今，早稻田大学已发展成了一所完整的综合性大学。

● 大学名人堂

一百多年来，早稻田大学培养了众多的政界、经济界和文化界的著名人士，在经济界如松下创始人松下幸之助、索尼公司创始人井深大。日本历届首相中有大隈重信、竹下登、海部俊树、森喜朗等6位出自早稻大学。在文学界，早稻田大学毕业生就有20多人获日本文学界著名的"芥川奖"；另一重要文学奖"直木奖"获奖者中，早稻田大学有21人，居第1位。在音乐、戏剧、电影、广播、学术思想界等更是群星璀璨，如大家熟悉的电影明星宇津井健、吉永小百合等。许多中国现代人物如李大钊、彭湃、廖承志等，都曾在早稻田大学留学。现在，早稻田大学图书馆中还珍藏着李大钊当年的学生档案、成绩单等物品，还有孙中山的亲笔信。

科学家的摇篮
京都大学

校训：自重自敬，自主独立。

京都大学与东京大学虽为日本东西两地同等齐名的国立大学，但它们的传统与办学目标迥然不同。东京大学以培养治国人才为主，京都大学则以培养科学家见长，被人们称为"科学家的摇篮"。京都大学一向注重学术上的高标准，尤以理科著称，因而形成了富有特色的"京都学派"。京都大学的校门并不怎么"气派"，即使和我们的许多中学比起来似乎都有些"寒酸"，但是这"寒酸"的学校大门并不影响它成为在全世界排名最靠前的亚洲大学之一。

● 历史上的京都大学

京都大学是继东京大学之后成立的日本第二所国立大学。1892年，23位国会议员在向国会提出的一个议案中提出，日本仅有一所国立大学，缺乏竞争，对办学和学生的培养都不利，建议在当时的西京——京都建一所大学，1897年议案被通过，大学得以建立，当时定名为京都帝国大学。

初建时整个大学是只有一个理工科分科的大学，共有6个专业，学生不到500人，木下广次为首任校长。数年之后，又增设了法科、医科、文科等3所分科大学，这时全校已有5个分科大学。4年后新的大学令颁布，分科大学改名为学部。法学部原有的法律学和经济学分家，同时上升为学部。经过数年的努力，农学部和一些研究机构相继成立，学校规模有了很大的发展，学生人数成倍增加。

战后，按照新的教育法，全部实行新制，删去帝国大学中的"帝国"二字，清除军国主义对京都大学的破坏和影响，实行男女共学，清理教师队伍，废除一些不合时宜的讲座，增设教育学部、药学部和一些研究所，研究生的教育得到了长足发展，对外开放门户。这样，京都大学就成了在日本仅次于东京大学的学科齐全、规模宏大的国立综合大学。

● 师资力量

全校共有55个图书馆，几乎每个学部及研究所均有自己的图书室。1990年全校总藏书量为4 857 357册，仅1989年一年用于购置图书期刊的经费就达13亿日元，包括定购3 000种杂志和27 370册新书以及其他的信息资料。全校图书馆建设先后经过4次革新，新图书馆于1984年建成，面积达14 000平方米，存书250 759册；存期刊3 800种（其中西文1 800种）。此外，还有珍藏本图书50 000多册，其中包括39种170册国家指定的重要文物图书。全部资料对外开放，并不时举办展览。仅1985—1987年就公开展出过7次。京都大学建成了遍布整个校园并与国内外大学接通而能随时互换信息的高速情报通讯综合网络系统，这在日本大学中还属首家。下一阶段的目标将是实现会议电视化。

从机构的设置和科学研究的组织上也可以充分看出京都大学的特色。有不少研究所和中心是全国独一无二的，先进的仪器设备和优良的研究环境为科学研究准备了得天独厚的条件，研究人员如鱼得水，因而无论在研究课题和研究成果上在日本均很有影响。

● 今日的东京大学

在基础理论研究方面，京都大学更是走在日本各大学的前面，影响最大的是以汤川秀树为首任所长发展至今的基础物理研究所，现已成为世界基础物理理论研究的中心之一，研究领域包括了天体物理、基本粒子、原子核、宇宙、统计物理、物性等诸多方面。

在化学反应理论研究方面，福井谦一的量子化学边界轨道理论已应用于化学工程，1987年获得了诺贝尔奖。数理分析研究沟通了自然科学和社会科学两大领域。借助数学模型的方法已愈来愈普及到对许多理论问题的研究，并实现计算机处理的程序化。

在人文科学的研究方面，京都大学同样十分重视具有自己的特色，在京都大学历史上也出现了不少世界著名的优秀学者，有的还得到了日本文化勋章。如日本哲学宗师西田几多郎，法学的佐佐木恣等。研究中国史的贝冢茂树，研究中国文学的吉川幸次郎等。

特别引以为豪的是，在1949—1987年的38年中，日本获诺贝尔奖的7名得主中京都大学就占4名（又有人说是4个半）。获日本文化勋章和日本科学院奖以及其他方面奖励的更是数不胜数，这些成就的取得同它的优秀传统是分不开的。

京都大学一向注重于学术上的高标准，从创校以来就有理重于文的传统，在全校的学部、研究所、教学与科研中心中理科明显占优势，因而形成了富有特色的"京都学派"。

人们曾这样形容"京都学派"："即使在常人看来芝麻一样的小事，京都大学教授也会饶有兴趣，只要合乎学术道理的，就会义无反顾地去做"。这个学派最早是京都大学文学部著名的哲学家西田几多郎以及他的弟子田边元、三木清等人倡导发起的，原意是指他们对日本哲学的研究有独到的见解，后来被日本学术界引申为京都大学毕业出来的"不问实际，只管求知"的一群人。正是他们这种"兴趣"和"执着"才使京都大学成了科学家的摇篮。

● 大学名人堂

第58—60任日本首相池田勇人；数学家冈洁；物理学家、1949年诺贝尔物理学奖得主汤川秀树；物理学家、1965年诺贝尔物理学奖得主朝永振一郎；化学家、1981年诺贝尔化学奖得主福井谦一；生物学家、1987年诺贝尔生理医学奖得主利根川进；化学家、2001年诺贝尔化学奖得主野依良治；数学家宏中平佑、森重文；指挥家朝比奈隆；作家绫辻行人等。

立足本土、放眼世界的
大阪大学

学校理念：立足地方，延伸世界。

大阪大学位于繁华的工业城市大阪市内，整个校园被分隔在3个不同地区：吹田校区，为工学部、人际学部、大部分研究所及校行政机关所在地；丰中校区，人文科学有关学部、理学部、基础工学部、教养学部及一些研究中心设在这里；中之岛校区，大阪大学最初校址，建有福泽谕吉纪念碑及首任校长长冈半太郎半身塑像，现为医学部和附属医院所在地。大阪大学为日本7所著名帝国大学之一，直属文部省领导，每年有来自文部省雄厚的财政拨款，以维持教学、科研的正常开展。

● 历史上的大阪大学

大阪大学位于日本关西地区工业城市大阪，是战前日本成立的第6所帝国大学。与其他几所由政府直接创办，培养政府官员、专家、学者、技术人员的帝国大学不同，它是由民间力量向政府申请创建的。它的前身可追溯到以下两个机构：一是适塾（又称洋学塾），专攻自然科学。1838年塾主绪方洪庵召集一些门生讲授医学，日本著名思想家福泽谕吉就在这里求学。后来，适塾几经演变成为专门的医学学校，大正四年（1915）正式使用"医科大学"这一校名，1931年根据"帝国大学令"正式命名为大阪帝国大学，设有医学和理工两部。二是汉学塾（亦称怀德堂），成立于1924年，由商人出资经营，以研究人文科学为主，后成为大阪帝国大学的法文学部。大阪帝国大学成立不久，由大阪工业学校发展起来的大阪工业大学也被合并进来。

1947年，大阪帝国大学改名为大阪大学，规模有限，仅有理、工、医、法文4个学部和两个研究所。其间，又合并了大阪药学专科学校和两所高中。此后，大阪大学励精图治，学科、专业、学校规模均有了突飞猛进的发展。

值得重点介绍的是基础工学部和人际学部。前者是集理工于一体的新型学部，其指导思想是在理论基础上再培养学生的工程学技术和开发基本技术；在课程编排上注重理科基础知识、专业知识和相邻学科知识的结合，适应科学技术综合化和国际化发展需要。这个学部建立后，在激光、光电子、微波、半导体等研究领域取得的成绩，国内外评价都很高，得到了大阪地方企业界的大力支持。后者于1972年成立，是日本大学中首次成立的新型学部，它打破以往学部的学科界限，从多学科的角度上开展对"人"的全方位研究，为自然科学和社会科学的沟通架起了桥梁。

● **师资力量**

大阪大学教师多为东京大学和京都大学的博士生和青年教师，这就决定了该校具有很高的教学水平和科研水平，同时也能够保持朝气蓬勃的发展后劲。学校对学生要求十分严格，采取讲座式教学形式，注意开发学生的智力，并重视实验和实践教学环节，加之该校有精良的实验设备，学生有机会掌握现代化的实验手段和技术，因而该校毕业生深受社会欢迎。

● **今日的大阪大学**

大阪大学坚守"立足本土、放眼世界"的格言，为了培养同时具有社会信赖的判断力、丰富的策划力以及和不同文化背景交流的沟通能力的人才，学校以"教养""设计""国际"为具体的教育目标，努力不懈。在善用各种合作以发展学科融合的新学术领域的同时，希望也可向教育界反映其成果。国内6所大学首度携手合作，将所进行的教育及研究资产公开于麻省理工学院所提倡的开放式课程的网页上，共同构筑一个"知识网络"。

大阪大学已经走了半个世纪的历程，在日本的几个重点国立大学中算是"年轻的"，但由于它位于日本经济中心和国际开放门户的大阪，有着优越的向世界发展的条件；经济基础雄厚，信息灵通，交通方便，因而大有后来居上之势。在大学国际化的潮流推动下，如今它已与世界上39个国家和地区的54所大学建立了学术交流关系，接受了大量的访问学者和留学生，同我国的北京大学、复旦大学、上海交通大学、上海科技大学、上海医科大学、第四军医大学也有人员交流协定。

● **大学名人堂**

大阪大学正是由于它独特的背景和居于大阪这个工业城市及国际门户的特殊地理环境，才造就了不尚空谈的"务实"学风。在传统熏陶下，大阪大学学子们多埋头苦干，兢兢业业，为日本经济建设和科技发展做出自己的贡献，为学校赢得了荣誉。活跃在商业界上层的校友之多成了该校的一大特色。其中知名度最高的要数日本第一个诺贝尔物理学奖获得者汤川秀树，他在大阪大学理学部工作达6年之久，获奖论文在该校写成。其他著名人物还有：经济界，山陶里公司总经理佐治敬之，索尼公司董事长盛田昭夫；科技界，有石油冶炼业的冈林次男，制钢业的高桥孝吉；电讯业的原田安雄、水野健次；学术界除汤川外，还有13名校友获日本文化勋章，15名获日本文化功劳勋章，10名获日本学士院恩赐奖，29名获日本学士院奖。学术精英中首任校长长冈半太郎被誉为"日本物理学之父"，第4位校长八木秀次的"八木天线"和磁控管当时曾闻名世界；第7任校长赤堀四郎对蛋白质、氨基酸、酶化学研究曾做出巨大贡献；第8任校长冈田实致力于焊接工学；第9任校长釜同醇太郎在传染病学方面名扬海内外；菊池正七被称为大阪原子能和宇宙线研究之父。此外还有伏见康治、苍岛秀雄、松岛祥夫、吹田德胜、川村肇、田边考、山家武雄、武田义章等人分别在物理、造船、生物发酵、医学等方面功绩卓著。其他杰出人物还有：前面介绍过的太田薰，国际经济学家长谷川应太郎，作家眉村卓，中国儿童喜爱的漫画家手冢治虫（他的作品《铁臂阿童木》《森林大帝》在我国已家喻户晓）。

韩国的最高学府
首尔国立大学

首尔国立大学于1946年建校，是韩国最初成立的一所国立综合大学，设有16个单科学院及研究生院，3个专科研究所（专修研究生院），93个研究中心及支援单位，并作为国内最高的教育研究机关，取得了划时代的发展。建校以来，一直领导着各学术界的发展，并培养出了一批社会各界领袖人物，享有"韩国最高学府"之称。

● 历史上的首尔国立大学

首尔国立大学（旧称：汉城大学）的前身之一是1924年成立的京城帝国大学，简称城大，是日本的第6所帝国大学，也是朝鲜半岛最早的国立综合大学，与延世大学和高丽大学同被视为韩国超一流大学。在当时设有预科、理工学部、法文学部以及医学部。

在日本统治时期结束后，原京城帝国大学被改名为京城大学，并不再被认为是日本的大学，京城大学后于1946年8月22日根据美军第102号命令关闭。

● 师资力量

首尔国立大学主要专业院系有：农业和生命科学学院、工商管理学院、齿科学院、教育学院、工程学院、艺术学院、人文科学学院、人类生态学院、法律学院、医学院、自然科学学院、护理学院、药剂学院、社会科学学院、兽医学院。首尔国立大学有冠岳、莲建、水原3个校区，冠岳主校区有11个学院、两个研究所以及27个研究机构等，位于汉江南岸、冠岳山山脚，距市中心16公里，校园面积4.3平方公里。莲建校区位于首尔中部的钟路区。水原校区位于首尔南部40公里的水原市。

● 今日的首尔国立大学

学校现有本科生22 237人、硕士生7 446人、博士生2 693人、教授

1 868人。由于国立大学受到政府的资助和重视，学费和住宿等费用均比私立大学便宜，师资力量雄厚。故此首尔大学一直是学生首选的大学。首尔大学校园坐落在冠岳山公园森林之中，远离城市人群的喧哗和噪音，营造了一个理想的学习氛围。校园主要有行政大楼、教学楼、科学大厅、健身房、运动场、户外游泳池、图书馆和博物馆。该大学期望以培养社会各界所需的人才，最终达到自我实现、国家兴旺和人类繁荣的教育目标。首尔大学自建校以来，不仅培养出了社会各阶层领导人才，而且在很多学术领域起先导作用，是韩国最高的知识殿堂。首尔大学成功地推进以培养21世纪高等人才为目标，注重培养具备核心竞争力的研究人员，已发展为具有世界名校水准的综合研究型大学。

1963年，为了实现语言学研究和语言教育、外国语能力的测定和评价，首尔大学成立了语言学研究所，为了实现上述目标，研究所在过去时间里做了大量的工作。研究所由所长以及研究部、测定部、教育研究部和行政部构成。首尔大学语言研究所是为外国学者及学习韩国语的外国人能够比较集中地接受韩国语而开设的。

● 大学名人堂

韩国第14任总统金泳三（人文学部哲学科毕业）；韩国第11、31任国务总理金钟泌（师范学部毕业）；韩国第35任国务总理高建（政治学科毕业）；韩国第36任国务总理李海瓒（社会学科毕业）；国会议长郑东泳（经济学科毕业）；国会议员、大韩统一协会会长郑梦准（经济学科毕业）；联合国秘书长潘基文（外交学科毕业）。

亚太地区著名的高等学府
新加坡国立大学

校训：自强不息。

新加坡国立大学简称"国大"，是新加坡共和国的第一所大专学府。

新加坡国立大学是亚太地区一所著名的高等学府。这里聚集了本地和来自世界各地的精英。国大正致力于发展成为蜚声海内外的综合性教学和研究机构。国大的教学和研究以具有创业精神和环球视野为特征，为迈向环球知识型经济体注入活力。

● 历史上的新加坡国立大学

新加坡国立大学成立于1905年，是新加坡历史最悠久且最负声望的大学，也是亚洲首屈一指的高等学府。国大的前身可以追溯到1905年设立的英皇爱德华七世医学院和1927年设立的莱佛士学院。这两所学院于1949年合并为马来亚大学，并在1962年改名为新加坡大学。1980年8月，新加坡大学和1956年成立的南洋大学正式合并成立新加坡国立大学。大学拥有11个提供本科和研究生学位课程的学院、1 700名博士、博士后专家与学者和500名研究人员。这些教职人员均毕业于世界著名的高等学府（主要是欧美名校），保障了教学内容的国际化和教学品质的卓越性。强大的教师队伍使大学在国际上得到了普遍的认同和赞誉。近年来，它在国际高等学府的排名中不断飙升，已成为亚太地区备受瞩目的顶尖大学。

新加坡虽然是个小国，但大学教育在国际上很出名，就连许多欧美学生都来新加坡读本科。新加坡国立大学作为国际上公认的亚太地区最好学府之一，学校本科生中有20%为外国留学生，这也是政府规定吸引留学生的最高比例，而在研究生部，外国留学生更是占了60%之多。外国留学生中又以中国学生人数最多。

新加坡国立大学在国际上享有盛誉，仅在1990年7月至1991年6月的一年时间里，就有32位外国大学和教育机构的专家学者到该校访问。如美国加利福尼亚大学伯克利分校校长田长霖教授、麻省理工学院丁肇中教授、俄亥俄州立大学校长查尔斯·平教授，英国伦敦大学副校长斯图尔特·苏塞兰德教授、谢菲尔德大学副校长加勒斯·罗伯茨教授、莱斯特大学副校长肯尼思·埃德华兹博士，原联邦德国斯图加特大学校长奥克莱默博士等等。

● 师资力量

1990年8月8日，即新加坡国立大学正式建校10周年，该校举行了隆重的校庆大会。10年巨变，标志着全国高等教育史无前例的大发展。

新加坡国立大学学科门类齐全，设有人文和社会科学院、理学院、工学院、商学院、法学院、建筑学院、计算机学院、杨潞龄医学院和杨秀桃音乐学院。另有李光耀公共政策学院、东亚研究所等研究机构。校园内还分布着淡马锡生命科学研究所和属于新加坡科技研究局的数据存储研究所、信息研究所、材料研究所和工程研究所以及分子细胞生物研究所等高级研究机构。

新加坡国立大学目前设有9个学院，共50多个系科，培养全面发展并具有渊博学识的本科毕业生。新加坡国立大学也设有7个研究生院，提供高水准的研究生课程。除此以外，国大也设有多个国家级和校级研究院和研究中心，从事研究开发工作。新加坡国立大学拥有超过2 400人的高素质教学与科研队伍，其中包括88名教授和525名副教授。超过一半的师资人员拥有博士学位。新加坡国立大学目前本科生超过19 200人，而研究生则超过7 900人。

新加坡国立大学1990—1991学年在校学生达17 535名，其中全日制本科学生为15 193名（男女生分别为7 086人和8 107人）；研究生为2 118名（男女生各为1 582人和536人）；其他文凭类学生为224名。同期全校共有教职员4 084人，其中任课教师1 456名（包括客座教师等），科研人员274名，行政管理人员230名，图书馆专业人员61人，职员2 063名。本校的任课教师合计为1 325名，其中教授59名，副教授231名，高级讲师446名，讲师413名，高级助教176名。每年有4 500多名学生从该校毕业。

大学的行政管理机构类似于英联邦其他国家的大学管理机构，副校长是全校学术事务和行政机构的最高领导，负责学术问题的机构是校务委员会，管理委员会主管行政事务。管理委员会由18名委员组成，校务委员会共有115名委员，学校的59名教授全部是校务委员，其中也包括副校长（兼校务委员会主席）。

● 今日的新加坡国立大学

新加坡国立大学目前拥有13个学科，可供至少22 000名本科和8 000名研究生学习。新加坡国立大学目前有13家国家级别、12家大学级别和超过60家院系级别的研究学院和研发中心。

新加坡国立大学还向海外进军发展，分别与斯坦福大学、宾夕法尼亚大学、复旦大学合作，设立了3所海外分校。此外，新加坡国立大学和超过10所中国著名重点大学建立了合作项目，其中包括北京大学、清华大学、浙江大学、西安交通大学、南京大学、重庆大学等。

被誉为"师生大学"的牛津大学

校训：主照亮我。

对青年学生来说，进入牛津大学读书，应该说是梦寐以求的事，然而，对英国社会来说，光荣之外另有深意。牛津、剑桥是通向最高权力的重要而又充满希望的途径。它们每年为英国培养出一批知识权贵，其中的一些人将登上权力的高峰。随便举一个例子就可以看出这种诱惑的分量。1979年那一届议会，339名保守党议员中，有94名来自牛津大学、75名来自剑桥大学。这些校友们又组成俱乐部、校友会，互相提携，同甘共苦，而且，由父一辈到子一辈，形成了一个关系网络。

● 历史上的牛津大学

牛津是泰晤士河谷地的主要城市，其重要性是1167年英国牛津大学在此成立。牛津的确与牛有关。传说是古代牛群涉水而过的地方，因而取名牛津。牛津向来是伦敦西行路线上的重点，早在1096年，就已有人在牛津讲学了。

牛津大学是英语国家中最古老的大学。在12世纪之前，英国是没有大学的，人们都是去法国和其他欧洲国家求学。1167年，当时的英格兰国王同法兰西国王发生争吵，英王一气之下，把寄读于巴黎大学的英国学者召回，禁止他们再去巴黎大学。另一说法是，法王一气之下，把英国学者从巴黎大学赶回英国。不管如何，这些学者从巴黎回国，聚集于牛津，从事经院哲学的教学与研究。于是人们开始把牛津作为一个"总学"，这实际上就是牛津大学的前身。学者们之所以会聚集在牛津，是由于当时亨利二世把他的一个宫殿建在牛津，学者们为取得国王的保护，就来到了这里。12世纪末，牛津大学被称为"师生大学"。1201年，它有了第一位校长。1213年，该校从罗马教皇的使节那里得到第一张特许状。

正是在中世纪，那些思想活跃、生活不羁、常赊欠债务的青年学生，不可避免地与当地居民发生冲突。其中最大的一次冲突是，几百名学生被乱箭射死。这件事的结果是国王出面镇压，并判市民赔偿牛津大学500年费用。

● 师资力量

牛津大学的研究力量雄厚，在其教师队伍中，就有83位皇家学会会员，125位英国科学院院士。在数学、计算机科学、物理、生物学、医学等领域，它都在英国乃至世界名列前茅。近些年来，牛津大学无论在文科还是在理科、无论在基础科学还是在应用科学研究中都取得了举世瞩目的成就。

牛津大学是学术机构的天下。牛津大学共有104个图书馆。其中最大的博德利图书馆于1602年开放，比大英博物馆的图书馆早150年，现有藏书600多万册，拥有巨大的地下藏书库。根据1611年英国书业公所的决定，英国任何一家出版社的图书都必须免费提供一册给牛津和剑桥的图书馆，至今如此。

牛津出版社举世闻名，是世界上最大的大学出版社。尤其是它的20卷《牛津英语词典》，享誉全球。

1963年英国《金融时报》社长、伦敦经济学院院长罗宾斯提出了《罗宾斯报告》。指责牛津大学、剑桥大学的垄断地位和所带来的墨守成规、保守难变的严重影响。当时的英国政府深以为然，在48小时内就批准了这份报告。政府决定创办更多的大学以冲淡牛津大学、剑桥大学的影响。很快，8所大学就开工了。但是不久人们惊诧地发现，8所大学几乎和牛津大学、剑桥大学没有什么两样，校舍的建筑风格、校园的气派和格局，仿佛是从牛津大学、剑桥大学照搬过来的，更有意思的是，这8所大学，都分别由一位来自牛津大学或剑桥大学的副校长担任校长。

● 今日的牛津大学

牛津的书店几乎与图书馆一样多，大大小小也有100多个。有世界上最大的学术性书店布莱克韦尔书店，也有许多非常小但内蕴丰富的旧书店。百年老店布莱克韦尔书店创建于1897年，坐落在博德林图书馆的对面，在销售图书的同时它还从事出版事业。从外表看，这家书店虽仅有3个不大的店面，但书店的3层楼和地下层连通，最顶层还有二手书店，书的数量和种类多到找书必须借助指示牌的地步。书店中那块从开张就有的著名木牌镶在墙上。牌上仍然是一百多年前开张时的那段让人高兴的话："没有人会来问你要什么，你想随手翻阅任何书籍，尽管自便。如果你需要，店里职员随时为你服务。不论顾客来看书或是买书，都会受到一样的欢迎。"它在英国有78家连锁店，仅牛津大学就有10多家分店，分别经营艺术、文学等分类图书和音像资料。另外，在其他国家也有许多分店。而且现在通过网络，读者可以迅速查书、订书、购书，享受一流的国际性服务。1994年6月8日美国总统克林顿回母校牛津大学参加荣誉院士的授予仪式，还特地到这家书店买书。

牛津博物馆也是重要的文化代表。其中阿什莫尔博物馆建于1683年，是英国第一座博物馆，比大英博物馆早70年，现为英国第二大博物馆。其他如牛津故事博物馆、科学史博物馆、庇特河流人种史博物馆、现代艺术博物馆、大学自然历史博物馆等，它们在自然科学、艺术、文化等领域都享有很高的声誉。

● 大学名人堂

在近800年的历史中，牛津大学培养了5个国王、26位英国首相（包括英国前首相撒切尔夫人和布莱尔）、多位外国政府首脑（如美国前总统克林顿）、近40位诺贝尔奖获得者以及一大批著名科学家，如经济学家亚当·斯密、哲学家培根、诗人雪莱、作家格林、化学家罗伯特·玻意耳、天文学家哈雷等。就连2001年诺贝尔文学奖获得者奈保尔也毕业于牛津大学英文系。

人才辈出的智慧皇宫
剑桥大学

校训：此地乃启蒙之所，知识之源。

"剑桥"一词的来历：剑桥是英格兰非常古老的城市，距英国首都伦敦不到100千米，因拥有剑桥大学而驰名于世。剑桥大学有700多年的悠久历史，出过许多著名的科学家、文学家和诗人，如牛顿、达尔文、弥尔顿、拜伦、雪莱等。也出过不少的政治家。早在公元前43年，古罗马士兵就驻扎在剑河边，后来还在剑河上建起了一座大桥，这样，河名和桥加在一起，就构成了剑桥这一地名。

据传说，1209年，牛津一位学生练习射箭，误杀了镇上一名妇女，引发了一场骚乱。愤怒的牛津市民抓了两个无辜的老师严刑拷打，从而引发冲突。结果师生们被市民追杀得四处逃窜。12名牛津师生流落到剑桥，被伊利主教收容。之后，其他地方的一些学者也慕名而来，一所新的大学逐渐建立起来，这就是剑桥大学。如今的市民，多数都从事与学校有关的工作，早就与学生们和睦相处，但要指望民风淳朴却是不大可能的，因为两座城镇已经是典型的旅游胜地。

● 历史上的剑桥大学

剑桥大学成立于1209年，是世界十大学府之一，大学位于风景秀丽的剑桥镇，著名的康河横贯其间。剑桥大学是世界知识重镇，具有悠久的历史文化传统和优美的田园式风光。

1284年，第一所学院——彼得豪斯学院出现，后改名为三一学院，是剑桥大学最著名的学院，历年来共产生30位诺贝尔奖获得者。继彼得豪斯学院之后，新的学院不断建立，但在17世纪和18世纪两个世纪中，剑桥大学并没有再组建新的学院。

现在，剑桥有35个学院，包含3个女子学院，4个专门的研究生院，各学院历史背景不同，内部录取步骤也各不相同，每个学院在某种程度上就像一个小型大学，有自己的院规院纪。

三所女子学院分别是：1869年建立的格顿学院；1871年建立的纽纳姆学院（剑桥大学本科女生最多的学院）；1954年建立的休斯大厅学堂（目前仍只招女本科生和研究生）。

1536年，实行宗教改革的亨利八世下令学校解雇其研究天主教教规的教授们。从此剑桥大学的教学和研究重点从宗教和神学转为希腊和拉丁经典、圣经和数学。今天的剑桥大学基本涵盖了所有的自然学科和人文学科。

17—18世纪期间，剑桥大学校史上最重要的变化是自然科学获得了地位。特别是数学，由于天才牛顿的成就，使剑桥的数学进入最辉煌的时期，并推动了整个大学自然科学的研究。

19世纪末由于马克斯威尔、达尔文、卢瑟福等的成就使剑桥大学的学术名声大振。二战后学科大发展，剑桥建立了科技园并设立了孵化器支持创业公司，使剑桥成为技术创新中心。

● 师资力量

目前在剑桥大学工作的教职员共7 000名，教师中有7名诺贝尔奖获得者，英国皇家学会会员近百名，95%的教师拥有哲学博士学位。有学生16 900名，其中包括近7 000名研究生，72%的研究生来自其他大学，研究生中42%是国外留学生，女生占36%。

剑桥大学的学术活动，包括全校性的教学和研究，都由作为大学行政机构的几个学院来组织。此外，还有一个与这些学院相似的系级委员会。

剑桥大学拥有62个系，其中有29个理科系、33个文科系，各系都有自己的教学大楼和图书馆。剑桥大学约有20个实验室。众多系中尤为著名的是物理系，最著名的实验室是卡文迪什实验室。

至20世纪80年代，围绕剑桥大学各类实验室兴办起来的企业获得巨大发展，这类高科技公司创造了英国经济中著名的"剑桥现象"——独特的学院制。

● 今日的剑桥大学

近两年，校园里建立了规模很大的英国石油公司研究中心和微软科技楼。与牛津大学相比，剑桥尤其注重自然科学的研究。剑桥有一半学生是学理工科的。除了牛顿、达尔文、罗素、培根、李约瑟、霍金等科学巨匠以及哈佛大学创始人哈佛外，剑桥还培育出了70多位诺贝尔奖获得者，差不多是哈佛、耶鲁两校之和。

剑桥大学位于伦敦北面50里以外，这所举世闻名的大学没有围墙，也没有校牌，整个校园郁郁葱葱、气韵自华。在大片公园和草坪中，点缀着座座古色古香的教堂和学校建筑，令人宛如置身于雅典娜智慧皇宫之中。

● 大学名人堂

鲁珀特·布鲁克（国王学院）、拜伦（三一学院）、亨利·卡文迪什（彼得学院）、格雷厄姆·查普曼（伊曼纽尔学院）、爱德华·柯克爵士（三一学院）、塞缪尔·柯立芝（耶稣学院）、托马斯·克兰默（耶稣学院）、奥利弗·克伦威尔（西德尼·苏塞克斯学院）、约翰·戴登（三一学院）、爱德华·摩根·福斯特（国王学院）、迈克·弗赖恩（伊曼纽尔学院）、乔治六世（三一学院）、珍·古道尔（达尔文学院）、托马斯·格雷（彼得学院）、约翰·哈佛（伊曼纽尔学院）、弗雷德·霍伊尔（伊曼纽尔学院）、约翰·梅纳德·凯恩斯（国王学院）、刘易斯（麦格达伦学院）、玛格丽特二世（格顿学院）、克里斯托弗·马洛（圣体学院）、托马斯·马尔萨斯（耶稣学院）、约翰·弥尔顿（基督学院）、艾迪梅尔·纳布可夫（三一学院）、艾萨克·牛顿（三一学院）、塞缪尔·佩皮斯（麦格达伦学院）、希尔维亚·普拉斯（纽纳姆学院）、尼古拉斯·雷德利（国王学院）、萨尔曼·拉什迪（国王学院）、伯兰特·罗素（三一学院）、恩内斯特·卢瑟福（三一学院）、阿尔弗雷德·丁尼生（三一学院）、埃玛·汤普森（纽纳姆学院）、艾伦·图灵（国王学院）、约翰·沃利斯（伊曼纽尔学院）、弗兰西斯·华兴汉（国王学院）、詹姆斯·沃森（卡莱尔学院）、安德鲁·维尔斯（卡莱尔学院）、维特根斯坦（三一学院）、威廉·沃兹沃斯（圣约翰学院）。

位列英国三甲的研究型高等学府
伦敦帝国理工学院

校训：Study Hard, Play Hard.

伦敦帝国理工学院坐落于伦敦南肯辛顿，与著名的海德公园、肯辛顿宫仅咫尺之遥，是世界著名的理工科大学。其在英国的综合排名和知名度仅次于牛津大学和剑桥大学，尤其以机电、地球科学及工程、医学专业著名。该校在连续十年的科研评估中都位于全英国第2名。而地球科学工程系的科研和教学都是全英国第一流的，尤其以石油工程和油层地球物理研究著称。作为一个专门致力于科学的大学，伦敦帝国理工学院在英国享有和麻省理工学院在美国所享有的同等声誉。

● 历史上的伦敦帝国理工学院

伦敦帝国理工学院，又称帝国理工学院或帝国理工大学。英文名为Imperial College London，英文简称为IC。

伦敦帝国理工学院组建于1907年，建校时的校名是"帝国理工学院"，1988年更名为"帝国理工医学院"，最近启用"伦敦帝国学院"这个校名。伦敦地皮寸土寸金，因此该校占地面积很小，既没有宽阔的足球场，也没有体育馆，更没有人工湖和山；该校现有教职员工5 298人，学生10 125人，无法与其他世界一流大学相比。

● 师资力量

伦敦帝国理工学院以其强大的综合实力，跻身于世界名校之林。该校科研成果累累，涌现出了14名诺贝尔奖得主，对人类做出了杰出贡献，他们当中的一些成果，如盘尼西林和维生素，直接惠泽人们的日常生活。伦敦帝国理工学院师资队伍强大，领军人物济济，现有英国皇家学会成员53人，皇家工程院院士57人（分别相当于我国的科学院院士和工程院院士）。伦敦帝国理工学院十分看重通过科研来提升自身品位，是一所名副其实的研究型高等学府。该校拥有阵容强大的科研队伍和众多将帅人物。2002年度全校有员工5 298人，其中科研人员为1 490人。教学人员也要搞科研，因此，实际从事科研的队伍约有2 567人。

作为一个专精于科学技术和医学的大学，研究水平被公认为在英国大学三甲之列。其中海外学生（非欧盟）约占26.5%。最近一项调查表明，伦敦帝国理工学院毕业生的起薪为英国之最。伦敦帝国理工学院有多个学院，各个学院会专注于不同的科目，在其专注科目上占有优势。但总体说来，伦敦帝国理工学院以工程、医科专业最为著名。伦敦帝国理工学院不仅在欧洲，在全世界也一直是声名远扬的。在英国大学排名中，伦敦帝国理工学院通常排名第3，除了理工与医学科系外，其商学院也在英国名列前茅，英国金融时报评出的世界商学院百强中，伦敦帝国理工学院处在中游位置。泰晤士报高等教育增刊（THES）的2007年全球大学排名显示，伦敦帝国理工学院排名世界第5。

● 今日的伦敦帝国理工学院

伦敦帝国理工学院是一种开放型的高等学府。该校每年都要发布"员工发展计划"，在世界范围招揽能人贤士。学校还留意吸纳海外留学人员到该校任职，其中不乏我国大陆地区出去的留学人员，有的已晋升为正教授。

伦敦帝国理工学院大量吸引校外专家学者到该校进行学术交流和合作科研。院系中大约有15%—20%的人员是来自校外的访问学者，其中，不少是学术界的知名人物，例如，现任中国工程院院长徐匡迪教授，就曾到该校学术访问，进行过合作科研。这种互惠交流，无疑对提升该校的知名度和学术水平，起到了重要作用。

伦敦帝国理工学院积极开展与国外知名学校之间的强强联合，互相支撑在国际上的声誉和地位。该校已与德国亚琛理工大学、瑞士苏黎世理工大学、荷兰德尔芬特工业大学结成四校联盟，共享资源，相互认同学历，建立经常性的互访。

与牛津、剑桥大学齐名的
爱丁堡大学

校训：有知识者既能看到事物的表象，也能发现其内涵。

爱丁堡大学创建于1583年，是大不列颠6所最古老、最大的大学之一，它与牛津、剑桥大学齐名，是英国较难进的大学。起先叫作国王詹姆斯学院或唐纳斯学院。爱丁堡大学既珍惜往日的荣誉，又在今天不断地追求、创新，以其出色而多样的教学与研究而享誉世界。

爱丁堡位于苏格兰北部边境靠海的海滨，是苏格兰首府。爱丁堡大学则位于爱丁堡市中心，既是公认的欧洲最富吸引力的城市之一，也是英国主要的社交、文化中心。爱丁堡市是历史名城，有许多名胜古迹，如艺术长廊和音乐厅、苏格兰皇家博物馆、皇家植物园、苏格兰国家图书馆、圣伍德皇宫、议会大厦、圣支来大教堂、爱丁堡古城堡等等。城中一半以上的场所是露天的，如皇后公园、亚瑟剧院等。爱丁堡交通便利，搭乘飞机从爱丁堡国际机场飞抵伦敦仅需1小时，而爱丁堡作为苏格兰首府，其公路与铁路线十分发达，可以通往英国的各个角落。爱丁堡也被称为"北方的雅典"。爱丁堡大学在爱丁堡扮演着一个必不可少的角色。

● 历史上的爱丁堡大学

在18世纪欧洲启蒙运动的浪潮中，爱丁堡大学逐渐成为学术中心和欧洲主要大学之一。著名的大哲学家休谟年轻时便在学校受教和成长。在1789年老学院兴建之前，学校并没有专属的校园，如今这座建筑物仍然屹立于爱丁堡老城的南桥街和钱伯街交接处；当初它的设计者是罗伯特·亚当。

1582年，与早年许多在教廷特许下成立的大学不同，爱丁堡大学在苏格兰国王詹姆斯六世的特许和爱丁堡市议会的资助下开始筹建；翌年,大学正式成立,作为欧洲宗教改革运动之后的第一所市立大学,其最初的名称是"唐尼斯学院",这是苏格兰的第4所也是整个英语圈的第6所大学。

爱丁堡大学分旧学院和新学院两部分。旧学院是现法律与欧洲研究所学院所在地。附近有McEwan大厅,是维多利亚农业丰收的象征建筑,内设有2 200个座位,专门为举行毕业典礼及一些大型正式的洽谈会所设。新学院位于蒙德山顶,俯瞰王子大街,神学院就位于该地。

● 师资力量

该大学有3个主要大学活动建筑场所:乔治广场区、国王大厦和波洛克大厅。旧学院的一些原始建筑可追溯到1776年,但大多数建筑是现代的。乔治广场区还有爱丁堡大学的主要图书馆。国王大厦位于乔治广场以南约3公里处,大多数科学和工程学院位于该区,如电子工程学院、生态学院、工程信息学院以及一些政府科研机构(苏格兰农业大学)。这些建筑多数首建于1920—1930年,五六十年代扩建,并增设了气象学系、物理天文系以及大学计算机服务设施。波洛克大厅由10个独立的现代大厅组成,可供近2 000名学生居住。

爱丁堡大学的教研人员总数近3 000人,在校学生总数达到17 000人,其中16%为来自100多个国家的外国留学生。全校分设8个学院。这8个学院分别是:艺术学院、法学院、神学院、科学与工程学院、社会科学院、兽医学院以及音乐学院。

● 今日的爱丁堡大学

爱丁堡大学是英国最具规模的院校之一,1998年8月11日,莫雷教育学院与爱丁堡大学合并,进一步扩大了爱丁堡大学的规模。申请莫雷教育学院以及在该校就读的学生毕业后,均可获得爱丁堡大学的毕业证书和学位证书。爱丁堡大学的课程专业设置齐全,鼓励学生跨学科学习,并授予联合学位。研究生占学生总数的20%以上。

爱丁堡大学的26个专业中有24个专业被外部评估机构评为"优秀"或者"极为满意"。2000年《泰晤士报》综合排名,爱丁堡大学高居第6位。根据高等教育基金管理委员会2001年底最新研究水平调查,学校在临床医学、计算机和电子工程等9个专业科目的评审中获得最高分5分。15个科目的教学质量被评为优秀。学校设有120个科系,提供300多种学位课程。有鉴于其悠久的历史，校方领导始终把传统学术领域和现代尖端科技产业的最佳组合作为课程设置的重点，近年来又投巨资改善其电脑设施。

● 大学名人堂

大学坚定执着地遵循着苏格兰的教学传统，教育方式既保证深度，又注重广度。本校毕业的名人包括：哲学家 David Hume、生物学家查尔斯·达尔文、小说家 Walter Scott 和 Robert Louis、《福尔摩斯》的作者柯南·道尔、儿童故事《哈利·波特》的作者乔安娜·凯瑟琳·罗琳、物理学家和电磁学之父麦克斯韦、坦桑尼亚第一位总统朱利叶斯·尼雷尔、现任英国首相戈登·布朗和英国前外交大臣罗宾·库克以及许许多多的诺贝尔获奖者。

英国最受海外学生欢迎的
谢菲尔德大学

校训：Learn and Teach. / Discover and Understand.

谢菲尔德大学1897年成立大学学院，1905年正式成立大学，也有译作"雪菲尔大学"的。这是一所位于英国谢菲尔德的大学。经过一百多年的发展，谢菲尔德大学在教学与研究方面建立起卓越的声誉，是英国6所最佳研究型大学之一，是英国最受海外学生欢迎的5所大学之一，也是英国众多百年大学中，最具国际声望的名校之一，还是英国白玫瑰大学联盟的成员之一。

● 历史上的谢菲尔德大学

谢菲尔德大学由3所当地学院发展而成：谢菲尔德医学院（成立于1828年）、港湾学院（1879）与谢菲尔德技术学院（1884）。1897年这3所学院合并而成谢菲尔德大学学院，后于1905年获得皇家特许状，晋升为谢菲尔德大学。一个多世纪以来，谢菲尔德大学的声誉与规模都得以不断提高，现在已成为一所国际知名的教育机构。该校共有25 000多名学生，其中3 200多名是来自115个国家的国际学生。谢菲尔德是个大城市，各种设施齐全，但是同时它又很小，因为城市结构紧凑，人们友好热情。英国政府的官方统计显示，它是英格兰最安全的城市。谢菲尔德位于英国中心地带，到其他各大城市的交通十分便利。城里到处都有中餐馆和亚洲风味的饮食，其他国家的食物也并不罕见。

● 师资力量

谢菲尔德大学下设8所学院：建筑学院、艺术学院、教育学院、工程学院、法学院、纯理论科学院、社会科学院以及医学院，医学院包括牙科以及护理专业。谢菲尔德大学开设了250多种学士学位课程、190多种硕士学位课程。在英国政府高等教育拨款委员会对英国大学开展的教学与研究评估活动中，22个参加评估的系中有17个系获得了教学质量"优秀"的评价。该校的东亚研究学院向来都享有盛誉，与中国及东亚一流高校之间交流活跃，共同开展多项科研项目。

工科尤为出色，如物理学与天文学、环境学、计算机、土木工程、电子与电器工程、自动控制与系统工程、机械与航空及制造工程、冶金术和材料学、建造环境、城乡规划、图书馆与信息管理、通讯与文化及媒体研究、教育等。

景观学在全英排名第1，每年为各国培养数十名杰出的景观设计师、规划师和管理者以及园艺工作者。

工程学科以其雄厚实力独树一帜，拥有世界水准的先进技术，电机专业排名第1。目前正与工业巨头劳斯莱斯以及英国宇航飞机设计所合作研究。

谢菲尔德大学图书馆是英国最大的图书馆之一，藏书多达1 400万册，还有广泛的电子资源。计算机的数量超过1 000台。

● 今日的谢菲尔德大学

谢菲尔德大学地处拥有50多万人口的谢菲尔德市，是英格兰第四大城市，位于英国的中心，伦敦以北160英里。该市曾一度以钢铁工业闻名于世，是世界著名的教学研究中心。紧邻国家公园，又有城市氛围。谢菲尔德市内有50多座公园，城市里的林地覆盖面积大于英国其他任何城市。谢菲尔德市是一座繁荣而又现代化的城市，市中心电影院、购物街以及剧院等休闲娱乐设施应有尽有。

人才辈出的
伦敦国王学院

校训：神圣且智慧。

伦敦国王学院，又称伦敦大学国王学院，英文名称King's College London，简称KCL或者King's，是伦敦大学的两个创始学院之一，现仍为伦敦大学第二大学院。1829年由英王乔治四世和首相威灵顿公爵创建。国王学院与早前成立的大学学院联合发起创立了当今赫赫有名的伦敦大学；学院毕业生与教育职员中共有9名诺贝尔奖获得者。国王学院在英国的名声、地位仅次于牛津和剑桥，与帝国理工大学、伦敦大学学院、伦敦政治经济学院相当。

● 历史上的伦敦国王学院

伦敦大学国王学院于1836年与伦敦大学学院一起组成了伦敦大学，它是伦敦大学的奠基学院之一，同时它也是一所传统的英格兰教会管理的大学学院，也是伦敦市中心一所多学科高等院校。在英格兰，只有牛津大学和剑桥大学历史要早于伦敦大学国王学院。

该校学术地位不仅在英国高等教育界中首屈一指，而且其高质量的教学与科研在世界范围内享有盛誉。国王学院已有8位诺贝尔奖得主，DNA螺旋结构正是由该校的科学家发现的。选择国王学院意味着您将到这样的一所大学学习：它致力于营造令人奋发的学习环境和高质量的教学环境，并努力通过其教学与研究更好地为社会做贡献。

伦敦国王学院设有7个学院和65个系，分别位于3个校区，可以提供200种以上本科学位课程和100多种研究生学位课程，是英国大学中开设科目最齐全的大学之一。不但医学各科和语言学科出色，而且法学和其他人文学科也很出色。师资力量强大,教学设施一流。超过半数的学生都获得了荣誉学位,而且毕业生的失业率是全英最低的。学院建筑近年变化之大超过了伦敦大学其他学院。同时,它是"罗素集团"的一员,这个团体是由英国一些顶尖科研大学组成的联盟。

国王学院目前有在校生17 160名。其中有12 200多名本科生,4 500余名研究生,这当中包括来国王学院完成学位课程的国外部分、交换培养项目和选择性项目的学生。

● 师资力量

伦敦国王学院是英国政府排名前五的研究院校和最大的高等教育院校之一。学校有很大一部分研究项目是英格兰高等教育基金委员会和研究会赞助的,学校在研究方面做出过许多举世瞩目的贡献。学校师资力量在国际或国内均占有领先地位。

国王学院的每一个教学学院都有自己的图书馆,可以满足学生的需求。图书馆藏书达80万册,还收藏定期刊物约4 000种、重要的专题著作、电子信息和音像资料等,可容纳2 000多名学生。图书馆的书目全部计算机化,在校园各处对书目进行检索都十分便利,也能查询到重要的网上书目资源和文献目录信息资源。国王学院的计算机中心可为所有学生提供联网计算机和数据库设施以及计算机方面的咨询和帮助。

该校的医学院是全英规模最大的,在医药学领域,它久负盛名,培育出一批医药、牙科、护理方面的专家。每年招收1 811名本科学生,583名硕士生,师资力量强大,教职人员超过400名,每年总预算高达8 000万英镑。辖下分有10个科系和23个研究组,与生命科学院、牙医学院亦有紧密联系。

● 今日的伦敦国王学院

在泰晤士高等教育专刊的2008年全球大学排名中,国王学院为全球第22位,英国第5位。以恪守英国传统闻名,培养出许多诺贝尔奖得主并且与英国王室长期保持亲密关系。英国首相布莱尔、布朗经常光顾国王学院。英国前首相布莱尔曾在国王学院的讲话中盛赞国王学院,是一个有着悠久的历史并且在国内与世界上享有极高声誉的教育机构,学生与员工在过去的175年中对人类的知识与福利做出了巨大贡献。国王学院与中国清华大学和中国人民大学有许多学生交流项目。

国王学院坐落于伦敦市中心泰晤士河畔,主校区与伦敦政治经济学院毗邻,其他四大校区分布于泰晤士河两岸,隔河与国王学院摩根大图书馆的钟塔相望,景色十分迷人。该校是英国最负盛名的多学科、以研究见长的大学之一,其在研究领域的领导地位和在世界范围内的极高声誉吸引了来自世界各地超过20 000名学生在此进修生物、医学、法律、工程、商科和人文等近200个专业的课程。并且秉承了校父威灵顿公爵的传统,而拥有英国大学唯一的战争系。神学系也十分出名。在国王学院的摩根大图书馆开馆典礼上,英国女王伊丽莎白二世亲自莅临,为英国二战以后兴建的最大的图书馆剪彩。建筑为19世纪哥特式建筑,极其雄伟壮观,该建筑原为英国公共档案图书馆,后转让与国王学院。国王学院的吉祥物是狮子雷吉。

● **大学名人堂**

国王学院也培养了一批名人,如国王学院建立者、在滑铁卢战役中击败拿破仑并两次出任英国首相的威灵顿公爵;国王学院的南丁格尔是助产系建立者,也是近代护理专业的鼻祖;DNA双螺旋结构的发现者之一、诺贝尔奖获得者威尔;电报电讯的鼻祖Charles Wheatstone;现代地质学奠基人Charles Lyell;现代医学之父Lord Lister等。

英国最受欢迎大学之一的
曼彻斯特大学

校训:该校的校训是"Arduus Ad Solem",字面意思是"面朝太阳",有积极启蒙的意思。该格言是从维吉尔的叙事诗《埃涅伊德》中来的,但是并无任何记录说明为什么选择这个格言。在埃涅伊德中,这个引证说的是大毒蛇和太阳,而在学校的校徽中,这两样东西都有。

曼彻斯特大学简称曼大,是一所门类齐全,科系众多的综合性大学，位于曼城的市中心的大学村内。曼彻斯特大学的前身是建于1851年的欧文斯学院，1880年升格为维克多利亚曼彻斯特大学，1903年被正式命名为曼彻斯特大学。

● 历史上的曼彻斯特大学

曼彻斯特大学是英国最大的大学之一，是英国第一所城市大学，与曼城科技大学和大都会大学有密切关系。

曼彻斯特大学的目标是保持研究工作的最高标准，这一目标也体现在大学对优秀教学的重视上。大学的规模大，学生可以从100多个专业系的众多课程中进行灵活选择。

曼彻斯特大学以教学严谨，学术风气自由著称，创新作为教学和学术研究的主导思想，已形成传统。百年来，该校的学生和教学研究人员共产生了20多位诺贝尔奖获得者。20世纪有许多关键的科学技术研究成果出自这里，如飞机发动机的研制，首次分离原子以及世界上第一台计算机的发明等。曼彻斯特大学的综合教学质量名列英国独立教学质量评估的前列，每年的大学综合评比，在英国120所大学中始终名列前20名。

● 师资力量

现在该校共有在校学生18 000名，分别来自英国当地和世界其他国家，其中包括来自海外120个国家的2 500名学生，全校现有教职员工3 000名，其中很多是享誉世界的著名科学家。

曼彻斯特大学的学生可以享用的大学设施是英国最好的。约翰赖兰斯大学图书馆是全英国第三大图书馆，藏有350多万册书籍和期刊，还提供网络链接，使学生可以通过分布在校园各处的联网电脑连接图书馆。许多专业还配备了自己的图书馆，所有藏书均可通过公用联机图书目录查询系统进行查阅。所有学生均可通过遍布全校的6 000多个终端免费上网和收发电子邮件，这些终端包括各个系别的计算机网络系统和图书馆内的公用网络系统。

● 今日的曼彻斯特大学

最新2008年12月18日由英国RAE研究排名（英国高等教育排名，7年评一次，最为权威，上一次评选为2001年），曼彻斯特大学打破了由牛津、剑桥和伦敦帝国理工学院的金三角规律圈。

● 大学名人堂

曼彻斯特大学获得诺贝尔奖和其他重要大奖的人数不胜数，包括经济、化学、物理、生理学和医学、文学和哲学、建筑学、计算机科学及数学等各个领域。如亚瑟·刘易斯爵士，1979年获诺贝尔经济学奖；约翰·希克斯，1974年获诺贝尔经济学奖；汤姆逊发现了电子，于1906年获得诺贝尔奖；约翰·亨利·玻因廷定了地球的平均密度并于1893年测定了万有引力常数。威尔逊发明了膨胀云室（威耳逊云室），于1927年获得诺贝尔奖；卢瑟福1908年因为其物质的分解和放射物化学而获得诺贝尔奖，他是裂解原子的第一人；乍得威克发现了中子，于1935年获诺贝尔奖。盖革发明了著名的"盖革计数器"；阿奇博尔德·希尔于1922年获诺贝尔生理学医学奖。安东尼·伯吉斯英国当代著名小说家、作曲家、剧作家和文学批评家；诺曼·大众特，1999年荣获第21届普利兹克建筑奖，著名的设计作品包括德国柏林国会大厦、日本东京千年塔、西班牙毕尔巴鄂地铁、英国伦敦市政厅、中国香港国际机场和中国香港汇丰银行大厦；阿兰·图灵是计算机科学和人工智能学的创始人，美国计算机学会的图灵奖就是以他的名字命名的；保罗·艾迪许，20世纪最伟大的数学家之一，他也是历史上最多产的数学家之一，有1 500多篇论文，获得了美国气象学会的科尔数学奖；玻尔，量子力学理论的奠基人，1922年获得诺贝尔奖；道格拉斯·哈特里发明了著名的微分分析器，用于分析多电子原子的波函数；布莱柯特，1948年因对云室研究和对正电子的发现及确认而获得诺贝尔奖。

带有浓郁古典气息的
伯明翰大学

伯明翰大学建于1900年，位于英格兰的伯明翰市，是英国历史上著名的"红砖"大学之一。目前是罗素大学集团成员之一，也是国际化的教学与研究中心，具有一流的教学质量与完善的教学设施。

● 历史上的伯明翰大学

伯明翰大学建立于1900年，直到今天，每当人们看到伯明翰市的标志性建筑——100米高的钟塔时，就会想起伯明翰大学的第一任校长，钟塔正是为了纪念他而建造的。目前，伯明翰大学的在校人数超过26 000人，有来自150多个国家的3 500多名国际留学生。

它在人文、教育、社会科学和法律上都拥有非常杰出的成就：代替心脏运行的塑料心脏的研制成功；维生素C的合成；英国南极考察植物学和地质学基础的奠定；利用微波为雷达提供动力；过敏性疫苗的应用；人工血主要组成部分的合成；遗传学发展下动植物养殖技术的改进等等。

19世纪，随着工业革命的推进，伯明翰日益发展。对自己的城市有着无限期望的人们感到应该有一所与这座城市相匹配的大学，以教育培养人民，使之能够开发和经营英国中部蓬勃兴起的商业和工业。这样，大学一开始就被赋予了工业大学的特征——它的学科基本上是科技和工程。它是英国第一所设立商业系的大学。1892年，它将1828年成立的医学院与1875年成立的曼逊学院合并改革和扩充，于1900年终于建成了今日的伯明翰大学。

● 师资力量

伯明翰大学是英国十大科研基地之一，设有几乎所有主要科研项目的研究点。他拥有一大批出类拔萃的科研人员，其中的很多人是各领域内的国际权威。在科研成果转化为生产力方面，大学每年收入可达2亿英镑。根据1996年英国科研评估小组的评估，伯明翰大学是英国科研成果最杰出、最成功的大学之一，在全英中排名第6，在38个科研领域内代表着国家和国际最高成就。

伯明翰大学在2000《时代》周刊排行榜上，综合排名第13位。伯明翰大学同时又是全球21所国际知名大学组成的国际基础研究中心协会的会员大学之一。伯明翰大学与当地的工商业保持着紧密的联系，为学生的实习就业创造了良好的条件。此外，伯明翰大学还是著名的研究类大学，在医学、科学、工程学、艺术、商业和社会科学领域内都取得了卓越的成绩。

● 今日的伯明翰大学

伯明翰大学校园由两个校区组成。其中Edgbaston校区被公认为是英国最好的校园之一，校园里湖水清澈，绿树成荫，建筑错落有致，带着浓郁的古世纪风格。Selly Oak校区是距离市中心仅5英里的花园地带，占地面积80英亩，这里的建筑由古建筑和现代建筑群交错而成。

伯明翰大学图书馆藏书超过250万册，同时配有光盘、录像带、磁带、微缩胶卷及联网数据库以备检索，并配有检索技巧培训课程。伯明翰大学的每位学生均有自己的Email地址，遍布校园的计算机房均24小时开放。

大学共有7所学院，分别为文学院、商业社会科学院、教育及延续学院、工程学院、法律学院、医学及牙科学院和理工学院。

● 大学名人堂

伯明翰大学优异的教学和科研成果在世界各地均享有极高的声誉。我国已故的著名地质学家李四光以及前任香港特区行政长官董建华均毕业于该校。在2000年《时代》周刊排行榜上，综合排名第13位。伯明翰大学同时又是全球21所国际知名大学组成的国际基础研究中心协会的会员大学之一。

素有"欧洲大学之母"之称的
巴黎大学

巴黎大学是一所在国际上享有盛誉的综合大学，创立于9世纪，最初附属于巴黎圣母院，1180年法王路易七世正式授予其"大学"称号，与意大利的博洛尼亚大学并称世界最古老的大学，又被誉为"欧洲大学之母"。欧洲各主要大学的建立模式均受此二校影响。

● 历史上的巴黎大学

1798年法国大革命爆发，拿破仑实行教育改革，以"帝国大学"对法国所有大学教育机构做出中央集权式的管辖，巴黎大学遂名存实亡。直至19世纪末，巴黎大学才渐渐恢复中世纪时的声望。

巴黎大学的前身是索邦神学院，1261年正式使用"巴黎大学"一词。在13世纪时，巴黎大学的学生已经达到万人左右，许多学生来自欧洲的邻国。在很长时间里，巴黎大学同教皇和国王都有特殊关系。17世纪，宰相黎世留出任巴黎大学的校长，使巴黎大学有了飞速的发展，奠定了他的国际威望。巴黎大学原址坐落在巴黎市第五区，这是个知识密集的地区。因为13世纪的大学里是以拉丁文交谈和传授知识的，所以该区又被称为"拉丁区"。作为文化象征，老巴黎大学周围的地区有五多：学校多、书店多、咖啡馆多、旧书摊多、旅馆多。文化名城巴黎正是因为有了巴黎大学才名扬四海。

● 师资力量

巴黎大学有四多。一是学生数量多，总数已达30万，占全法国大学生总数的1/3。二是外国学生多，总数达到50 000人，占学生总数的1/6。三是科研机构多，如巴黎第十三大学有各类实验室100多个。四是图书馆多，既有综合性的也有专业和分别供各阶段大学生使用的，甚至还有为病残者服务的特殊图书馆。

巴黎大学历来重视科学研究，重点在基础理论研究方面，如数学、理论物理学、化学、分子生物学、气象学、应用科学等。目前也强调尖端科学和跨学科以及边缘学科的研究，如核能、信息学、地球物理学、生命科学以及宇宙空间等领域。

● 今日的巴黎大学

现在所说的巴黎大学，实际上是13所巴黎大学的联合体。1971年1月1日，新生的13所巴黎大学同时宣告成立，并各自独立没有隶属关系，但拥有一个共同的名称"巴黎大学"。编号只代表顺序，与质量以及名望无关。

这13所大学在学科设置上都具有多科性的特点，不过，各校根据各自的条件有所侧重。巴黎第1、2、4、8、9、10这6所学校以人文科学和社会科学为主，兼设其他学科。巴黎第5、6、7、11、12、13这6所学校兼有文、理、医、法、经济等学科，其中巴黎第11、第12和第13大学还设有工科。

1986年巴黎大学发生学潮，学生抗议课程落伍及填鸭式的教育，要求更多的学术自由和校园民主，法国政府便对巴黎大学做出一连串的改组和调整，组成13所大学，即现在的巴黎第一至第十三大学。它们分别是：巴黎第一大学（先贤祠索邦大学）、巴黎第二大学（先贤祠阿萨斯大学法律、经济及社会科学大学）、巴黎第三大学（新索邦大学）、巴黎第四大学（巴黎索邦大学）、巴黎第五大学（勒内·笛卡儿大学）、巴黎第六大学（皮埃尔和玛丽·居里大学）、巴黎第七大学（德尼·狄德罗大学）、巴黎第八大学（樊尚大学）、巴黎第九大学（巴黎多菲内大学）、巴黎第十大学（巴黎南泰尔大学）、巴黎第十一大学（巴黎南大学）、巴黎第十二大学（巴黎瓦勒·德·马恩大学）、巴黎第十三大学（巴黎北大学）。

传统与现代性的结合
巴黎高等师范学校

办学宗旨：巴黎高师作为集科研与文教于一体的公立机构，其宗旨是"优秀的思维方式"与"优秀的教育机制"结合且相得益彰，为科学工作培养人才，为教育系统和国家行政单位、企业、事业机构输送人才。

巴黎高等师范学校是世界最著名的大学之一，它创立于拿破仑时代，曾为法国培养了几任总统与总理。巴黎高师是文、理并行不悖的综合性学校，有着一流的研究机构和辉煌的学术成就，大批优秀的顶级人才从这里走出。

● 历史上的巴黎高等师范学校

在法国，高等师范学校的历史几乎与法兰西共和国同龄，距今已有200多年的历史。早在法国大革命时期，在法兰西共和国成立后的两年，共和3年雾月9日，即1794年11月30日，根据当时国民公会议员拉卡那尔的提议，法国第一家师范学校创立，并成为男子高等师范学校的前身，学校成立之初确定的宗旨是让学生在教师的帮助下，学会"教学的艺术"。这一创举掀开了高等师范学校在法国历史上的首页，使"高等师范学校"这一新名词逐渐为广大法国人所了解和接受。到了1847年，男子高等师范学校正式成立并且选址于巴黎邬尔姆路，也就是巴黎高等师范学校今天的校园所在地。男子高等师范学校的成功创立并且在其积累的经验的基础上，到了19世纪80年代，又有一批高等师范学校在法国成立，它们分别是1880年的枫特耐奥罗斯高等师范学校、1881年的塞弗尔女子高等师范学校和1882年的圣克鲁男子高等师范学校。到那时法国已经拥有四家高等师范学校且初具规模。1912年，第五家高等师范学校，即技术教育高等师范学校在巴黎的加尚成立。由于各校成立时间不同，专业各异且分布不平衡使得政府难以协调管理，于是到了1985年，密特朗执政时期，法国教育部对当时已存在的这五家高等师范学校进行改革、重组，成立了今天我们所熟悉的四家高等师范学校，它们分别是巴黎的枫特耐-圣克鲁高等师范学校、巴黎的加尚高等师范学校、里昂高等师范学校（该校成立于1987年）和高等师范学校中最杰出的代表——巴黎高等师范学校。经过200多年的发展，巴黎高等师范学校在法国可算是家喻户晓，尤其是对于那些求知若渴的人们，这里既是知识的海洋，又是科技发展的温床。

● 今日的巴黎高等师范学校

在所有高等学校中，巴黎高师是唯一一所文、理并行不悖的综合性学校。这种平衡也是它的优势所在，从高层行政领导结构看，校长和副校长就分别来自文科和理科；而学校的课程体系和学生改变行政划分学科界限的努力都体现了这种特色的优点。文理科综合有助于思维空间的扩展，有利于奠定更坚实、全面的文化修养，并增强学生的适应能力。

虽然巴黎高师招收的都是最优秀的学生，但巴黎高师既没有毕业证书发给学业成绩合格的毕业生，也没有国家学历证书的授予权。于是经过预科、考试一路冲杀过来的佼佼者们，在跨进巴黎高师门槛后还要到其他大学去注册各种学位学习。而各大学也都非常欢迎巴黎高师的高才生。

● 大学名人堂

无论在哪一阶段，高师都与时代保持着高度的默契，它为法国培养出无数的杰出人士。如开生物学新纪元的亚雷斯和巴斯德，存在主义先锋萨特，自由主义战士雷蒙·阿尤，共和国总统蓬皮杜，总理兼任国民议会主席的洛朗·法布留斯，西方十大著名哲学家之一、生命哲学家亨利·柏格森，以及1968年出现的拯救法国社会于传统陋习中的一代"新人"等。巴黎高等师范学校在数学教学、研究与人才培养等方面享誉世界，共培养出8位菲尔兹奖得主，4位沃夫奖得主和一位阿贝尔奖得主，其中该校的Serre教授是世界上唯一集上述数学三大奖于一身的数学家。

巴黎高等师范学校的赫赫声威还源于在200多年的历史中学校涌现出的一批又一批知名学者而形成的辉煌壮丽的人文景观。提起罗曼·罗兰、让·保尔·萨特和路易·巴斯德这些在法国甚至全世界人人景仰的学者和传奇人物，他们都曾就读或工作于巴黎高等师范学校，他们在各自领域中的成就给后世几代人都流下了深远的影响。

除了罗曼·罗兰和萨特之外，还有其他8位学者先后获得诺贝尔奖，他们分别是：加布利埃尔·里普芒，1908年获诺贝尔物理学奖；保罗·萨巴捷，1912年获诺贝尔化学奖；让·佩兰，1926年获诺贝尔物理学奖；亨利·贝尔格森，1927年获诺贝尔文学奖；阿尔弗雷德·卡斯特雷，1966年获诺贝尔物理学奖；路易·内埃尔，1970年获诺贝尔物理学奖；吉哈尔·德布厄，1983年获诺贝尔经济学奖；皮埃尔·吉尔·德·热奈，1991年获诺贝尔物理学奖。当然，在其他国际大奖的评选中，巴黎高等师范学校的校友也不计其数，难怪一项对世界各国千余家实验室的调查结果表明，它们均将巴黎高等师范学校列在世界科研名校四强之列。同样，雷蒙·阿隆、西蒙娜·德·波伏瓦也是世界文坛响当当的人物。

从那个时代以来，巴黎高师的毕业生获得了许多项诺贝尔奖和菲尔兹数学奖。巴黎高师也是许多杰出政治家的摇篮：例如，让·饶勒斯和列翁·布鲁姆；许多前任法国总统、总理、部长，其中包括某些还在任的政府官员，也都出自巴黎高师。

巴黎中心科学思想的结晶
巴黎第六大学

巴黎第六大学,又称皮埃尔与玛丽·居里大学,这是一所法国大学,坐落于巴黎市区中心的拉丁区,是巴黎科学学院和巴黎大学中科学师资的主要继承者。

● **历史上的巴黎第六大学**

该校是目前法国唯一一所只有理工学科的公立大学。该校有超过180间实验室,绝大多数的实验室都与法国国家科学研究中心有合作关系。依据"校友以及教工获诺贝尔奖人数""校友及教工获菲尔兹奖人数""SCI论文发表数"等多项数据,巴黎第六大学历年排名居世界30—50位,法国排名第1位。该校数学专业根据"SCI论文被引用数"等多项指标排名世界第1位。巴黎科学学院名誉校长马克·扎曼斯基将巴黎第六大学比喻为"在巴黎中心科学思想的结晶"。

● **师资力量**

皮埃尔与玛丽·居里-巴黎第六大学是前巴黎索邦大学理学院的主要继承者,目前共有在校学生30 000人,其中8 000人注册第三阶段文凭。 皮埃尔与玛丽·居里-巴黎第六大学拥有4 000名研究员、教师研究员和20个博士研究生院;每年答辩700篇博士论文,颁发3 000份第三阶段文凭,通过8所医院培养了300名医生;它是一个法国和欧洲独一无二的研究和教育中心。从2005学年起,巴黎第六大学将创办一所大学综合理工学院,每届招收300名工程师学生。

巴黎第六大学拥有181个与大型研究机构和著名学术机构合作的实验室,研究领域涉及四大跨学科轴心:模型化与工程-物质与新材料-空间、环境、生态-基因组、交流系统。

巴黎第六大学注重公立研究与私立研究之间的关系,学校每年签署

300多项工业研究合同，并拥有10个与工业界合作的混合研究单位。学校还发挥孵化器作用，为30多家企业的诞生做出了贡献。

● 今日的巴黎第六大学

作为欧洲顶级的大学之一，其庞大的校区和学生的数目等各个方面都有着很好的声誉："4 000名教员，161名科研人员，30 000名学生。2000年就有250个研究项目，其中有10余个是由该校科研人员开办的，52个拥有自主产权，19个与其他机构共同拥有。这些数字足以说明巴黎第六大学的现状。作为巴黎科学学院的主要继承者，并且坐落于拉丁区中心，事实上，巴黎第六大学同时在教育以及科研领域，以其优异的表现被整个世界承认。"

除了其数学学科的教育和研究被全世界公认以外，巴黎第六大学的物理专业也并不比其国内的竞争对手巴黎第十一大学逊色。该校的实验室之一卡司特勒·布洛索实验室的物理学家克洛德·科昂·唐努德于1997年获得诺贝尔物理学奖。

与该校排名世界第一的数学学科一样，该校在化学领域也被评为世界最佳研究机构的前五名，其物理、工程、地球物理学和材料科学都排在世界最佳研究机构的前十名。

在上海交通大学的世界大学排名中，巴黎第六大学以其在研究领域的影响和教育领域的贡献获得如下排名：

2003年：世界排名第65、欧洲排名第16、法国排名第1。2004年：世界排名第41、欧洲排名第7、法国排名第1。2005年：世界排名第46、欧洲排名第8、法国排名第1。2006年：世界排名第45、欧洲排名第7、法国排名第1。2007年：世界排名第39、欧洲排名第6、法国排名第1。

该校在近几年都受到全球科研人员高度评价的美国著名科学出版物Science Watch评为世界顶级学校。

同样，在《时代》杂志的排名中，巴黎第六大学在2005年排在全球第88位，欧洲第30位，在自然科学领域排名全球第50位。

在2007年9月28日，巴黎第六大学与巴黎其他公立大学和私立大学共同为巴黎数学基金会奠基。这个项目聚集了超过500名数学教育与科研人员以促进交流。

"下金蛋的母鸡"
巴黎理工大学

校训：为了祖国、科学和荣誉。

巴黎理工大学是法国历史悠久、享有盛名的高等学府之一，它的校史与近代和现代的巴黎乃至整个法兰西共和国的历史紧密联系在一起。

● 历史上的巴黎理工大学

巴黎理工大学诞生于法国大革命时期（1774），创办200年来，为法国培养了大量的杰出人才，其中不少人在世界军事、科学和工业界享有盛誉。例如：它培养出了第一次世界大战中的协约国联军统帅福煦，铀的放射性最先发现者贝古勒耳，与美国汽车大王福特相抗衡的工业家和设计师雪铁龙，法兰西共和国总统德斯坦，巴黎的标志——埃菲尔铁塔的设计者埃菲尔等。

巴黎理工大学当时建校的目的，主要是因适应军事上的需要，课程包括炮兵、军工、造船、路桥、地形测量等。法国对理工学校的投资，在拿破仑时代首次得到回报。巴黎理工大学的师生建造了当时最先进的炮舰、火炮，成为拿破仑东征西讨的重要后援。用拿破仑当年的话来说，巴黎理工大学是一只"下金蛋的老母鸡"。

这里研发除了法国人引以为自豪的阿利亚娜运载火箭、欧洲空中客车飞机、核能发电、高速列车等一系列高科技成果，同样记载着巴黎理工大学的丰功伟绩。也许出于偏爱，法国人特意为该校学生制造了一个专用词——理工生。

● 今日的巴黎理工大学

巴黎理工大学每年约招收350名学生，校内学习期限2年，外加1年军事训练。学生在校期间计算军龄，穿军服，享受军队待遇，受军纪约束。巴黎理工大学的招生制度十分严格，入选学生均是通过巴黎理工大学自行单独组织的入学考试，从预科生中严格筛选出来的优秀者。加上教授、研究人员和工作人员，全校也不过1 300人。巴黎理工大学的学生毕业时可获得巴黎理工大学工程师文凭。他们既可以工程师的身份直接就业，也可进入应用学校或其他学校继续学习，或者在巴黎理工大学继续研修高学位。所谓物以稀为贵，它的学位是法国学生最向往的专业资格之一。

巴黎理工大学是一所被赋予公民人格和财政自治权的公立机构，处于国防部的监督之下。学校的行政由校务委员会和校长共同负责。校务委员会是学校的最高权力机关，其成员由政府高级官员、企业界领袖、应用学校校长、教师和学生组成。校务委员主席由选举产生，校长是法定的副主席。校长和副校长由国防部征求校务委员会和部队首长意见任命。校长兼任学校的军事指挥，副校长专管教学和科研，在校长不能履行职责时代理校长，但不能代理他的军事指挥职务。现任校务委员会主席由法国银行金融集团总长伊萨贝尔担任，现任校长是保罗将军。

● 大学名人堂

柯西是法国著名的数学家，在科学家史上占有重要地位，被誉为现代数学的重要奠基人之一，他一生写下800多篇论文，几乎涉及数学的各个分支。在几何学等方面，有多面体定理；在算术方面有费尔马定理的论证，解决了自笛卡儿至高斯所未能解决的疑难问题；在数学分析应用与天文学和物理学上，有余数计算理论。卡诺，堪称热力学的奠基人，他于1924年发表了《论火力动力能和适合于发挥这种能的方法》一文，其中包含了今天称为热力学第二定律的"卡尔诺原理"，1978年，他的遗著经人整理发表，世人方知热力学第一原理、能量守恒定律在热力学上的表现。在巴黎理工大学的校友中还可列出许许多多的学者名字，他们中间有哲学家孔德；天文学家勒韦耶——海王星的真正发现者；物理学家阿拉戈、菲涅耳、盖·吕萨克、毕奥和马吕斯；数学家彭加莱，还有集工程师、军官、学者于一身的马吕斯以及瓦克内尔、盖诺·德·米西、普瓦松、弗雷内尔、盖·吕萨克等等。

现代大学之母
柏林大学

校训：哲学家只是用不同的方式解释世界，而问题在于改变世界。

柏林大学是世界上极负盛名的大学之一。它是由德国著名的政治家、语言学家威廉·冯·洪堡和著名的地理学家亚历山大·冯·洪堡兄弟两人于1810年创立的，它之所以有名，是由于这所新型的大学是全世界真正现代化大学的开始，因此有人称它为"现代大学之母"。在漫长的年代里，柏林大学造就了一大批享誉世界的人物，并由于它在学术上的丰硕成果而蜚声世界。

● 历史上的柏林大学

柏林大学是德国的一所综合性高等学校。原名柏林弗里特里希·威廉大学。1809年由普鲁士王国内务部文教总管弗里特里希·威廉·洪堡负责筹建，1810年10月正式开学。设哲学、法学、医学和神学4个学科。柏林大学创校伊始，第一批学生只有6人。第一任校长为哲学家费希特。柏林大学贯彻教学与科研相结合的方针，采取讲课、讨论与研究相结合的教学形式。教师享有较大的学术自由，学生则根据自己的爱好选修各种课程，选择自己的研究方向，在导师指导下从事科研工作。1842年创建德国第一个物理实验室。一批科学家曾在该校执教，并创立新的理论和学科。第二次世界大战后，柏林大学分为两所，前民主德国的大学改名为柏林洪堡大学，西柏林的改名为柏林自由大学。

在华人文化圈中，柏林大学在1948年之前，专指柏林洪堡大学（例如小说围城中所称的柏林大学）。但1948年柏林被一分为二之后，在西柏林又成立了另一所柏林自由大学，后来有一段时间柏林大学指的是柏林自由大学。目前这两所"柏林大学"是完全独立的大学，但逐渐在少数领域开始了合作与合并。

● 大学名人堂

　　哲学家黑格尔从1818年直至1881年逝世，一直担任柏林大学哲学系主任，并担任过一个时期的校长职务，他天才地创造和解释了历史辩证法，他在社会政治方面既反对封建的陈腐观念，又反对所谓的极端民主要求，他的哲学思想不仅在柏林大学有着广泛深远的影响，而且也影响了整个德国、欧洲乃至于全世界，他的思想远远超出了他所生活的时代。黑格尔提出的辩证法"从头到脚"地被马克思接受了，成为马克思列宁主义三大组成部分之一的马克思主义哲学的源泉之一。

　　国际无产阶级的伟大革命领袖和导师马克思与恩格斯都曾在柏林大学学习。马克思在柏林大学学习了5年哲学，而恩格斯则作为旁听生学了1年多的哲学，这为后来马克思主义的产生奠定了雄厚的思想基础。这两位革命导师求学时代努力学习、刻苦钻研、大胆创新的精神，至今仍被传为佳话，成为学生们学习的榜样，效法的楷模。

　　不仅如此，柏林大学在自然科学方面也取得了极大的成就。在柏林大学学习或工作过的科学家中有30多位获得了诺贝尔物理学奖、化学奖和医学奖。

　　马克斯·普朗克在柏林大学执教40余年，他创立的量子理论是科学发展史上的重大事件，大大促进了科学的发展。在20世纪初期，柏林大学是世界量子力学发展的基础，提出测不准原理的维尔纳·海森堡、提出量子力学基本方程式的埃尔温·薛定谔、相对论和量子力学创始人马克斯·波恩及爱因斯坦都曾在柏林大学工作过。

　　阿尔伯特·爱因斯坦是量子力学和相对论的创始人，1916年他发表的《广义相对论原理》，被人们称为20世纪理论物理学研究的巅峰。今天，相对论同量子论一起已成为现代物理学最重要的理论基础，也是航天和天文学的主要理论依据，并开辟了原子理论时代。现在原子能、太阳能的利用，同爱因斯坦的辛勤劳动是分不开的。

　　罗伯特·柯赫是一位天才的医学家，23岁获医学博士学位。在担任柏林大学教授期间，他创办了卫生研究所，他始终不渝地坚持研究病原细菌，为了研究，他常常废寝忘食，有时钻在实验室里达数十小时之久。1906年秋，当他得知非洲有人死于睡眠病的时候，不顾自己63岁高龄，立即带人前往东非，在那里连续研究了18个月，终于找到了睡眠病的病原。柯赫在一生中，先后分离并证明了炭疽杆菌、伤寒杆菌、结核病菌、霍乱弧菌等多种病菌，发明了蒸气杀菌法，预防炭疽杆菌的接种法，牛痘预防接种法，霍乱的预防法，发现了结核菌素可以用来诊断结核病，揭示了鼠蚤传播鼠疫的秘密。他对于医学上的这些伟大贡献，尤其是对细菌学发展方面的功绩，使他于1905年荣获诺贝尔生理学及医学奖，被人们誉为"绝症的克星"。

冯·贝林是柯赫的学生，他在柏林柯赫卫生研究所研究如何征服病原菌时，从中国古代医学"以毒攻毒"学说中获得启示，经过千百次艰苦的实验，终于提出和证实了"抗毒素免疫"的新概念。为此，年轻的贝林被誉为免疫学的创始人，成为世界上第一位诺贝尔生理学及医学奖获得者。然而，成绩并没有给贝林形成包袱，荣誉也没有使他就此止步。当白喉的流行，使千百万儿童的生命受到威胁的时候，贝林心急如焚，他再次运用以毒攻毒的原理，不辞劳苦，顽强工作，终于又研制出一种白喉抗毒素血清，给千千万万患白喉急症的儿童带来了福音，被人们称为"儿童的救星"。

此外，驰名世界的《格林童话》的作者格林兄弟；德国民主文学的先驱海因里希·海涅；著名的哲学家路德维希·费尔巴哈；德国"铁血宰相"冯·俾斯麦以及中国教育家，北京大学创始人蔡元培先生等，都是柏林大学的校友。

我国伟大的政治家朱德、周恩来早年也在这里求学，并在这里建立了中共旅欧总支部，宣传马克思主义，发展共产主义组织，为中国共产党的发展做出了不朽的贡献。

柏林大学为人类科学史和文化史留下了一系列闪光的名字。柏林大学的这些成就使之享有世界盛名，它吸引着世界各国的大学生和青年科学家前来求学或深造。

世界哲学家的摇篮
海德堡大学

校训：永远开放。

在海德堡，大学就是城市，城市即是大学，所以长久以来它又被冠以大学城的称号。海德堡大学的许多科系都很有名，它成就了费尔巴哈、黑格尔等一大批世界知名的哲学家，被誉为世界哲学家的摇篮。

● **历史上的海德堡大学**

在海德堡的14万人口中，有10万人是来自各国的学生和为大学服务的人员。站在街上四望，看到的全是年轻人的面孔，难怪海德堡被称赞为"永远年轻，永远美丽的城市"！

成立于1386年的海德堡大学是德国最古老的大学，也是德意志神圣罗马帝国继布拉格和维也纳之后开设的第三所大学。

海德堡大学真正的名字是鲁布莱希特—卡尔大学，是为了纪念两位与海德堡大学渊源极深的名人。前者鲁普莱希特作为600年前海德堡大学的创始人早已名垂校史，后者巴登的卡尔大公于19世纪初，在海德堡大学的财政濒于崩溃之际，倾力相助，并为大学重金聘请名师泰斗，使海德堡大学得以重整旗鼓。

1386年，当一场宗教纷争促进了海德堡大学的创建时，创建人莱茵侯爵鲁普莱希特一世并没有意识到，这件出于宗教目的的行为将是一个怎样的丰功。如同海德堡的历史一样，大学在以后的发展中也是饱经忧患，幸好每个转折期都有热爱知识的大公或伯爵站出来助它一臂之力，卡尔大公爵、17世纪威尔欣姆大诸侯等，都是海德堡大学历史上的功臣，而大学也从当年的神学、医学、法学和文学4个分科扩展到了今天宏大的建制。

17世纪的政治危机，特别是"三十年战争"（1618—1648）和普法尔茨的继位战争（1688—1697），曾使学校两次停办，濒临破产。信奉天主教的维尔斯巴赫家族在17世纪末对普法尔茨政权的接管和18世纪耶稣会对大学的干预，阻碍了新思想的发展。直到1803年，由于卡尔·腓特烈大公爵重建海德堡大学的决定，这座德国最古老的高等学府才得以从破产的危机中得到拯救，成为巴登州的州立大学。此后，它逐渐恢复从前的学风。

600年的时光中，一代代的学生来了又走，旧日辉煌却映照在内卡河里清晰如昨：诗人艾欣道夫最爱在老桥边的酒馆里喝酒吟诗，认为海德堡本身就是浪漫精神的凝聚，由此写下了关于海德堡最为脍炙人口的诗歌；舒曼1825年步行至此，在这里找到了音乐灵感，奠定了以后的艺术道路；布伦塔诺和爱尔尼姆在此收集德国民歌，推崇民间传统和文化，由此掀开了19世纪德国浪漫主义的序幕；德国现代社会学的奠基人韦伯在此攻读法律，之后又在大学的经济系任教。

除此之外，黑格尔、迦达默尔曾任教于此；歌德在这里爱上了玛丽安娜，并写下了《西东诗篇》，又从此地去了魏玛；荷尔德林3次来此造访；雅斯贝斯在这里任教23年。到1979年已有7位诺贝尔奖获得者从这里走出。

● 今日的海德堡大学

和欧洲许多国家的大学一样，海德堡大学没有校园，也没有校门，一座城市就是一个大学城，大学的各科系就散落在城市街道的大街小巷里。

海德堡大学是一所以理科为主的综合性大学，已由最初的神学、法律、医学、文学4系发展到拥有18个学院和5个直属科研和教学机构。此外还有一所翻译学院、一所预科学院和三所附属医院。

海德堡大学不少科系享誉世界，是中欧地区第三所大学，历史仅次于南斯拉夫的布拉格大学和奥地利的维也纳大学。

海德堡大学的神学、法学、哲学、医学课程历史最悠久。在海德堡大学所设的各系里，医科各系更是享有盛誉，它的癌症治疗居世界领导地位。它拥有齐全的现代化设备，较多的著名学者和较多的实习机会，毕业生质量高。从发达国家到第三世界国家，很多有志医学的青年都愿意投考这所大学的医科。

翻译学院被认为是世界上办得最好的学院之一，设备好，师资水平高，招考严格。有大小10多个语种，除设有英、法、俄、西班牙等大语种外，还有波兰、塞尔维亚、罗马尼亚、匈牙利语等小语种，就连联合国也委托海德堡大学训练即时传译员。汉学也是该校的著名学科。

海德堡大学还拥有德国最古老的大学图书馆，藏书260万册，其中拥有6 000多册珍贵的手稿和古代印刷本，有极为珍贵的14世纪手本。

海德堡大学特别重视研究，在科研方面发展很快。最成功的例子是，1985年建成的海德堡科技园，被定位为以生命科学为核心的国际化园区，目前已经成为全球首屈一指的生物科技研究中心。

海德堡大学对有杰出贡献的学者授予荣誉评议员、荣誉市民称号，并对他们颁发荣誉奖牌。在校史上，最值得一提的是7位诺贝尔奖获得者。

● 大学名人堂

海德堡史上的7位诺贝尔奖获得者是：菲力浦·雷纳尔德，因提出电子论和阴极辐射现象荣获1905年诺贝尔物理学奖；阿尔布莱希特·考索尔，在蛋白质和核酸研究中取得巨大成果后获1910年诺贝尔生理学及医学奖；奥托·弗里茨·麦耶豪夫，研究生物反应链取得成果，获1922年诺贝尔生理学及医学奖；里查·柯恩，研究维生素取得成果，获1938年诺贝尔化学奖；瓦尔特·波特，他发展了物理学上的重合方法，发现了电子在光子放射时获得冲量的方法和宇宙射线中粒子运动以及核反应时核运动的数据，从而获得1954年诺贝尔物理学奖；汉斯·丹尼尔·杰生，因对原子核核层结构的研究而荣获1963年诺贝尔物理学奖；乔治·维蒂希，因对自然材料再造研究所取得的成果获得1979年诺贝尔化学奖。

这样的教学与研究质量始终未曾中断过，在20世纪公法如此蓬勃发展的年代，几个重要的行政法大师，如叶立尼克、佛兰尼与给付行政大师厄斯特·富斯多夫也都执教于此。尔后，卡尔·恩吉施、麦克斯·缪勒等法理论大师亦在此成就其巨著。

由于过去法学者的努力，也累积出海德堡大学法律学院在德国大学法律学院的声望与地位。至今，海德堡大学法律学院在德国法学界地位，从申请入学的学生比例可看出，其仍是全德国法律人最心仪的法律学院。在法律学教授的心目中，也是最希望自己子女就读的法律学院之一。

德国精英大学之一的 慕尼黑大学

● 历史上的慕尼黑大学

慕尼黑大学全称路德维希–马克西米利安–慕尼黑大学，坐落在慕尼黑，始建于1472年，是德国历史最悠久、文化气息最浓郁的大学之一。

19世纪初，学校为了纪念创始人路德维希大公和马克西米利安一世，改名为 Ludovico Maximilianes（拉丁文），后来更改为德语的 Ludwig-Maximilians Universitt。从1472年始建至今，这所学校已经发展成了规模仅次于柏林自由大学，位居德国第2位的大学。慕尼黑大学于2006年10月被选为德国精英大学之一。

慕尼黑大学没有自己的校园，而是分处于若干个地方。除了在位于绍尔兄妹广场的主楼（周围是连成一片的辅楼）之外，慕尼黑大学在 Grosshadern 的校区和内城校区的大学医院以及很多分布在城市四处的研究机构组成了一个高科技校区，比如北边几百米处就是"小猪楼"（因外墙粉红色的涂料而得名，是教育学和心理学系），再如绘画陈列馆西南几百米外的"数学楼"（物理系、信息系和地理系讲课也在此处），再或者从前欧洲自由之声电台所在的位于英国花园的大楼（绍尔兄妹政治学研究所、信息学、传播学、东亚研究学）。

● 师资力量

慕尼黑大学在1997—1998学年度，学生已接近70 000人，其中女生35 000人以上，超过半数，外国学生有5 000人左右，在7 0000多名学生中，有51%分布在语言类文化和社会科学类的专业中。慕尼黑大学共有800名专职教授和2 500名其他教学科研人员，另有近11 000名非教学科研人员分布在行政管理部门、图书馆、医院实验室和校办企业。慕尼黑大学每年用于发放教职员工工资、更新设备以及修缮校舍等方面的费用约为12亿马克。

慕尼黑大学提供了丰富的学科选择，大约130个专业的课程在此教授，有些课程在德语国家的大学中独此一家。全校现有20个学院，下属包括178个研究所以及作为医学院实习的诊所。慕尼黑大学成就突出的学院有企业经济学院、医学院、法学院、社会学学院、物理学院、化学学院、林学院、兽医学院等。

慕尼黑大学图书馆始建于1573年，校本部的中心图书馆和分属各研究所、各学院的分馆共215个。中心图书馆的藏书为基础书籍、日常书籍和一定程度的专业书籍，约140万余种，各研究所的藏书，合计共440万余册，与巴伐利亚州图书馆藏书总量持平，藏书量每年递增约50 000册。

● 今日的慕尼黑大学

　　慕尼黑大学的知名度很大程度上来自它的艺术和人文学科的研究。但它在机械和科学领域的研究也取得了世界瞩目的成就，如它的分子生物基因中心实验室与慕尼黑技术大学联合建立的加速器实验室。此外，慕尼黑大学高水平研究的标志是其成员每年荣获的多种奖金和奖励，如德国研究协会的Gottfied-Wilbelm-Leibniz奖和Koeber奖。迄今为止，慕尼黑大学教授中已有12人获诺贝尔奖。

　　注意科研与教学并举是慕尼黑大学的一个特点。在新形势下，他们更为注重与企业界的密切结合，在探索产、学、研结合的过程中，慕尼黑大学建立了几种不同的研究模式：

　　一是高校与企业共同组成研究中心，前期的开发研究由高校承担，后期的应用研究由企业承担。二是以研究课题和项目为主，学校与几个企业组成研究联合体。三是高校与校外研究机构组成联合体，联合体设在大学内，所长同时在大学兼职，这种负责人的双重身份十分有利于调动研究所和高校两方的积极性，科研经费的使用也很灵活，有利于研究所对博士生的培养。

　　长期以来，德国的高等学校无偿为学生提供教育机会，每个学生全年的费用高达13万马克，这对于学校来说是一个极大的负担；而且，对学生在校学习的年限限制不强，出现了学生赖在大学中数年不走的现象。政府拨款远远不足，大学筹集经费困难的情况下，慕尼黑大学校方正在考虑是否向学生收取适度的学费，数量大约在2 000—4 000马克之间。这样做有两个目的：一是减少在大学中滞留的学生数量；二是可以增加经费来源，并且，只要在收费的同时实行一些补救性的措施就不会把一些有才华而经济拮据的学子拒之门外。

　　以前德国大学对待外国申请者是冷面孔的时候居多，学生不仅没有奖学金，勤工俭学也只能偷偷做些粗活；而且，在德国大学拿到学位需要的时间太长，求学者往往知难而退。有鉴于此，慕尼黑大学积极落实德国政府于1996年5月出台的鼓励外国人赴德留学的新政策。虽然现阶段外国学生数量不足学生总数的1/10，但在授予外国学生奖学金、助学金方面有了一定程度的改善，同时也放宽了某些限制专业中外国学生的申请标准。

18世纪启蒙运动的产物
波恩大学

● 历史上的波恩大学

波恩莱茵弗里德利希·威廉大学，简称波恩大学，是位于德国北莱茵–威斯特法伦州波恩市的一所公立大学。波恩大学位于风景秀丽的莱茵河畔，是18世纪启蒙运动的产物。1777年，人们就在波恩建立了一所高等学校，以促进蓬勃的启蒙运动继续发展，1786年又把它改建为大学，这就是波恩大学的前身。不久，拿破仑一世进攻德国，莱茵地区被占，波恩失守。由于法国人带来了全新的资产阶级民主思想，因而使这所学校成为封建保守思想和自由的意识形态论争的大讲坛。拿破仑失败后，波恩重归普鲁士统治。在当时著名进步思想家洪堡创议、普王弗里德利希·威廉三世帮助下，学校于1818年10月成为普鲁士的正规大学，政府接管了学校。1828年，学校将捐助者的名字作为学校校名，即波恩莱茵弗里德利希·威廉大学，简称波恩大学。至此，学校各领域的发展开始进入了正轨。

这是一所综合性高等学府。前身为1777年科隆公国在科隆市成立的马克斯学院，1784年改为大学。1798年后曾关闭。1818年普鲁士政府命令在波恩原选帝侯宫重建。1828年改用现名。波恩大学以柏林大学为榜样，于1827年颁布章程，强调教学与研究相结合，以尊重学术自由为办学指导原则。纳粹统治时期，遭到严重破坏。第二次世界大战后，学校得到迅速恢复和发展。

在德国，"大学城"是波恩市的代名词。随着德国首都北迁入柏林，波恩将进一步朝文化性多功能的城市发展，这无疑为波恩大学学术研究提供了机会。

● 师资力量

学校现有8个学院,即基督教神学院、天主教神学院、法律经济学院、医学院、哲学院、数学自然科学学院、农学院和教育学院。学校还设有水利法研究所;动力法研究所;马克斯·普朗克射电天文研究所;储蓄、汇兑和信贷业研究所;莱茵-威斯特伐利亚工具数学研究所;东方语言研究室等。其中法科、哲学科和医科(尤其是医学外科)是波恩大学著名的学科。另外拥有各类校直属研究机构十几个,如考古研究所、语言实验中心、天文学研究中心等。

● 今日的波恩大学

二站结束后,德国政府定都波恩,使得波恩大学加强了和欧洲及其他国家教研机构的合作。迁都柏林的决定更催生了3个国际性研究中心:应用科学和高科技研究中心、欧洲一体化研究中心和南北发展研究中心。

另外值得一提的是波恩大学的数学在德国的地位很高,它建有德国第一个马克·普朗克数学研究所。

2003年冬季学期,波恩大学注册学生达到38 000名,其中有大约5 500百名外国留学生来自130个不同的国家和地区。由于学费的原因2004年夏季学期注册学生下降到了31 000名。2005年夏季学期,波恩大学有注册学生30 375名。其中超过半数是女性;留学生为5 110名。

● 大学名人堂

著名学者:奥古斯特·威廉·施莱格尔、恩斯特·莫里茨·阿尔恩特、弗里德里希·威廉姆斯·利奇尔、神学家卡尔·巴特、海因里希·赫兹、约翰内斯·施密特、诺贝尔奖获得者沃尔夫冈·保尔、首先在论文中提出Petri网的卡尔·亚当·佩特里、约瑟夫·熊彼特、诺贝尔奖获得者莱因哈德·泽尔腾、《尼不龙根之歌》的翻译者卡尔·希姆洛克、弗里德里希·奥古斯特·凯库勒·冯·施特阿杜尼兹、卡尔特·洛尔以及数学家和拓扑学奠基人之一的菲利克斯·豪斯多夫。

著名学生:康拉德·阿登纳、海因里希·海涅、奥古斯特·海因利希·霍夫曼、卡尔·马克思、尼采、罗伯特·舒曼和卡尔·舒茨。

知识的圣地
哥廷根大学

乔治·奥古斯都·哥廷根大学位于德国下萨克森州南端的哥廷根市。1734年由时任英国国王的汉诺威大公委派其重臣创办，旨在弘扬欧洲启蒙时代学术自由的理念。它是欧洲第一所摒弃神学凌驾于各学科之上的格局，从而实现各学院真正平等的大学。

● 历史上的哥廷根大学

哥廷根大学，位于德国西北部下萨克森州南端的哥廷根市，始建于1734年，于1737年向公众开放。同德国的海德堡大学、弗赖堡大学、图宾根大学相似，哥廷根大学属于传统的大学城，是"没有校门和围墙的大学"。哥廷根拥有十分辉煌的历史，名人辈出，蜚声世界。2007年10月19日，德国第二轮"精英大学"评选最终揭晓，哥廷根大学成为德国9所精英大学之一。

整个18世纪，哥廷根大学因其极为自由的科学探索精神和氛围而居于德国大学中心地位。它是一所被海内外认可的现代化大学。拿破仑曾于此研习法律，并言"哥廷根是属于全欧洲的"。

1837年发生了著名的"哥廷根七君子事件"，哥廷根的七名教授因反对汉诺威国王废除宪法之举而被驱逐出哥廷根大学，格林兄弟也在此列，这一事件反映出哥廷根的知识分子对自由的热爱与捍卫宪法的勇气。此后，古斯塔夫·胡果和爱希霍恩于19世纪在此执教并成为德国历史法学派的先驱。19世纪末，创造"缔约过失责任"理论的著名民法学家耶林也在此任教。

● 师资力量

哥廷根大学图书馆藏书丰富，超过500万册，是德国当今五大图书馆之一。今天学生在册人数达30 000万人，教授600名，研究人员2 000

多人。它所属的医药学校下设19个中心，其中包括各种各样的诊所。自从1980年以来，该大学已经根据不同学科成立了14个分校和系。在这些分校中设有170多个研究所，系主任都是学术会成员。

另外，哥廷根设有4个马克斯·普朗克研究所（分别为马克斯·普朗克历史研究所、马克斯·普朗克生物物理化学研究所、马克斯·普朗克实验医学研究所和马克斯·普朗克动力学研究所），与哥廷根大学进行学科上的合作，使哥廷根保持着科学研究上的领先地位。

目前在自然科学领域设有哥廷根伯恩斯坦神经科学研究中心、哥廷根环境科学研究中心、大脑分子生理学研究中心、欧洲神经科学研究中心、哥廷根分子生物学研究中心、神经系统科学研究中心、热带/亚热带农业和林业研究中心、农业和环境研究中心、畜牧生产和技术研究中心、森林生态系统研究中心、生物多样性和生态中心、自然保护研究中心等多个重要研究中心。

在哥廷根大学至今还保存着一项有名且有趣的传统，就是在博士生通过答辩获得学位的当天，都会头戴博士帽，在亲友的陪同下乘坐花车前往市中心的鹅女孩广场去亲吻"鹅女孩雕像"。

此外，学校还设有奥比斯东方科罗研究中心、古代欧洲文化和地中海文化研究中心、现代印度研究中心、跨学科语言研究中心、中世纪和近代早期研究中心、现代人文研究中心和比较文学研究中心等。

● 今日的哥廷根大学

哥廷根大学是一所具有国际声誉的研究导向型大学，提供丰富多样的专业课程。2007年8月，题为"哥廷根传统－创新－自主"的未来战略构想计划入选德国联邦州的"精英倡议"计划，德国共有9所大学获得了该荣誉。哥廷根大学正逐步成为全球最知名、最重要的高等教育机构，同时也因其自由的科学探索精神和氛围而居于德国大学的中心地位。

哥廷根大学在人文学科领域具有无可比拟的强大优势，最初以法学闻名于世，建校百年前后，几乎每年法学院注册学生人数均占全校在读学生人数的一半以上，学校也因此以法学著称。

● 大学名人堂

让哥廷根大学成为世人瞩目的科学中心的是其自然科学，尤其是数学。被称为"最重要的数学家"的高斯就于18世纪任教于此并开创了哥廷根学派。此后,黎曼、狄利克雷和雅可比在代数、几何、数论和分析领域做出了贡献。到19世纪,著名数学家希尔伯特和克莱因更是吸引了大批数学家前往哥廷根大学,从而使德国哥廷根数学学派进入了全盛时期。到20世纪初,哥廷根大学已成为无可争辩的世界数学中心。

我国著名语言学家季羡林先生1935年到德国留学,留德10年,在哥廷根大学攻读梵语和其他古代语言并获得博士学位。2008年9月,季羡林先生获得哥廷根大学"杰出校友"的荣誉称号。

19世纪末—20世纪初,哥廷根大学在整个欧洲乃至世界的学术地位达到了顶峰。45位诺贝尔奖得主曾在哥廷根大学学习、任教或研究,其中大部分为物理和化学奖,其他为医学、和平及文学奖。在这半个世纪从这里走出的诺贝尔奖得主人数位居世界大学第8位,创造了"哥廷根诺贝尔奇迹"。此外,德意志帝国时期的"铁血宰相"奥托·冯·俾斯麦,联邦德国前总统里夏德·冯·魏茨泽克及前总理格哈德·施罗德均曾于哥廷根大学学习法律。德国大诗人海涅也在此取得法学博士。格林兄弟在此任教并编写了第一部德语词典。现象学大师埃德蒙德·胡塞尔在此任教,哲学家亚瑟·叔本华、社会学大师马克斯·韦伯与尤尔根·哈贝马斯等也先后在此求学。

在哥廷根学法律的人中,不能不提到一位中国当代名人,那就是朱德同志。德国一些人曾传说周恩来在哥廷根学习过,此说不可信。

没有获得诺贝尔奖的"哥廷根人",不少也在科学技术发展史上浓墨重彩地写下了重要篇章。例如,被称为美国"火箭之父"或"航空航天之父"的卡门、被称为美国"原子弹之父"的奥本海默都是在哥廷根获得博士学位的。1901年首次颁发诺贝尔奖的时候,三项自然科学奖中的两项,都被德国学者获得(伦琴获物理学奖,贝林获医学奖)。到30年代希特勒大批驱赶"非雅利安"学者以前,德国科学家有8人获医学奖,其中2人在哥廷根学习或工作过;11人获物理学奖,其中7人在哥廷根学习或工作过;16人获化学奖,其中5人在哥廷根学习或工作过。在30年代以前,世界上最权威的物理学期刊是德国的《物理学杂志》。

也许由于自然科学方面人才辈出,群星璀璨,人们常常忘记了哥廷根大学在人文科学上也有重要贡献。例如,曾在这里任教的格林兄弟,除以搜集整理德国童话闻名外,还是德国语言学的重要奠基者。

入学容易毕业难的
柏林工业大学

柏林工业大学，亦称柏林理工大学或柏林科技大学，是柏林的4所大学之一，是柏林唯一的一所理工科大学。主楼建于1884年，由理查德·卢卡设计，坐落于柏林夏洛腾堡区，面向六月十七大街。该校大约20%的学生来自国外，使柏林工业大学相比德国其他高校更具国际化色彩。先后有8位诺贝尔奖获得者在该校学习或工作过。

● 历史上的柏林工业大学

该校渊源可以追溯到由腓特烈二世在1770年10月发起创立的采矿学院。另一个源头是1799年3月13日创建的建筑学院。第三个来源是初创于1821年的皇家职业学院。1879年，由三个学院合并成立皇家柏林工业高等学院，亦称夏洛腾堡工学院。该校是德国始创最早的高等工业学院，并在1899年开始颁发博士文凭。

在第三帝国时期设立了防卫技术专业，导致学校从1945年4月20日起被关闭了一段时间。当学校在1946年4月9日重新开始教学时，新开设了人文类的专业，使得学院升格为大学，即开始启用现在的名称柏林工业大学。

柏林工大将纯理论研究与应用研究置于同等重要的地位。在科研方面，学校拥有光辉的历史。第一次世界大战之前的主要科研成果有：三色摄影术、低压技术、照相用的闪光灯、汽车制造的新技术、无线电报和机床运动学理论。其他成果还有电视技术的研制、汽车排气、电子显微镜等。截止到20世纪20年代，柏林工大的建筑设计师在建筑业与城市发展方面已有了相当大的影响。

● 师资力量

目前该校有8个学院，50多个专业，是一所公立大学。除了工程学科和自然科学学科等重点专业之外,学校还设置了人文、社会、规划管理和经济等专业。该校有近400名教授,7 100名员工,29 600名学生,是德国最大的理工科院校,外国留学生的在校比例是德国高校中最高的。

柏林工业大学正积极推动一次全面而深刻的教育改革,为进一步加强柏林作为科学城的重要地位做出了贡献。为了充分利用大学的资源,该校成立了优秀人力资源中心,作为重要的研究机构。

柏林工业大学同世界上200多所高校保持着广泛的联系,而且还和许多经济研究机构和大企业保持着密切的合作关系。此外,它还是柏林最大的职业培训机构之一,每年提供147个职位的培训。柏林工业大学正朝着研究、学术以及经济一体化的国际综合型大学不断发展。

● 今日的柏林工业大学

柏林工业大学设有7个学院和100多个研究所。柏林工业大学在许多科学领域中都处于领先地位。无论是过去还是现在,都有许多著名的科学家在柏林工业大学工作。不少文学家、艺术家也曾在此授课。柏林工业大学与众多的科研机构建立了合作关系,与逾百所国外高等院校进行学术交流。柏林工业大学也当之无愧地成为联邦德国最具国际性的大学之一。外国留学生所占比例为德国高校之首。

柏林工大用于教学、科研、管理与学生服务等设施的占地面积约65万平方米,其中约有6万平方米已租给私人性质的高科技企业。学校的大部分建筑坐落在柏林城的中心。随着学校的发展,它在柏林城的西部、北部与南部地区也分别获得一定面积的区域,用于发展教学和科研设施。

柏林工业大学是德国第一所颁授环境科学学位的高等学府,在研究设备和资源方面是全球首屈一指的,例如利用大学的人造卫星在外太空观察地球的候鸟迁徙。另一方面,柏林工业大学与世界上200多所高校都保持着广泛的联系,而且还和许多经济研究机构和大企业保持着密切的合作关系。

德国对于高等教育学制上的自由,让许多人悠游其中而忘了岁月,但是这并无损于学校对于毕业生质量的控制,因为每一位毕业后取得硕士学位的学生,都必须经重重考试关卡。譬如机器人学这一学科,就包括电子学、机构学、控制学这三个实验,这些课程除了上课与实验之外，最后还必须通过笔试，而且这三个实验还不算成绩，只是当作要考这门课的先决条件。更重要的是，要拿到硕士学位必须修习十几门类似这种结构的课程。由于每门课程都很复杂，有的人即使修完全部课程，也没信心去考试。笔试通过者则一对一由教授进行口试，口试内容相当灵活，涉及相关实验及上课内容，通过者才能取得该科成绩。

● 大学名人堂

从工大远眺市区这所德国最大的工科大学，坐落于德国首都柏林（德国统一前在西柏林地区），由于学校训练扎实，加上重视技术的实用性，使得毕业的校友往往成为产业延揽的对象。柏林工大能有今日的地位，也应归功于前人的努力。早在皇家科技学院时代，不少著名的科学家在学院工作，且取得了重要的成果，例如诺贝尔奖得主 Ernst Ruska 发明了电子显微镜，化学家 Hermann Wilhelm Bogel 研制出了彩色底片、Alois Riedler 发明了无线电报，数字计算机之父康拉德·楚泽于1940年独立研制出了可编程的计算机等，都为柏林工业大学奠定优良的科研传统。此外，著名的甲壳虫汽车，也是在柏林工业大学研发出来的。当时的希特勒希望能够生产出一辆体积小、包含驾驶在内可乘坐五人的汽车，经过柏林工业大学教授的努力，终于创造出世人眼中造型奇特的甲壳虫汽车。

由市民捐赠建立的
法兰克福大学

法兰克福大学建于1914年，目前已发展成为德国最有名望的大学之一。它是靠法兰克福市民的捐赠建立起来的。捐赠是法兰克福的传统，多年来企业、团体和普通市民众多的捐赠活动让这一传统一直保持着生命力。捐赠基金由大学和其支持者共同管理。德国著名文学家歌德于1749年诞生于法兰克福，1914年成立的法兰克福大学就是以他的名字命名的，称为约翰·沃尔夫冈·歌德大学，又名歌德大学，也称法兰克福大学。

● 历史上的法兰克福大学

法兰克福大学是德国当时仅有的一所完全由私人捐款来维持大学正常运作的基金会大学。当时它的教学设施非常精良，在全德排名第2，仅次于柏林大学。第二次世界大战后，大学的资金来源主要依赖国家拨款，这所基金会大学也因此转变成了一所国立大学。经过近一个世纪的变迁与发展，如今的法兰克福大学已经成为全德最大的综合性大学之一。

早在2001年该大学就设定了明确的发展目标：突出研究领域的重点，注重科研开发与成果的质量，加强区域性和国际性的合作，将科学与实践紧密结合起来，从而使自己成为德国教学与科研领域的领头羊。

● 师资力量

法兰克福大学是一所充满活力、教学严谨且友好开放的大学。法兰克福大学共有680名教授，1 400名助教，1 300名管理职员。大学每年还接收200名访问学者，其中大部分是洪堡奖学金的获得者。1999年注册学生人数为36 817名，其中包括来自117个国家的5 535名留学生，法兰克福大学中的留学生比例是所有德国大学中最高的。每年都有3 500名学生获得硕士学位，700名研究生获博士学位。

大学每年的财政经费为3.7亿马克。长期以来校方一直收到各方的捐赠。大学的软硬件设施齐备先进。大学图书馆与国家图书馆的1 000万册图书及75 000种期刊可供查阅。校内开通了先进的国际互联网。

法兰克福大学在21个系里提供170门不同的课程，并有10个研究院提供博士学位课程。此外，法兰克福大学还有8个交叉学科研究组在联邦研究基金的长期资助下进行卓有成效的研究。

● 今日的法兰克福大学

大学与邻近的达姆斯塔特技术大学和美因兹大学以及当地的科研机构在多方面都有密切合作。作为当地科研机构的领导者，该大学将积极投身于莱茵-美因地区的发展建设视为己任和挑战。凭借其科技实力和实践经验，这座大学已成为社会、政治、经济和文化课题的解决中心。

大学的研究工作重点着眼未来,迄今为止已经取得了显著的成绩并稳坐德国研究性大学的榜首。众多跨学科的研究项目、特别研究领域、研究生学院、博士培养计划为科学的进步做出巨大的贡献。图书馆收藏大量藏书,是德国最大的科学图书馆之一。

大学经过若干年的努力,终于完成了法律上的各项手续并重新改组成为一所基金会大学,秉承了建校时的传统,也为大学改革征途树立了新的里程碑。基金会大学享有诸多的好处,如:资金分配方面有完全的自主权;无须束缚于国家对科研、教学等方面的限制;可以根据大学本身的需要确定研究教学的重点;自由聘请教授、专家;自主录取学生等。2007年7月法兰克福的一对私人银行家夫妇向法兰克福大学捐赠3 300万欧元。这也是该大学建校以来所接受的数额最大的单笔私人捐款。除法兰克福大学外,德国还有一些大学和高等院校,如哥廷根大学、汉诺威希尔德斯海姆大学、汉诺威兽医学院、奥斯纳不吕克应用科技大学也都改组成了基金会大学。

法兰克福大学改革的另一举措便是近期刚举行完落成典礼的金融之家项目了。该项目耗资约3 000万欧元,是由它所在的黑森州政府根据高校建筑项目的拨款建成的。金融之家的目标是成为欧洲金融、经济领域的研究中心与枢纽,为理论家与实践家提供一个共同交流和研究的平台。它希望充分利用法兰克福这座金融城市在银行业得天独厚的优势,使自己成为科学与银行之间的一座桥梁,同时也进一步提升了该城市在金融业的重要地位。法兰克福大学的这一项目可谓填补了德国在教学与实践领域的空白,成为大学转型中的改革先驱。德国联邦政府也对该项目寄予了很高的期望。

● 大学名人堂

曾在大学任教的著名学者包括奥本·海默和卡尔曼·海姆(社会科学),劳厄和波恩(物理),马库斯和沃尔特·本杰明(社会科学,哲学,文学)等。有6位德国最著名的研究奖Leibniz-Award获得者在法兰克福任教,超过其他任何一所德国大学的获奖者数量。

几次中断授课的
明斯特大学

学校的历史可以追溯到1588年建立的教徒学校，17世纪时已经在学校开始哲学神学讲座。1771年，科隆大主教正式颁发了成立拥有4所学院的明斯特国立大学的公文。

● 历史上的明斯特大学

明斯特大学从建立之日起，因为缺少资金，直到150年以后才开始授课。1818年，因为信天主教的威斯特法伦人反对普鲁士人的教育改革，明斯特大学再次失去其合法地位。1902年从皇帝威廉二世那里（德国）得到了它如今的名字：明斯特威斯特法伦威廉大学。20世纪初叶，明斯特大学开始进入兴旺时期，但不久又因突然爆发二战而中断。

1945年以后，明斯特大学开始发展成为如今的规模，并成为德国最令人向往的大学之一。学生们选择在明斯特学习的原因有很多，如专业选择面广，提供一些比较小的专业，如矿物学；规模较大的学院，如神学院、经济学院、医学院、法律学院等都很有名气，根据2001年明星杂志的高校排名，该校名列前茅。

许多学生很看重明斯特的舒适氛围和一目了然的城市布局。市内大多数道路都适合骑自行车，自行车道路网修建得相当好，明斯特完全有资格挑战弗赖堡"自行车之都"的称号。

● 师资力量

明斯特大学始建于1631年，现如今拥有大学生约55 678人，其中外国学生3 300人，中国学生、学者大约有近300人。大学设有14个学院和100多个专业，是德国第三大高校。

1997年 Wirtschafts Woche 对工商管理专业的排名为第4名。1997年 Focus Magazin 对教育专业的排名为第24名。1997年 Manager Magazin 对

法学专业的排名为第1名。在欧洲十五国学生对欧洲大学的教学评估中法学排名为第21名、经济学排名为30名。1999年《明镜》周刊评比德国大学总分名次，明斯特大学排名第42。

● 今日的明斯特大学

今天的明斯特大学是明斯特最重要的雇主之一和最具吸引力的地方之一，因为明斯特首先是一座大学城，把所有的高校算在一起，学期内共有50 000多大学生散布在马普分子生物医学研究所、公共汽车和图书馆里。他们使明斯特成为一座年轻而有活力的城市。

● 大学名人堂

大学先后有1位校友和1名教授获得诺贝尔奖，10位教授获得莱普尼兹奖，5位教授获得马克思-普朗奖，1位教授获得洪堡奖，以及1位数学菲尔茨奖获得者。大学更是为德国培养出了2位联邦德国总统古斯塔夫·海涅曼和瓦尔特·谢尔及一大批的部长、州长和大企业家。

俄罗斯排名首位的综合大学
莫斯科国立大学

校训：科学、祖国、荣誉。

莫斯科国立大学由伟大的俄国科学家罗蒙诺索夫于1755年创立。多年来，学校为这个最老、最著名的俄罗斯大学确立了学术和教育方面的声誉。在它的毕业生和教授中，有诺贝尔奖获得者和世界著名科学家。莫斯科国立大学为俄国和世界的人们提供学习最先进科学的机会已有240多年的历史了。

● 历史上的莫斯科国立大学

莫斯科国立大学是俄罗斯规模最大、历史最悠久的综合性高等学府，全名国立莫斯科罗蒙诺索夫大学。1755年由教育家罗蒙诺索夫倡议并创办。旧址在莫霍瓦街11号，1812年被焚毁，1817—1819年重建。1953年9月，在莫斯科西南的列宁山上建成新校舍。32层的主楼包括55米的尖顶在内，总高240米，顶端是五角星徽标；两侧为18层的副楼，各装有直径9米的大钟。

创办后的50年间，为俄罗斯唯一的综合大学。19世纪初期，已形成主要由本校毕业生组成的较强的教学力量。19世纪30年代后，加强学术研究活动，19世纪末20世纪初开始建立新型的科学研究机构。

● 师资力量

根据国内外的综合考察，莫斯科国立大学在俄国排名第1，是世界十大名高校之一。目前，有8 000多名导师和研究员在莫斯科国立大学工作。大约有4 500名教授是博士和荣誉科学博士，其中有125名为俄罗斯科学院的成员。有25 000名硕士研究生在校学习，有大约6 000名学生在攻读博士学位。留学生目前为2 000人左右，其数量每年都在增长。

该校被认为是世界范围内的科研中心。该校教育程序的基本原则是：通过科学学习，学生被邀请加入研究工作中来，以增加他们在其学习领域的实践能力。莫斯科国立大学里包括许多科学研究基地，专门从事于现代科学中很有意义的领域，如：机械和物理、天文学、激光学、分子生物学、生物化学、人类学、原料科学、生态学等。这些研究所的学术人员中，有3 500名科学家，此外还有博士和荣誉博士。

学生可以在100多所实验室、计算机中心、植物园、人类学博物馆、动物学博物馆、地球科学博物馆和稀有书籍博物馆中上课。该大学在莫斯科和俄国各地有600多个教学场所，并在克里米亚半岛拥有它的研究中心，这为自然科学方面的研究提供了大量的机会。

主教学楼因为它独特的建筑风格和高度而闻名于世，它是世界上最大、最高的大学建筑。大学校园坐落在莫斯科最漂亮的地区，并为学生们提供了必要的设施：报告厅、实验室、图书馆、餐厅、宿舍、电影院、会议厅、邮电所、门诊部、药房和各种商店。而且，莫斯科大学的校园包括12个训练大厅、两个游泳池、棒球场、足球场、乒乓球场和其他运动设施。

莫斯科国立大学的图书馆第一次开放是在1756年，现在已有800多万册书籍，其中有200万册外语书籍，该图书馆是俄罗斯公共图书馆中第三大的图书馆。图书馆的分类与系的分类是相符的，每一个相关的书库都靠近学习的地方。素材是非常广泛的，每个同学都可以使用图书馆中所有的书籍。

● 今日的莫斯科国立大学

莫斯科国立大学是国际大学和欧洲大学联盟的成员，国际大学网络在欧亚地区的中心，以及其他一些组织的成员。它已经与欧洲、美国、中国、印度、加拿大、日本、韩国、拉丁美洲等地的150多个科学中心、大学、学术组织建立了直接的合作关系。

● 大学名人堂

该校曾培养出不少杰出的人才，如教育家乌申斯基；诗人莱蒙托夫；作家屠格涅夫、赫尔岑以及文学批评家别林斯基等。许多科学家，如"俄罗斯航空之父"茹科夫斯基和实验物理学奠基人斯托列托夫等，都曾在该校从事教学和科研活动。1917年十月革命胜利后，成为苏联国立大学，并得到迅速发展。1940年获列宁勋章，并以罗蒙诺索夫的名字命名。1955年获劳动红旗勋章，在苏联科学教育界占有重要地位。

俄罗斯的王牌学校
圣彼得堡国立大学

世界著名综合类大学，圣彼得堡国立大学建校时称圣彼得堡大学，后改名为国立列宁格勒大学。1991年2月苏联解体后又改为现名，它是世界最优秀的大学之一。俄罗斯现任总理普京就毕业于该校法律系，另有大量政府高级官员也毕业于该校。

● 历史上的圣彼得堡国立大学

圣彼得堡国立大学坐落在涅瓦河北岸与冬宫遥相对应，1724年创建，是俄罗斯最早建立的大学之一，比莫斯科大学早32年，是著名的综合性大学，也是俄罗斯教育、科学和文化中心之一。

● 师资力量

该校设有许多著名的博物馆、图书馆、档案馆等文化设施，其中以门捷列夫博物馆及学术档案馆、高尔基图书馆和地质系矿物教研室的矿物陈列馆的藏品最为丰富、最有价值。

圣彼得堡国立大学现有各类在校大学生近两万人，研究生1 500多人，外国留学生1 000多人，教职员工逾万人，其中有俄罗斯科学院院士12人，博士400余人，硕士研究生1 000多人，教授260余人，副教授接近800人。

● 今日的圣彼得堡国立大学

圣彼得堡国立大学是俄罗斯两大王牌学校之一，近年来更因俄罗斯总理普京毕业于该校而名气大增，俄本国学生已经将其作为第一选择，所以圣彼得堡国立大学收费在俄罗斯属于偏高的。

● 大学名人堂

在俄罗斯史册上，圣彼得堡国立大学曾涌现出了许多杰出人士和科学家，写下了许多光辉篇章，并为世界和人类科技进步，做出了自己的贡献。

1863年3月6日，在圣彼得堡国立大学毕业后留校任教的季·伊·门捷列夫在俄国化学学会的会议上，宣读了他发现的化学元素周期律，并创立了化学元素周期系。他的成就奠定了现代化学物质结构理论的基础，在研究种类繁多的化学物质和新元素合成上起着头等重要的作用。恩格斯因此称之为"科学一大贡献"。

1895年5月7日，年仅35岁的圣彼得堡国立大学物理—数学系学生亚·斯·波波夫在俄国物理—化学学会上发表了他发明的世界第一台无线电接收机。同年，还制成了雷电指示器，成为世界无线电通信的发明者。

1904年获诺贝尔生理学医学奖的伊·彼·巴甫洛夫，也是圣彼得堡大学的毕业生。他创立了高级神经活动的唯物主义学说以及现代最大的生理学派和生理学研究新方法。

著名文学家屠格涅夫和绥拉菲莫维奇等曾在该校接受过高等教育；

保加利亚共产党创始人之一的季米特·布拉戈耶夫也曾在该校学习过。

圣彼得堡国立大学的许多教师都曾是俄国著名学派的创始人或代表者。如：著名数学家维·雅·布尼亚科夫斯基和巴·尼·切比雪夫，是俄国在数学领域创建最早、实力最强、影响最大的圣彼得堡数学学派创始人。

曾任圣彼得堡国立大学校长的著名物理学家和电工学家艾·赫·楞次，是俄国最早的圣彼得堡物理学派创始人。他1883年提出了确定感应电流方向的定律，后来被命名为楞次定律。他还与彼·谢·雅各比合作研究电磁体，提出了电磁计算法，是电磁学说的奠基人之一。

伊·米·谢切诺夫，是圣彼得堡国立大学生理学派的创始人。他撰写的《脑的反射》一书，论证了意识与非意识的反射本质，证明用客观方法可以查明的生理过程是心理现象的基础。他的学说奠定了唯物主义心理学、劳动心理学、年龄心理学、比较心理学和进化心理学的基础，被誉为"唯物主义生理之父"。

被誉为"欧洲麻省理工"的 瑞士联邦理工学院

有人说，如果排名的话，瑞士联邦理工与美国麻省理工是平起平坐的。伟大的科学家爱因斯坦曾就读并任教于此。它的成就不仅仅在于瑞士国内，更为世界做出了巨大的贡献。从旧金山的金门大桥到2008年北京奥运会的主场馆，从柏林的波茨坦到世界上最长的隧道，处处都闪现着它的智慧。

● 历史上的瑞士联邦理工学院

瑞士联邦理工学院，中文也译作苏黎世联邦高等工业大学，简称ETH。瑞士联邦政府只有两所工业大学：瑞士联邦理工学院和洛桑联邦理工学院，由联邦财政支付。瑞士联邦理工学院是瑞士联邦政府为了国家工业化的需要，在1855年建立的，这是第一所联邦所属的大学。这所大学开始只有森林科学、机械工程和化学等学科，后来又增加了人文、社会和政治学。

瑞士联邦理工学院应时代和国家的需要而建立，是民族振兴的发动机和加油站。它不仅为了自身的发展，而且为整个国家、欧洲乃至整个世界从事科学研究。

1895年，爱因斯坦来到瑞士苏黎世，准备投考该校，虽然他的数学和物理考得很不错，但其他科目没有考好，学校校长推荐他去瑞士的阿劳州立中学学习一年，以补齐功课。1896年，爱因斯坦考进了瑞士联邦理工学院。大学期间，爱因斯坦迷上了物理学，1900年，爱因斯坦大学毕业，并从这里走向了世界，成了众所周知的物理学家。

瑞士联邦工学院和苏黎世大学比邻而建，是新城区较为特殊的建筑物，也是一般游客游览的风景线。瑞士联邦工学院是1864年根据建筑系教授高特弗雷德任佩的设计而建的，1916—1919年由古斯塔夫古尔重新设计。

瑞士联邦理工学院是世界上著名的理工学院之一。在"二战"前后直到20世纪70年代初，它的大一600人的物理大课始终是由诺贝尔物理学奖获得者谢尔勒教授讲授，由力学一直讲到原子物理，一气呵成，使学生对物质世界的物理现象和运动规律有一个完整而全面的认识。这对于学生打好基础，提高日后的学习和工作质量十分重要。

瑞士联邦理工学院是标准的"宽进严出"。学校的学生从入学到毕业只有两次考试，但学习中途的淘汰率很高。

● 师资力量

在1863—1864年度的年鉴中称这一学年为"革命年代"。但它的作用却十分短暂。由于新人不断地涌入学校，这种繁荣也就长盛不衰。在19世纪60年代早期，繁荣中的综合技校师资比卡尔斯鲁尔的同类学校要多，但后者的学生却比前者多。而比斯图加特、德累斯顿、柏林和汉诺威的同类学校规模要小得多。当1859年1月29日《补充法》通过以后，教师们有望加薪，学校沉浸在一片喜庆气氛之中，学校的巨大规模也有了基础。学校的年开支远远地超过了一所所谓的"综合技校"。即使按学生人均计算，其开支按当时柏林职业研究所的估计也是最高的。另一方面，这也反映了当时筹建地质标本馆，以放置苏黎世州和苏黎世城的古董，以及筹建机器制造和测绘仪器标本馆的巨额成本。

瑞士各级政府特别重视高等教育和科研，认为人才是瑞士所拥有的唯一资源。瑞士联邦理工学院目前拥有11 500名学生和5 000多名教职员工。

瑞士联邦理工学院目前共有80个研究所和实验室，拥有330位各级教授和840名讲师，这是一个"盛产"诺贝尔奖的大学。

● 今日的瑞士联邦理工学院

现在，由11位来自科学界、经济界和政治界人士组成的联邦理工学院管理机构制定了该校的明确目标：建立一个积极、活跃、有创造性的科研环境。联邦理工学院的管理机构计划将他们的学院列入国际顶级院校的行列之中。根据一项针对500所世界一级水平大学的调查结果表明，瑞士联邦理工学院名列第27位，而在欧洲范围内排名第1。

根据新规定，综合技术学校终于得到了可以授予技术科学、自然科学或数学方面博士学位的权力。在这方面，德国和奥地利的同类学校早已走到了前面。联邦委员会为适应其发展，于1911年6月23日正式将综合技术学校更名为瑞士联邦理工学院。从此，一所名副其实的高质量理工科大学正式诞生了。在其发展史上，揭开了新的一页。

● 大学名人堂

瑞士联邦理工学院的十大科学家

斯托多拉：历史上最早研究动态系统稳定性的科学家，他和另一个同校教授胡尔维茨在1892年找到了系统传输方程根的正负性和动态系统稳定性之间的关系。

伦琴：X光的发现者，曾是瑞士联邦理工学院的副校长，他于1901年获得了第一个诺贝尔物理学奖。

威尔斯台塔尔：发现了植物的光合作用，获1915年诺贝尔化学奖。

爱因斯坦：1921年诺贝尔物理学奖的获得者，1896年考入苏黎世联邦理工学院，几年后，当他成了该校的教授时，还是一样的曲高和寡，没人听得懂他在讲什么。

理查德昆：发现维生素和胡萝卜素，获1939年的诺贝尔化学奖。

沃尔夫冈·泡利：揭露了原子中电子云的排列规律，发现了泡利不相容原理，获1945年诺贝尔物理学奖。

理查德·欧内斯：发现核磁共振，获1991年的诺贝尔化学奖。

尼克劳斯·沃思：发明了 Pascal 语言、Modula-2 和 Oberon，获 1987 年的图灵奖。

荣格：瑞士心理学家，在 1912 发表的《潜意识心理学》是心理学上一个巨大的里程碑。他被无数的大学授予荣誉博士。

Jakob Ackeret：空气动力学的先锋，对超音速发动机和火箭的研究取得了成功。

丹麦历史最悠久的综合性公立大学
哥本哈根大学

校训：The eagle Beholds the Heavenly Light.

在悠久的历史中，它饱经战乱而硕果累累；在神秘的未知领域，它捷足先登并有重大发现。它孕育了世界著名童话大师安徒生，存在主义哲学先驱克尔凯郭尔；它培养和发现了超新星的第一人和第一个测定光速的天文学家，还有电磁理论的先驱、量子理论的创始者，从科学地阐述人脑的结构和肌肉的机理到寻找出地球和生命最久远的证据。它为传承着 5 个多世纪的丰厚文化遗产而感到自豪，它为培养了无数改变人们观念和行动准则的优秀学者而骄傲。

● 历史上的哥本哈根大学

哥本哈根大学是丹麦历史最悠久、规模最大的综合性公立大学，也是北欧最古老的大学之一。哥本哈根大学构建起了斯堪的纳维亚地区的经济和科技，并为丹麦培训了许多神职人员、医生、律师和教师等专业人才。

哥本哈根大学始创于 1479 年，是丹麦的第一所大学。和欧洲其他国家早期的大学一样，哥本哈根大学最初也是由天主教会创建的，以培养教士、传播基督教思想为职责。早期的哥本哈根大学的专业设置除神学外，还包括法学、医学和哲学。1573 年马丁·路德新教改革之后，哥本哈根大学得以重建，并从天主教大学转变为新教大学。在1675年至1788年之间，哥本哈根大学引进了学位考试制度。这种制度最先应用于神学院，之后向其他学院推广。截至1788年，所有专业的学生都必须要参加学位考试来获取学位证书。

　　1842—1850年，哥本哈根大学进行了大规模的院系调整。原来的医学院和外科医学研究所合并为保健科学学院。1848年，法学院内也进行了调整，将新兴的政治学科归入法学院。1850年，数学和自然科学专业从哲学院中分离出来，单独成为一个独立的学院。

　　1877年，哥本哈根大学录取了第一位女学生。1960—1980年是哥本哈根大学发展的黄金时期。在此期间，学生人数从6 000增至26 000，教职员工人数也相应大规模增加。此外，这一时期内还兴建了新的动物学博物馆，以及以物理学家奥斯特和克罗赫命名的研究所。学校还在阿玛格岛上建立了新的校区。

　　哥本哈根大学于1970年颁布校规，规定对大学施行民主化管理。1973年，这一规定得到修正，并很快被丹麦的所有高等教育机构所采纳。1990—1993年间的改革使得大学开设的所有专业都有授予学士学位的资格。

　　1993年，法学专业脱离社会科学学院而成立独立的法学院。1994年，哥本哈根大学开设环境科学、南北关系和生物工艺学等新专业，并在政策上给予倾斜，以适应其长期发展的需要。从1996年至今，哥本哈根大学又陆续建造了一些新的建筑，包括人文科学学院大楼和生物工艺学研究中心。

● **师资力量**

　　哥本哈根大学拥有超过37 000名学生和7 000多名员工，哥本哈根大学是世界上最大的机构，研究和教育在丹麦。大约有100个不同的机构、部门、各实验室、中心、博物馆等，形成核心的大学，大学里的教授、讲师及其他学术工作人员，以及大部分的技术和行政人员，在那里进行他们的日常工作。

　　由于历史的原因，哥本哈根大学的校园相当分散，主要分布在哥本哈根市中心、奥斯特学院附近和阿曼岛的北部。现在的哥本哈根大学有五个大学院，它们分别是：神学院、社会科学学院、健康学院、人文科学学院和自然科学学院。

● 今日的哥本哈根大学

哥本哈根大学位于北欧和欧洲大陆的十字路口。建校500多年以来，从中世纪的学术先师同教廷、国王的抗辩，到20世纪上半叶两位科学巨匠玻尔与爱因斯坦之间的学术争论，构成一部不断探索真理、追求极致、繁荣文化、开拓文明的教育创业史。弥漫在这里浓郁而清新的自由学术空气，使这所古老学府历久常新。

● 大学名人堂

解剖学家托马斯·巴托林；1975年诺贝尔奖获得者、物理学家奥格·尼尔斯·玻尔；1926年诺贝尔奖获得者、病理学家约翰尼斯·菲比格；语言学家奥托·耶斯培森；植物学家威廉·约翰逊；著名童话作家汉斯·克里斯钦·安徒生；物理学家汉斯·克里斯钦·奥斯特；古语言学家威廉·汤姆森；文物收藏家沃雷·沃尔姆等。

诺贝尔医学奖的摇篮
卡罗林斯卡学院

校训：增进人类的健康。

● 历史上的卡罗林斯卡学院

卡罗林斯卡学院，这个专业排名世界第七的医学院，一如瑞典人的内敛、严谨、持重。当举世瞩目的灿烂光芒内化为一种核心力量，就像握紧的一只拳头，更能让人感受到它的厚度和力度。

在斯德哥尔摩的郊外，靠近北极的清凉之处，一个普通的校门，至为平实、方正的红色建筑群，就像群山般静默，连校名都是不事张扬地偏于一隅。

谁也无法料想，就在这个看上去朴素得像厂区一样的地方，就是世界瞩目的诺贝尔生理学或医学奖的评审地、诞生地,并每时每刻都挑战着人类的智慧极限,滚动着世界最尖端、最前沿的医学发现。

最接近校门的红色大楼,就是赫赫有名的诺贝尔论坛大楼,但它朴素、方正的外表,与它的名声成反比。大楼与所有瑞典式建筑一样内秀,室内装饰是典型北欧风格的简约、时尚。还有冬天需要吸收日照的大玻璃窗和天庭,天庭中有不少绿色植物,给人一种透亮和富有生气的感觉。

走廊上,悬挂着不少获得诺贝尔医学奖得主的照片,一路引导我们走向诺贝尔奖的深处。当我们看到那张巨大的圆桌时,惊异于它异乎寻常的大,直径大约有2米,足能满满当当坐下20多人。当我们坐在木头圆桌边好奇地打量,用手感受着桌面上装饰的一圈柔软的皮革,听说这就是卡罗林斯卡的诺贝尔医学奖评审委员会遴选获奖者的圆桌,一种神圣感油然而生。任何人都不被允许将饮料或者其他有可能损伤桌面的尖锐物体放在圆桌上,足见卡罗林斯卡学院——这个诺贝尔先生最喜欢的医学院——是怎样的以诺贝尔医学奖为荣。

● 师资力量

成立于1810年的卡罗林斯卡学院堪称历史悠久,目前有1 300名高级研究员和教员,300名客座教授,5 500名本科生,2 500名硕士和博士研究生。它在科系分布方面有独到之处:目前分设的25个系中,除了传统的外科、儿科、内科等系外,还有社会医学、神经心理学、公共卫生与健康等与时代结合紧密的科系。每个系有10—20名教授。

卡罗林斯卡学院顺应时代调整自身的重点学科发展战略,目前着重于:临床流行病、组织生物学、医学遗传学、生化、干细胞生物学、细菌生物学、医学统计、医学教学法、细胞生物、细胞分化调节、细胞治疗等。

学院每年在世界顶级医疗刊物上发表论文超过4 000篇,在干细胞、神经细胞、流行病学与肿瘤研究等领域走在国际前沿。

● 今日的卡罗林斯卡学院

卡罗林斯卡学院是瑞典著名的医学院。学校位于瑞典北部斯德哥尔摩。斯德哥尔摩是瑞典的首都,也是全国第一大城市。地处波罗的海和梅拉伦湖交汇处。面积200平方公里,由14个岛屿和乌普兰与瑟南曼兰两个陆地地区组成。斯德哥尔摩至今已有700余年的历史,今日不仅发展为全国政治、文化中心，也是全国经济和交通中心。其工业总产值和商品零售总额均占全国的20%以上。拥有钢铁、机器制造、化工、造纸、印刷、食品等各类重要行业。全国各大企业以及银行、公司的总部有60%设在这里。斯德哥尔摩风景秀丽，城市临湖和滨海一带尤为秀美。梅拉伦湖，有大大小小岛屿400余座，座座岛屿风采各异。其中在桦树岛出土的文物中发现有中国唐朝时的丝绸片。位于城市中心地区的老城，中世纪的情调极深。

● 大学名人堂

校旗，为每个博士而升

卡罗林斯卡学院校徽的主要图案，是一条盘旋在柱子上的蛇——在希腊神话中，蛇主宰人类健康。所以，每一名卡罗林斯卡学院的学生或教员都以增进人类健康作为毕生奋斗的目标。

崇尚精英教育是欧洲传统的教育理念。特别在对博士生的培养上，卡罗林斯卡学院以令人惊叹和感动的责任感扮演了一个"父母"的角色。每一个被卡罗林斯卡学院接收的博士生，无须通过勤工俭学来维持生存，每人每年可获得来自导师的12万瑞典克朗的学费和生活费。这样的制度足以确保博士生衣食无忧，全力以赴投入学习与科研。

独特的风景每隔几天都会在卡罗林斯卡学院的校园里上演——很多教师和学生都自动停下脚步，向冉冉升起的一面或者数面校旗行注目礼。清点校旗的数目，便可得知当天又有几名博士生获得了博士学位。那是神圣而庄严的一刻。每个卡罗林斯卡学院的博士生都以此为荣。

以手语见长的
斯德哥尔摩大学

● 历史上的斯德哥尔摩大学

斯德哥尔摩大学是瑞典规模最大的大学之一，也是瑞典高等教育科研的中心机构，2004年在世界大学中排名第38位。一个多世纪前，自由激进的瑞典人认为，斯德哥尔摩作为瑞典首都和经济中心，还应创办一所注重现代化研究的高等学府，于是，在1877年，斯德哥尔摩大学学院便应运而生了，这便是斯德哥尔摩大学的前身。斯德哥尔摩大学最初只开设自然科学方面的课程。1904年建立授予学位制度，在随后的20年间创建了法律和人文科学学院。1960年成为国立大学，4年后又增加了社会科学学院。

● 师资力量

斯德哥尔摩大学最基本的教学单位是系，其教学研究，总的来说可以粗略分成4类：自然科学、法律学、人文科学和社会科学等，共有约80个领域的教学（共开设600多门课程）和研究系科。学校分成相应的4个学院。从此学生人数陡增，校舍逐渐扩展。目前拥有约34 000名在校生。每年组织30次教学活动，各个方面提供广阔的选择空间以满足学生的需求。

该大学图书馆建筑面积420 000平方米，藏书2 500 000册，9 000册瑞典及外国期刊，大量国家和国际数据库，1 500个自学和个人阅览席位，200台计算机，此外还设置了研究工作室和教学活动室。

● 今日的斯德哥尔摩大学

东亚语言研究是斯德哥尔摩大学的特色之一。手势语（为聋哑人和立志于解释、研究手势语的正常人开设的）、比较语言学和移民语言研究别具一格。全世界第一个手势语教授职称就是在斯德哥尔摩大学被授予的。东方语言学系专门从事东亚国家研究，设有汉语言文化、日本学和朝鲜语言文化等专业，后两个专业是全瑞典仅斯德哥尔摩大学专有的设置。另设语言学教程和计算机语言学教程，有发音生理学和知觉方向的教授权。

长跨度研究是斯德哥尔摩大学的另一个特色，着重点在某个人或某群人在相当长的一段时间内的变化。其中"个人发展及其调查"课题，专门对20世纪60年代中期读小学的人进行指导；另有一个课题专门研究人们从出生到而立之间的30年。

欧洲的许多大学为了适应不断发展的社会需要，正在逐步加强内部的分工并力求面向国际社会。瑞典自然也处在这样一种调整、变化的行列之中。斯德哥尔摩大学作为瑞典最大的大学之一,已经把其视野扩展到斯德哥尔摩市和瑞典之外,把欧洲和全世界纳入其思维的轨道。用斯德哥尔摩大学校长琼森的话来说:"我衷心欢迎各国学生来斯德哥尔摩大学学习,他们将把世界和平与发展的主题推向一个新的境界。"

● 大学名人堂

许多杰出的教师和研究者曾在这所学院工作过,其中有1903年诺贝尔化学奖得主阿雷尼乌斯,著名的俄国数学家娃耶斯基。后者于1884年成为该院教授,成为全欧第一个有教授职称的妇女。

芬兰第一所国立大学
赫尔辛基大学

世界名牌大学——赫尔辛基大学始建于1640年,是一所在国际上享有盛誉的著名高等学府,也是芬兰第一所国立大学,世界排名为第60位。

● 历史上的赫尔辛基大学

芬兰近50万人,拥有20所大学,是世界上人均占有大学最多的国家。芬兰国立赫尔辛基大学是其中最大的学校。它坐落在素有"波罗的海女儿"之称的赫尔辛基市中心,以其秀丽古雅的建筑、充裕的藏书、完备的专业、杰出的成就以及悠久的历史驰名北欧。

赫尔辛基大学始建于1640年,当时芬兰还是瑞典的一部分,为培养更多称职的国家管理人员,年仅13岁的瑞典女王赫里斯蒂娜在摄政王的提议下决定在芬兰西部土尔库市(当时芬兰首府)建立土尔库大学,俄国占领芬兰后又改为亚历山大学,以后又迁至赫尔辛基,1917年芬兰独立后,于1919年正式定名为赫尔辛基大学。一直以来,赫尔辛基大学强调学生学习的自发性和独立性。大部分的课堂沿用传统的讲课模式,师生的关系仍保持正式的、阶级的交往;然而,随着社会的日渐开放,有些教师已乐于跟学生讨论，以及欢迎学生主动表达意见。其实从70年代开始，赫尔辛基大学已默默地进行改革，例如发展成人教育、为政府雇员设计短期课程，使在职人士能掌握最新的专业知识，不至于与时代脱节。赫尔辛基大学是一所以文科为主的综合大学。它的农林学、医学、自然科学蜚声国际。许多国家的首都大学都跟它签订交流协议，定时派员工到赫尔辛基大学"取经"。

坐落在赫尔辛基市中心会议会广场上的赫尔辛基大学主楼建筑，与高高耸立的绿顶白壁的大教堂和对面的政府办公楼构成了一幅美丽的图画。这幢四层黄楼是赫尔辛基大学的主楼，建于1832年，是芬兰高等教育中心的象征。该校图书馆下属160个不同专业的图书馆，总藏书逾400万册，其中保存的俄国文字宝库中珍贵的整套藏书和沙俄帝国出版的所有少数民族语言的书籍，使其日后在世界各国研究俄国的学者中享有盛誉。

● **师资力量**

赫尔辛基大学不断进行改革，开展成人教育，组织在职人员进修，开展就业教育，并重视同校外的工商企业部门和研究部门合作，开发应用技术，直接为生产服务。赫尔辛基大学为芬兰各个时期输送了大量国家管理和建设人才，并涌现出了一些杰出人物。该校的斯达勒堡教授曾是芬兰共和国的创建者之一和第一任总统，另两位总统贾奥·库斯提·巴斯克维和厄奥·卡勒瓦·克凯南也都是法学院博士生。物理系研究人员发现了欧洲原子研究所组织称为ω粒子的物质，因而荣获1984年度诺贝尔物理学奖。该校神学院著名教授马迪·巴维奥花了10年时间完成了世界上第一部弥撒书的摹写本，于1971年出版。该校植物系所属植物博物馆收藏的隐花植物在世界上首屈一指。

● **今日的赫尔辛基大学**

今日的赫尔辛基大学已成为芬兰规模最大和专业设置最全的一所综合性大学，拥有教职员工和学生40 000余人，其中全日制学生37 000多人。赫尔辛基大学设有9个学院（神、法、医、文、理、教育、社科、农林、兽医），在其中注册学习的外国留学生总共有1 700多人。赫尔辛基作为首都和芬兰第一大城市，总人口达100多万，经济繁荣，交通发达。在这片高等教育的沃土上，赫尔辛基大学立足于为城市提供一流的文化和科技教育。赫尔辛基大学提供从学士到博士的各种专业课程。

近年来，随着中芬两国政治、文化关系的发展，赫尔辛基大学开设了汉语专业，设立汉语教授职位，颁发汉语硕士学位。完全可以这样说，芬兰在国际上的影响和地位，在很大程度上与赫尔辛基大学的知名度有关。因此，芬兰人自豪地称之为"芬兰大学"。

比利时最大的大学
鲁汶大学

校训：求知的地方。

天主教鲁汶大学是比利时最大的大学，欧洲顶尖高等学府，也是世界著名大学之一。1425年由教皇马丁五世下令建立，是现存最古老的天主教大学，同时也是西欧"低地国家"（包括荷兰、比利时、卢森堡等国）最古老的大学。1968年起分为两座大学，天主教鲁汶大学（荷语）和天主教鲁汶大学（法语）。

● 历史上的鲁汶大学

鲁汶大学的组织有4个阶段的变迁：旧鲁汶大学（1425—1797）、鲁汶国立大学（1815—1835）、（法语）天主教鲁汶大学（1835—1970，位于鲁汶，1970年至今迁校至奥丁尼斯成为新鲁汶大学）、（荷语）天主教鲁汶大学（1970年至今）。

1425年是教会禧年，在第四代布拉班特公爵约翰的提议下，罗马教皇马丁五世于12月9日诏令建立天主教鲁汶大学。鲁汶大学初创时期教授主要来自巴黎大学、科隆大学和维也纳大学，并设有文学院、法律学院和医学院。1432年增设神学院。后来规模逐渐扩大，学术声望也明显提高，许多著名学者也纷纷来此执教。

16世纪大人文学者伊拉斯谟在鲁汶大学执教，并于1517年创建了三语学院，研究希伯来文、拉丁文与希腊文，使鲁汶大学成为当时欧洲人文主义研究的中心。富有改革精神的教皇艾德里安六世也曾是鲁汶的教授。哲学家利普修斯也曾在这里执教过很多年。鲁汶大学的科学传统源于数学家弗里西斯,他培养了很多科学家,如地图学家麦卡托,他绘制地图的方法至今仍在使用;植物学家多多恩斯和现代解剖学之父维萨留斯也在鲁汶学习或执教过。

鲁汶大学初建时,适逢比利时国运昌隆,大学发展迅速。但随后比利时先后经历西班牙帝国、奥地利、法兰西帝国、荷兰王国的统治。在西班牙统治时期,在今荷兰南部和比利时佛拉芒地区爆发了尼德兰宗教战争,鲁汶大学因战火遭到严重破坏。奥地利统治时期,教育体制受奥地利的深刻影响,体制较为僵化。

1797年鲁汶被法兰西第一共和国占领,法国政府镇压并关闭各种旧社会的机构,包含鲁汶大学及其学院。大部分学校建筑被拍卖,部分则再利用为公家机关、军事设施、公共学校。

拿破仑一世战败后,1815年维也纳会议将今天比利时的土地划归荷兰王国,国王威廉一世利用旧鲁汶大学的旧校舍成立了新的国立大学。1830年,经历独立战争,比利时从荷兰王国独立,成立比利时王国。1835年,9位有崇高威望的天主教红衣大主教主持恢复了天主教鲁汶大学。

由于比利时王国地处西欧心脏地带,历代均为交通要冲和兵家必争之地,第一次世界大战和第二次世界大战中,比利时都未能幸免,被德国两度占领,鲁汶大学亦经历浩劫,其中著名的图书馆两次被焚为灰烬,第二次世界大战后才得以重建。

1797年天主教鲁汶大学被法国政府关闭,直到1834年才恢复教学。进入现代以来,由于比利时处于德法之间,使得鲁汶大学饱受战争之苦。1914年,大礼堂和图书馆被德国人烧毁,30万册书籍化为灰烬。战后在美国和国际组织资助下,重建了图书馆。不幸的是,二战中图书馆再次被焚。90万卷书只剩下15 000卷,整个学校受到极大破坏。二战以后才又重新恢复。

● 师资力量

今天的鲁汶大学有33 500多名学生(包括4 000多名国际学生),14个院系,5 800多名教授和研究员、2 500名管理人员和技术员工、9 000多名医学院的医务人员,每年3.6亿欧元以上的科研经费,每年约有

3 000多种科技出版物，拥有一个中心图书馆和23个分馆，4 200万卷藏书。鲁汶大学设置有70多个英语授课硕士项目，同时所有院系的博士项目都可以用英语进行。鲁汶大学与世界各地的著名大学签署了伙伴合作协议，其中包括与中国清华大学、北京大学、复旦大学以及浙江大学签署的校际合作协议。

● 今日的鲁汶大学

1954年，在皇室许可下，鲁汶大学于比属刚果建立分校刚果鲁汶大学。刚果于1960年独立后，于1971年刚果鲁汶大学和其他两间大学被合并为萨赫国立大学。

从1968年开始学校再次受到政治影响，说荷兰语的教授和学生要求将说法语的人赶出学校，两方发生严重冲突。当时的比利时首相范登·博埃南不同意学校分裂，结果比利时政府中有8位弗拉芒族的大臣自主离职，导致内阁空虚；范登·博埃南无力支撑局面，不得不宣布辞职。新大选之后，比利时政府最终做出裁决：天主教鲁汶大学一分为二。1970年，天主教鲁汶大学正式分裂成两所大学：（荷语）天主教鲁汶大学（KUL，简称荷语鲁汶）与（法语）天主教鲁汶大学（UCL，简称法语鲁汶）。前者留在原址，后者绝大部分系迁往新建的新鲁汶大学，其医学院迁往布鲁塞尔附近。

● 大学名人堂

该校名人众多，如中国地质学之父、近代石油工业之父翁文灏；1974年诺贝尔生理学及医学奖得主克里斯汀·德迪夫；诺贝尔生理学及医学奖得主阿尔伯特·克劳德；巴黎大学蒙特鸠学院院长、鲁汶大学史丹东克学院创办人杨·史丹东克；罗马天主教教宗艾德里安六世；鲁汶大学教皇学院创办人；罗马帝国国王查理五世的老师亚德利安·弗罗礼松·布因思；文艺复兴哲学家与神学家、人文主义者德西德里乌斯·伊拉斯谟；地图学家、发明麦卡托圆柱投影法的杰哈德斯·麦卡托；现代解剖学之父安德烈亚斯·维萨留斯；植物学家蓝伯特·多东斯；人文主义者朱斯特斯·李普修斯；杨森主义之父康内留斯·奥图·杨森。

享有"自由堡垒"美誉的
莱顿大学

校训：自由的堡垒。

它是荷兰历史最悠久的高等学府；它的形象是在战争中造就的；它最早开设了人体解剖课，拥有荷兰唯一的中文图书馆；这里走出了四位诺贝尔奖获得者，著名物理学家洛伦兹曾在这里求学，爱因斯坦在这里担任了26年的客座教授；这里有世界上第一座低温物理实验室，拥有顶级的医学研究中心，诞生出了世界上第一台心电图仪，拥有将近500年的悠久历史，它就是莱顿大学。

● 历史上的莱顿大学

莱顿大学成立于1575年（中国的明朝万历三年），它是欧洲历史最悠久的大学之一，也是声望及学术地位最高的大学。

1574年12月，当时独立战争的领袖威廉·冯·欧朗叶亲王向政府提出创办一所大学的建议，为了表彰莱顿市民在捍卫民族独立的斗争中所表现出的英勇顽强的精神，政府将这一殊荣首先授予了莱顿市。1575年2月8日荷兰王国有史以来第一所高等学府终于在这座小城诞生，并享有"自由堡垒"的美誉。尽管当时战争还在其他地区继续，但是这一天对于莱顿市的市民来说却是一个值得庆祝的日子。

莱顿大学诞生的年代也是科学革命的年代，哥白尼提出日心说，伽利略开创科学实验传统，新大陆相继被发现，这些伟大成就都使人们的思维从封闭的世界走向无限的宇宙。

获得独立后的荷兰随着经济和政治的迅速崛起，也为大学教育的发展创造了必备的条件，但是当时的莱顿大学要想跻身世界一流大学的行列，就必须不惜重金，招聘到一流的学者来校任教。

在历史上，莱顿大学的科研也取得了出色的成绩。莱顿大学是荷兰天文学和考古学研究的发源地。1927年，沃尔特教授提供了充分的证据，表明太阳系的所有星球都围绕银河系的中心旋转。

莱顿大学的低温实验室创造了只比绝对零度高千分之一度的低温，因而可以称之为"世界上最冷的地方"。该实验室还第一次实现了氦的液化，并发现了金属中的超导现象。

● 师资力量

在创办初期，莱顿大学就从欧洲各国招聘到各个学科的著名学者，并且为他们提供最优厚的待遇。正是这些来自不同国家的大师们来校任教，才为刚刚创办的莱顿大学搭建起了包括语言学、医学、天文学、自然科学在内的一系列学科框架。许多外国人慕名来到这里求学。学校统一使用拉丁文授课，所以来自德国、法国、苏格兰、奥地利等国的学生都可以毫无困难地在这里听课。

现今莱顿大学拥有9个学院以及150多个（系）所，并且有超过40个国家级或国际级研究机构在本校设立。

● 今日的莱顿大学

莱顿约有10余万人口，莱顿大学的许多建筑也是莱顿非常重要和具有现代特色的建筑。莱顿城与莱顿大学已融合在一起，变成了名副其实的大学城。

莱顿大学的130多座建筑设施，分布在莱顿市的各个角落。大学建筑的主要部分在这座历史名城的中心或中心附近，大学办公楼和信息中心大楼位于莱顿中心火车站东侧，大学图书馆"杜伦"建筑群（文科）位于市中心南侧风景秀丽的护城河畔，有豪莱斯实验室（化学和医学）、惠更斯实验室（生物物理、天文和天文物理）、计算中心研究所、数学研究所、医学院及附属医院以及各种生物化学实验室分布在西城区，以荷兰著名物理学家、现代超导研究奠基人命名的卡麦林·昂尼斯实验室坐落在市中心。

这些建筑设施为莱顿市容增添了光彩，使莱顿赢得"大学城"的美名。因为莱顿大学与莱顿市融为一体，大批在这座历史名城中居住和学习的学生深深地影响了莱顿的生活。

在莱顿还有众多的博物馆，如国家古代风俗博物馆和人类文化学博物馆等。莱顿大学植物园是欧洲最古老的植物园之一。

● 大学名人堂

　　400多年的漫长岁月中，莱顿大学涌现出一代又一代杰出的学者。海克·卡默林教授在世界上第一个低温实验室中成功地提炼出液化氦，1913年被授予诺贝尔物理学奖。还有3位教授也因他们在莱顿大学的研究成果而获奖，他们是1902年的诺贝尔物理学奖得主亨德里克·安通·罗伦兹和彼得·齐曼，以及1924年的威勒姆·英索文。

　　著名物理学家爱因斯坦在1920—1946年间曾出任该大学物理系的客座教授，此外还有伊斯兰教及阿拉伯研究专家克里斯蒂安·斯诺克·赫格隆、法律学家考奈利斯·冯·瓦伦霍文等人，他们都是诺贝尔奖得主，他们的教研活动使莱顿大学在20世纪高等学府之中占据了举足轻重的地位。

　　其他21世纪知名的学者还有：历史学家及哲学家胡安·津加（《中世纪衰微史》的作者）；著名律师艾都德·毛里兹·梅杰斯，他在1947年应政府之邀制定了新的民法；天文学家威利姆·德·锡特和詹·亨德里克·奥特；这一连串光辉夺目的名字代表了莱顿大学辉煌的历史。在当今研究领域中，莱顿大学仍扮演着叱咤风云的角色。

挪威最大、最古老的大学
奥斯陆大学

　　被称为"万岛之国""裘皮之都""世界滑雪之都"的挪威，位于北欧斯堪的纳维亚半岛西部，其北部延伸到欧洲最北端，是世界上最富裕的国家之一；挪威最大、最古老的综合性大学——奥斯陆大学（建于1811年）位于首都奥斯陆，其他各种类型的大专院校也汇集于此。

● 历史上的奥斯陆大学

　　奥斯陆大学的前身皇家腓特烈大学，成立于1811年，以当时的丹麦–挪威国王腓特烈六世的名字命名。其办学模式仿照了此前不久成立的柏林大学。1939年，皇家腓特烈大学更名为奥斯陆大学。校址在首都奥斯陆。当时挪威还在丹麦的统治之下。奥斯陆大学既是挪威最大、最古老的一所大学，也是一所重要的学术院校。在奥斯陆大学成立之前，哥本哈根大学一直是丹麦–挪威联盟唯一的大学。丹麦–挪威联盟解散后，两国以及两校之间仍保持着紧密的学术关系。直到1946年，挪威的第二所大学卑尔根大学才成立，在这之前奥斯陆大学一般被简称为"大学"。

● 师资力量

奥斯陆大学现有36 000名学生，来自世界各地的国际学生大约有2 000名，大学教员约4 600名。校长是位资深数学教授。该大学它有8个学院，56个系，还有许多诊所、研究中心和博物馆，最得意的是本校培养了4名诺贝尔奖得主，显示了综合性大学的研究实力，医学、法学、经济和化学是其中比较强的专业。奥斯陆大学有一个中国特色——汉语言专业。2008年奥斯陆大学在世界大学中的综合排名为第68位。

● 今日的奥斯陆大学

奥斯陆大学的后面则有两个重要的展览厅：一是历史博物馆，实际上是由3个大学的机构组成，其中以古物收藏部门最有吸引力，在这里的宝藏屋里展示了名贵的金器和银器以及中世纪的艺术品和欧洲海盗时期的一些海盗船的遗迹。说起欧洲的海盗，奥斯陆就有一座曾居住过海盗的堡垒，里面有秘密通道和地牢，墙上悬挂挂毡，虽然已很古旧，但仍然保持得很好。二是国家展览厅，在它所收藏的艺术品中，主要的是挪威本土的名画、雕刻和石印等，此外也有少数法国和欧洲近期艺术家们的作品展出；有时在这个展览厅里还会举行音乐会。

● 大学名人堂

奥斯陆大学有4名研究人员因其研究成果而获得诺贝尔奖，分别是：1969年诺贝尔经济学奖获得者朗纳·弗里施、1969年诺贝尔化学奖获得者奥德·哈塞尔、1973年诺贝尔物理学奖获得者伊瓦尔·贾埃弗、1989年诺贝尔经济学奖获得者特里夫·哈维默。

此外，奥斯陆大学的动物学和海洋学教授弗里乔夫·南森因担任国际联盟高级专员期间所做的工作获得1922年诺贝尔和平奖。奥斯陆大学的知名校友还有首任联合国秘书长特吕格韦·赖伊、曾担任挪威首相和世界卫生组织总干事的格罗·哈莱姆·布伦特兰、挪威前首相扬·叙瑟以及挪威工党领袖、现任首相延斯·斯托尔滕贝格等。

从2003年6月开始，一项专门为数学家设立、奖金额近80万美元的阿贝尔奖每年都在奥斯陆颁发，奥斯陆大学数学系教授斯托默是阿贝尔评奖委员会的5名成员之一。据介绍，这是2002年，为了纪念挪威天才数学家、奥斯陆大学校友阿贝尔200周年诞辰，挪威财政部拨款2亿挪威克郎（约合2 200万美元）设立了阿贝尔纪念基金，基金的收益用于阿贝尔奖奖金、阿贝尔奖颁奖典礼和青少年数学教育活动。在数学界，它有"数学诺贝尔奖"之美誉。

阿贝尔在五次方程和椭圆函数研究方面走在当时研究水平的前面，但因学术始终无法得到承认而贫病交加，不到27岁就染上肺结核病去世了。法国数学家埃尔米特曾感叹地说："阿贝尔所留下的思想，可供数学家们工作150年。"

欧洲的科学"麦加"
维也纳大学

维也纳大学是奥地利历史最悠久的大学，也是德语区国家最古老的大学之一。成立于1365年，是27位诺贝尔奖获得者的母校。它同时也是奥地利最大的大学，欧洲最大的大学之一，在校生有80 000人之多。大学有80多处校舍，分散在维也纳各区。其中古老、宏伟的主校位于维也纳市一区。维也纳市立医院——这一世界著名的现代化医院也隶属于维也纳大学。

● 历史上的维也纳大学

维也纳大学由哈布内斯王朝亲王鲁道尔夫四世捐助，于1365年建立。后来，亲王阿尔布莱希特三世通过改革，建立和完善了神学院、法学院、医学院和人文学院，使学校发展成为当时欧洲的政治、宗教、文化和经济中心。1389年，该校注册的学生人数已达325名。从成立至今,维也纳大学在政府、教会、王室以及社会各界人士的支持和帮助下,已从4个学院扩展为8个,建立了图书馆、研究院、天文台、博物馆和各类研究中心。不少专业增设了新专业、新学科,培养了大量人才,在校史上,有7人获诺贝尔奖,还出现了像弗洛伊德这样闻名遐迩的精神分析学创始人和哲学家。同时学校的福利事业得到了改善,开设医院、食堂、运动中心等设施;学校招生范围从男生扩大到女生,从教徒扩大到非教徒。另外学校通过颁布各类法案,使管理制度日渐完善,加强了建设。第二次世界大战后,维也纳大学不断加强与国际学术单位,诸如美国加州大学的伯克莱分校、乔治敦大学、德国洪堡大学等的联系和合作,向国外高校输送教师和学生参与国际交流。维也纳大学还是奥地利和多瑙河地区的学术研究中心,每年都有大量研讨会在那里举行,并向政府提供各类信息资料和规划建议。

● 师资力量

维也纳大学有来自世界各地128个国家的约87 000名国内外的莘莘学子,这里约有10 000名专职教授、客座教授、助理教授以及其他工作人员从事教学和研究活动,大学的教学和研究水平之高,使其成为奥地利最大的高等教育学府,也是世界上最著名、历史最悠久的多元化巨型学府和科学殿堂之一。

这所距今已有640多年历史的大学,是欧洲最古老的大学之一。从1365年建校以来,培育出许多著名学者和科学家,其中有6人获得诺贝尔奖(最知名者为物理学家薛定谔和心理学家弗洛伊德)。究其原因,乃是它拥有一支高水平的教师队伍。1848年至1938年,维也纳大学广揽人才,欧洲各地的大学教授蜂拥而至,以能到维也纳大学执教而感到自豪。"名师出高徒",莘莘学子也纷纷到维也纳大学求学,这自然是顺理成章的。这一时期,校长的英明决策为维也纳大学奠定了学科建设及教学管理的坚实基础。

● 大学名人堂

在人才济济的维也纳大学里,罗伯特·巴拉尼是第一个获诺贝尔奖的人。巴拉尼1900年在该校被授予医学博士,后在法兰克福和弗赖堡从事医学研究。在第一次世界大战中,他采用新方法治疗脑中弹并获成功,因而声誉极高,1914年被授予诺贝尔医学及生理学奖。

荣获诺贝尔物理学奖的艾尔文·薛定谔，1906年就读维也纳大学物理系，师从著名物理学家弗郎兹·艾克斯纳，5年后留校任职。1914年获理论物理学博士学位，从事物理法则的统计作用的工作。1921—1922年受聘于苏黎世联邦技术学校，他的前任即为爱因斯坦，后辗转于柏林和牛津，直到1956年回到维也纳大学。他突破经典物理学的概念，用数学物理方法演算出量子现象的公式，由于他在物理学上的突出成就，1933年他被授予诺贝尔物理学奖。

康杜德·诺伦茨是21世纪最有影响的生物学家。他不仅是行为比较学的创始人，而且也是进化论的奠基者（仅次于达尔文）。诺伦茨1928年在维也纳大学获医学博士学位，1933年完成动物学和哲学课程。1937年获动物学博士学位，1940年在昆尼希堡（现为加里宁格勒）教授比较心理学。战后在维也纳大学任讲师，1949年主持奥地利科学院行为比较研究院。1951年赴德国巴伐利亚，1961年担任那里的行为心理学院院长。1982年再度回奥地利继续从事行为心理研究。1973年他和另外两个同仁因在精神病学和心理学上所取得的成果荣获诺贝尔医学及生理学奖。诺伦茨一生获得大大小小奖励和荣誉无数，其中一个就是他一直是维也纳大学的聘用教授。

其他的著名人士有奥地利政治家、前总理和总统伦纳；前联合国秘书长、奥地利共和国前总统瓦尔德海姆；历史学家、奥地利前总理西诺瓦茨；物理学家多普勒；遗传学家孟德尔；精神分析创立人弗洛伊德；奥地利病理学家、免疫学家、诺贝尔奖奖金获得者兰茨泰纳；德国生物学家贝尔等。

可以毫不夸张地说维也纳大学是中欧和多瑙河地区繁荣的学术研究中心、欧洲的科学"麦加"，是培养精英和巨匠的摇篮之一。

建筑家的摇篮
罗马大学

罗马大学是意大利历史最为悠久的著名学府之一，它由教皇波尼法修八世创建于1303年，迄今已有700多年的历史了。当时的罗马大学只是罗马教皇的宫廷书院，经过几个世纪的发展，如今的罗马大学已经从创建初期的小规模教学发展成为学科齐全、设施完善的综合性大学。

● 历史上的罗马大学

1303年4月20日教皇波尼法修八世签署了在罗马建立教育学院的法令，并创建了罗马大学。这所大学是意大利及欧洲最古老的三所大学之一。到1808年，罗马大学已有5个学院：神学院、法学院、哲学院、医学院、语史和科学学院。1815年，开设了临床医学、临床外科学、动物学、代数学、几何学等。1817年，设立工程学院，开设了静力学、水力学以及建筑学等课程。1870年意大利建国前，罗马大学一直是由教皇投资和管理的。1870年后，由意大利政府接管了该大学。

● 师资力量

现在的大学城建于1935年。在社会现代化的过程中，罗马大学经过不断的深化改革，保持了大学与城市和社会的广泛联系，在文化、教育和科学研究方面起着重要的桥梁作用。目前，罗马大学注册学生人数为18 000人。从学生人数方面来说，目前罗马大学是意大利和欧洲最大，世界第二大的大学。现有4 900名教师，其中正副教授2 700人，研究人员2 200人。

罗马大学现有21个学院、130个系、54个研究机构、171个图书馆（室）、19个博物馆。至2002年，大学有167个专业的学士学位课程，142个专业的硕士学位课程，162个专业的博士学位课程，同时还有1 635个奖学金申请名额，其中包括针对外国留学生发放的奖学金。另外，每年学校还提供100个奖学金名额鼓励学生到国外学习，大约3 000个奖学金名额供优秀学生在学校进行研究工作。英语授课课程主要有：两年的政府管理和人文事务硕士专业等。

医学、物理学和数学为罗马大学传统强项学科，但近年来其他学科得到长足发展。在2002年全意公立大学专业排名中，罗马大学心理学排名第1、统计学排名第1、生物学排名第3、社会科学排名第3、理学排名第4、文学排名第5、法学排名第6、药剂学排名第8、建筑学排名第8。

与意大利的其他大学相比，罗马大学不仅人数众多，规模庞大，而且在校园建设和建筑方面也颇具特色，这里既有历史悠久、造型古朴的雕塑，也有宗教气氛浓厚的建筑，而线条流畅、造型简约的教学楼更为学校增添了许多现代气息。

● 今日的罗马大学

罗马大学的校园建筑特色是大学文化的一个重要内容，由于特殊的地理历史环境，罗马大学在成立之初有着浓厚的宗教背景，这也对大学日后的发展产生了深远的影响。20世纪30年代罗马大学正式成为意大利的国立综合大学，大学开始重新规划校园建设，建筑学家按照宗教概念将大学校园的整体布局设计成十字形，先后有近10名意大利国内外著名的建筑师参与到大学各个学院建筑的设计与建造当中，这些建筑把20世纪30年代流行的建筑风格与意大利北方的建筑特色融合在一起，造就了罗马大学建筑史上的辉煌。罗马大学建筑总的特色就是，它们与时代的发展都有着紧密的联系，从建筑特色上就能看出时代的烙印，还有一些建筑则体现出了典型的意大利北方的建筑特色。

罗马大学建筑学院建立于20世纪20年代，距今已经有80多年的历史了。在2001年，建筑学院根据新的发展规划和教学需要分成了两个学院，其中之一便是瓦拉朱利亚建筑学院，这座既古老又崭新的学院位于罗马大学的另外一个校区，那里环境优美，设施完善，学术氛围非常浓厚。学院在进行教学和研究的同时，也积极与世界各地的大学在建筑学领域进行学术交流，并在留学生交换等方面都有着广泛的合作。

在教学方法上，建筑学院非常重视学生自己的实践能力，注重激发学生的创造性和能动性，让学生通过设计和制作来亲自感受建筑学的魅力，并鼓励学生在校园里创建作品，展示才华，使学生有机会在实践当中检验自己所学到的知识。

罗马大学的物理系是意大利同类学科中规模最大、教学质量最好的学系之一，这里不仅是一所教学机构，也是著名的物理学研究中心，其教学和科研领域包括粒子物理、天体物理和生物物理等多种物理专业。罗马大学物理系曾经培养出了许多著名的物理学家，他们对意大利乃至世界物理科学的发展都做出了重要的贡献，也为人类能量学的知识领域开辟了新的发展空间。

罗马大学有着众多的图书馆，其中数学图书馆是欧洲同学科当中最大的，也是世界上第二大数学图书馆。这个图书馆创建于20世纪30年代，由意大利著名的建筑师设计建造，它是罗马大学数学系最为重要的基础设施之一。图书馆现有藏书10万余册，主要是数学方面的理论著作和研究资料，此外还有很多与数学相关的学科领域的书籍，比如天文学、建筑学、物理和化学等。除了有很多当代的图书资料外，图书馆还有许多历史悠久的古籍，其最古老的天文书可以追溯到15世纪，书中记载了当时天文学家极其珍贵的天文纪录。

● 大学名人堂

在罗马大学的历史上，曾经有许多世界著名的科学家和学者来这里进行过教学和研究，其中包括世界闻名的物理学家费米。费米被誉为"中子物理学之父"，他在现代物理理论和实验物理学方面都有重大贡献。费米1901年出生于罗马，是第一座核反应堆的设计者，他21岁的时候就从比萨大学获得了物理学博士学位，1926年他担任罗马大学的理论物理学教授，此时他已经发表了一篇关于量子统计的重要论文。费米在罗马大学工作了10年，这10年是费米物理学研究的黄金时代，他创立了当代物理学著名的意大利罗马学派，他的一些著名论文都是在这期间完成的，费米的理论在科学上是非常重要的，他使人们更好地了解了原子核。1938年费米获得了诺贝尔物理学奖，以表彰他演示用中子辐射产生新放射性元素以及用慢中子引起的核反应的发现。

阿拉伯文化的圣殿
开罗大学

开罗大学是埃及最负盛名的大学之一，始建于1908年，是一所国立大学，是阿拉伯国家的第一所现代化综合性大学，如今已经成为埃及乃至整个中东地区最具影响力的高等学府之一。

● 历史上的开罗大学

开罗大学是埃及最大的高等学府。建立于1908年的开罗大学校址在首都开罗，前身为1925年建立的埃及大学。开罗大学的学科门类很齐全，但最具特色的当属医学类、文学类和法学类，这些科类在埃及乃至整个阿拉伯世界中都受到极大的重视。其次，商学类、工学类和农学类科目在开罗大学也是举足轻重的。在开罗大学众多的学院和学校中，比较著名的有：文学院、医学院、口腔与牙科学院、达尔·爱–奥伦学院、法学院、商学院、理学院、药物学院、兽医学院、工程学院、农学院、考古学院、非洲教育与研究学院以及3个分院。开罗大学现在拥有3个分校、14个学院、124个系、6个院级研究所、20多个系级研究中心、近万名教师及150 000在校学生。开罗大学在人文科学和自然科学方面的雄厚教学力量和先进科研手段令人赞叹。它对继承和发扬古埃及文化、阿拉伯伊斯兰文化，对普及和提高各类科学技术水平，发挥着越来越重要的作用。1925年，埃及私立大学改为埃及国立大学的文学院，新成立的埃及国立大学在文学院的基础上，增设了法学院、理学院、医学院。后来又增添了工学院、农学院、商学院、兽医学院等多个学院。1940年，埃及国立大学改名为福阿德一世大学。福阿德一世是当时的埃及国王，曾任埃及大学的第一任校长。1952年，埃及人民推翻了封建王朝的统治，建立了埃及共和国。次年，福阿德一世大学改名为开罗大学并沿用至今。

● 今日的开罗大学

开罗大学有着优秀的学风和传统，其中最重要的一个内容就是享受最大限度的学术自由和思想自由。而且，开罗大学坚持独立自主的办学方针，享受高度的自治。开罗大学这种自由和独立的传统在形成的过程中，经历了多次严峻的考验。

作为一所国际化高等学府，开罗大学汇聚了来自全中东乃至全世界的精英人士。学校授课的语言主要包括阿拉伯语、英语、法语、西班牙语，教室的大门始终向大家敞开，即便你不是开罗大学的学生，也可以去旁听本科生、研究生的课程。课余时间，校园里会有各种形式的政治演讲和学术讲座以及来自世界各地的政要名流、专家学者在这里阐述自己的观点和思想，包括奥巴马充满激情的演讲。

奥巴马选择开罗大学作为演讲地点是其反复斟酌的结果。因为他深知，这里汇集了中东地区最优秀的青年才俊，这些年轻人代表着中东的未来。奥巴马希望通过自己的魅力，消除穆斯林青年对美国的负面情绪。

除了本国学子，开罗大学还云集了世界各地的求学者，不仅在中东和非洲地区享有盛誉，在全世界的名校册上也占有一席之地。我国从20世纪60年代开始，几乎每年都派留学生到开罗大学学习，传统上，从我国高等院校、国家机关等部门选派的访问学者都在那里进修语言，但现在，课程选择已逐步扩大到包括旅游、考古、水利、农业、治沙、地震减灾等各个领域。这些学生学成回国后，成为我国外交和外经贸战线的重要力量之一。

● 大学名人堂

自成立至今，开罗大学共有100多万毕业生，其中包括阿拉伯文学泰斗塔哈·侯赛因、诺贝尔文学奖得主纳吉布·马哈福兹、联合国前秘书长加利、巴勒斯坦前领导人阿拉法特、埃及前总统穆巴拉克、国际原子能机构总干事巴拉迪等知名文学家和政治家。

南非最古老的大学
开普敦大学

校训：美好的希望。

● 历史上的开普敦大学

开普敦大学是南非最古老的大学，成立于1829年，是非洲大陆的学术研究中心之一。开普敦大学的前身是南非学院，创建于1829年，原本只是供传教士进修的男子学院，在1841年迁至桌山背脊魔鬼峰下，1890年开始招收女生，以教育殖民官的后代为主，在1918年改名为开普敦大学，并公开对外招生，目前全校黑人与白人学生各占一半，学校以医学院、艺术学院及商业管理学院最为出名。由于开普敦大学承袭了英国严谨教育的传统，淘汰率相当高，因此，每位学生都用功不已，几乎都在看书或在做研究，绝非"由你玩四年"的大学。

● 师资力量

开普敦大学有10个学院（文学院、商学院、教育学院、工程学院、美术与建筑学院、法学院、医学院、音乐学院、自然科学院、社会科学与人文科学学院）、100多个系科以及近40个研究中心和研究所，每年授予的本科学位超过3 000个。现有教职员工4 305人，17 000名学生，其中1/3是研究生，包括来自70个国家的2 500名外国留学生，2000年3月，北京大学与开普敦大学签署了学术交流意向书。

开普敦大学科研实力雄厚，享誉世界，是非洲大陆的学术研究中心之一。世界上第一例人类心脏移植手术就是由开普敦大学附属医院之一的格鲁特斯库尔医院的克里斯·巴纳德教授完成的。开普敦大学有两名教授曾获诺贝尔奖：阿伦·科马克（1979年诺贝尔生理学及医学奖）和艾伦·克拉格（1982年因其在电子显微镜学及核酸合成物方面的成就获诺贝尔化学奖）。有22名A级科学家，居南非各大学首位。在世界大学排名中，开普敦大学仍被列为非洲首位。

开普敦大学许多系（尤其是医学院和自然科学院系）与其他大学进行了许多国际性的合作研究项目，如心脏胸外科、白血病研究、儿童健康学、地球化学、动物学、海洋学、分子学等等。生命学院的菲茨帕特里克非洲鸟类学研究所是南半球最主要、最好的鸟类学研究机构之一，每年都吸引了许多其他国家的科学家来此访问和工作。1976年成立的非洲研究中心，主要致力于非洲人文的各个领域（包括历史、考古、语言、文学、保健等）的教学和研究。

● 今日的开普敦大学

学校拥有世界一流的研究设施和科研成果，45位不同学术领域的专家，享誉世界。开普敦是世界著名的旅游城市，融合了各种文化特色的国际性大都市。在其城市内，海滩、山脉和森林随处可寻。大学的主校区坐落在半岛角魔鬼山，地处非洲的最南端，特殊的地理位置和优美的自然环境为学生的课余活动提供了天然的便利，丰富的运动和休闲项目使学生可以充分领略南非的特色。

● 大学名人堂

开普敦大学是个名人辈出的地方，其中包括1982年获得诺贝尔化学奖的 Aaron Klug 爵士；1979 年获得诺贝尔药学奖的 Allan McLeod Cormack 教授；2003 年获得诺贝尔文学奖的约翰·麦斯威尔·库切教授；实施世界首例换心手术巴纳德教授；世界第2位自费旅行太空的年轻富豪 Mark Shuttleworth，Ubuntu Linux 的创始人；世界银行管理总裁 Mamphela Ramphele；可口可乐公司总裁 Neville Isdell；知名作家 Andre Brink 和 Breyten Breytenbach 等。

享有"南半球牛津"美誉的悉尼大学

校训：繁星纵变，智慧永恒。

● 历史上的悉尼大学

悉尼大学是澳大利亚历史最悠久、最负盛名的大学，被称为"澳洲第一校"，在世界范围内亦是最优秀的高等学府之一。该校创建于1850年，是澳大利亚第一所大学，也是世界著名大学，在澳洲八大名校中位居前列。它以优质的教学得到好评，该校是澳大利亚最大的大学之一，也是主要的研究中心。主要校区紧靠新南威尔士的首府悉尼市中心西南，占地72公顷，开办医学、文科、工程等课程。古色古香的校舍在1857年建成，保留着澳大利亚传统建筑和文化特色。150多年来，悉尼大学为澳洲和世界的人类发展事业做出了巨大的贡献。其悠久的历史和显赫的成就为它赢得了"南半球牛津"的美誉。

悉尼大学的校园内，传统与现代建筑相结合，悉尼壮观的海港和宜人的气候更为学生提供了独特的学习和生活环境。

悉尼大学包括6所根据宗教派别划分的住宿学院：圣保罗学院（圣公会，1854年）；圣约翰学院（天主教，1857年）；圣安德烈学院（长老会，1867年）；女子学院（不分教派，1889年）；韦斯利学院（卫理公会，1910年）；圣索菲娅学院（天主教女子学校，1929年）。

从1881年起，悉尼大学开始招收女生。第二次世界大战后由私立改为公立。管理机构分本部、学院和系所三级。设有文学、法学、经济学、工程学、医学、理学、建筑学、农学、牙科学以及兽医学10个学院，其中文学院规模最大，有21个系。还设有原子研究基金会、伊丽莎白女王妇幼研究所、澳大利亚语言研究中心、城乡规划研究中心、戏剧排练场、鲍尔美术研究所、悉尼师范学院、犯罪学研究所以及由联邦卫生部资助的公共卫生和热带医学学院。所设学科范围广泛，专业多样，共有80余个专业授予博士学位。

这座具有悠久的历史、学术成就享誉国际的高校，是国家最主要的科研组织之一，被联邦政府教育质量委员会授予澳大利亚最好的大学之一。

长久以来，悉尼大学以其卓越的学术成就和优异的课程品质闻名遐迩，杰出学科包括医学、法律、文科、商科、音乐和海洋生物等。作为一所主要的研究型学校，悉尼大学对澳洲的经济、文化及社会福利做出了巨大的贡献。

● 师资力量

悉尼大学全日制在读生约占学生总人数的1/3。悉尼大学拥有众多的留学生，国际学生约占总数的1/5，其中有3 000名学生来自中国。悉尼大学致力于以研究为主的教学模式，并且为国际学生提供更高质量的专业与课程计划。

悉尼大学现有17个学院，共100多个系，学科广泛，目前学生总数达37 000人，拥有全日制教师2 275人，其他职员2 959人。悉尼大学传统的新哥特式建筑反映出这座大学的学术和文化继承源远流长，并被当作国家的珍贵文物。悉尼大学的研究和教育设施优良，拥有全国最大的大学图书馆，也是南半球最大的校园图书馆——费舍尔图书馆。在博士教学上，悉尼大学是澳洲各所大学的"领头羊"。

● 今日的悉尼大学

悉尼大学一直都致力于各种领域课题的研究，已经获得了多项由澳大利亚研究委员会和国家健康与医疗研究委员会提供的项目资金。对于研究方面的大力投入，使学校形成了以研究为主导的教学模式，不仅成果斐然，而且广受赞誉。

在1998年，大学被授予80项澳洲研究委员会的巨额拨款，这是澳洲所有机构中所获得的最大数目。大学的研究中心有策略地分布于澳洲各地，由大堡礁的一树岛至达尔文的孟西斯卫生研究所，北至新州的华生植物繁殖所。

悉尼大学的价值观和目标是使学生具备"严谨而有责任感的自由学术精神""诚实，谦让，互相尊重的个人道德风范"，并致力去了解并满足学生们的不断超越自我的需要。悉尼大学学生们的学习都很勤奋用功，游人只要到校园一逛，就能感受到校园内的学习氛围，无论在图书馆还是在露天草坪上，都可以看到正在全神贯注读书的莘莘学子。而全校200多个学生协会则使学生们的课余活动多姿多彩。

● 大学名人堂

毕业生的荣耀能反映一个学校的成就，培养好的人才，是每一所好大学的终极目标，悉尼大学是一所很全面的学校，学校的毕业生在各个领域都取得了卓越的成就，从艺术家到科学家，从国家政要到奥运级健将，都有非常出众的校友。

著名校友包括世界银行行长、诺贝尔化学奖获得者约翰·考福斯爵士；诺贝尔经济学奖获得者约翰·哈森尼博士；现任澳大利亚总理约翰·温斯顿·霍华德、世界银行总裁詹姆士·沃尔芬森；澳洲第一任总理约翰·哈瓦德；世界顶尖天文物理学家Bryan Gaensler；NASA航天员保罗·斯卡利鲍沃、英国著名科学家鲍勃·梅教授以及电影导演简·凯姆皮恩等。

澳洲八大五星级名校之一的
新南威尔士大学

校训：实践思考出真知。

新南威尔士大学是一所以理工科为主兼有文科学科的综合性大学，

7 000名的国际学生把这里变成最富有生机和多元文化的大学社区。新南威尔士大学以其一流的教学和科研水平，被亚洲周刊评为亚太地区前十位的大学。

● 历史上的新南威尔士大学

新南威尔士大学前身是1843年成立的悉尼机械研究院，1878年改名为悉尼技术学院。"二战"向人类提出各种挑战，新南威尔士政府认识到要迎接挑战，要面对、解释和改造物质世界，就必须建立一所科技大学。

1949年，新南威尔士政府在悉尼技术学院的校园开始建设大学，当时名为新南威尔士理工大学，意在仿效美国麻省理工学院和德国的柏林技术学院。大学的重心是科学技术的教育和研究，但课程并不偏颇，设有人文学科和商科，以为国家培养具备全面素质的人才为目标。

新南威尔士大学自建校以来，几经变迁，随着社会的发展与时代的需要，不断改革和完善自身建设，规模一再扩大。教学与科研实力雄厚。1951年该大学成立的纽卡斯尔学院与1962年成立的卧龙岗学院，分别发展成为现今的纽卡斯尔大学与卧龙岗大学。

初期的大学只有46名学生，专业是工程学。1958年大学更名为新南威尔士大学，后来又建立了文科学院。1961年建立医学院，1971年成立法学院，1968年学校已有学生15 000人，并在国际上崭露头角。

● 师资力量

新南威尔士大学现有33 000名学生，其中外国留学生7 000人左右，拥有数千名国际学生的新南威尔士大学是最富有生机和多元文化的大学社区。新南威尔士大学欢迎来自世界各地的入学申请者，从1952年起大学便开始接受亚洲学生入读。

新南威尔士大学现有10个学院，共75个系。其中大学院是由澳大利亚国防部资助，是在1981年成立的，该处学员都是军校学生，在此学习艺术、科学、工程。这个大学院也被称为澳大利亚国防军事学院。

在过去的50多年里，新南威尔士大学培养了数万名学生，他们遍布世界各地，在亚洲和澳洲的政府、商业、工业领域占主导地位。现在大学45%的年度经费来自私人捐助。

新南威尔士大学有5 000名教职工。该大学的最高行政机构是由21

名成员组成的董事会。这些成员由教职工、学生等选出后由教育部长或董事会任命，主要学术机构是学术委员会。1998年新南威尔士大学有3位获得"罗德斯"奖的学者。

新南威尔士大学的图书馆拥有大量的藏书和期刊。收藏有200万册书籍以及视听材料和地图等。图书分类和管理系统采用计算机管理，学生可以通过计算机用户终端查询。图书馆的计算机可以进入澳洲学术研究网，可以通过国际互联网进入世界范围的计算机数据库，通过卫星连接美洲和欧洲的主数据库。

● 今日的新南威尔士大学

至20世纪80年代，新南威尔士大学已成为澳大利亚一流大学。1981—1992年，迈克尔伯特教授任副校长，其间新南威尔士大学发展成为全国规模最大、在许多领域最具创新精神和多样性的大学之一。

现在的新南威尔士大学不仅是澳洲"八校集团"的成员，而且是东南亚、欧洲及北美洲最负盛名的"21世纪大学集团"的成员，在澳洲只有3所大学为该集团成员。新南威尔士大学，是澳洲八大五星级名校之一，在新南威尔士州与悉尼大学并肩，以理工学科见长。

该校为"国际21所大学联盟"的发起者和重要成员之一。该组织成立于1997年，由来自欧洲、北美、亚太地区的21所著名大学组成。

澳洲排名第一的墨尔本大学

校训：以人为本，与时并进。

墨尔本大学是澳大利亚的一所重点教育研究机构。墨尔本大学是澳洲最古老、最杰出的大学之一。紧随世界一流大学的传统，墨尔本拥有高质量的研究生和世界前沿的研究培训，同时本科教育也是世界最先进和最优秀的。

墨尔本大学连年赢得最高份额的研究基金，奠定了它澳大利亚一流研究类大学的声誉。墨尔本大学被亚洲周刊评为亚洲地区前三位的大学，它成了维多利亚州以及整个澳洲甚至国际优秀学生的首选。墨尔本大学每年价值850万澳币的奖学金，是澳洲大学中最多、最有创新的奖学金。根据英国泰晤士报高等教育增刊《2005 The Top 200 World University Rankings》，墨尔本大学高居全球第19位，在澳洲大学中排名第1。

● 师资力量

墨尔本大学的11个学院和墨尔本商学院及维多利亚学院为学生提供了一流的富有生机的学习环境。主要课程有：建筑学、建筑与设计、文学、经济和商科、教育、工程、土地和食品资源研究、法律、医学、牙科和健康科学、音乐、科学和兽医学等。墨尔本大学教学和学习都在多媒体教室，所应用的新技术和多媒体教材都是墨尔本大学的教师自己开发的。

墨尔本大学的学生在世界范围内的比赛中都是强有力的竞争者，墨尔本大学的学生可获得牛津大学"罗德斯奖学金"的大部分，还是美国研究生的"富布莱特奖学金"的主要获得者。

墨尔本大学几乎在所有学术领域都累积了很高的学术声望，尤其在医学、社会科学、艺术与人文、工程与科技方面，无论在澳大利亚还是全世界都享有领导地位。墨尔本大学在医学领域稳居澳大利亚第1位；在社会科学、自然科学和艺术与人文领域都排名全澳第2位，仅次于澳大利亚国立大学；在工程领域亦排名全国第2位，仅次于新南威尔士大学，是澳大利亚唯一一所在5大学术领域均名列世界前30位的名门学府。同时，由台湾公布的2008年世界大学科研论文质量评比中，墨尔本大学高居全澳第1位、世界前60位，并在医学、生命科学和社会科学领域名列亚太地区第1位，是澳大利亚大学中拥有最多学术领域名列世界前100名的学府。此外，根据2006年墨尔本研究所公布的排名中，墨尔本大学的商学院（社会科学的一部分，但不包含经济系）、医学院和法学院均名列全澳第1名。墨尔本大学商学院的排名始终位居世界百强和澳大利亚翘楚，被英国高级技术移民签证计划列入世界前50名MBA课程，毕业生有直接赴英国工作的资格。

墨尔本大学的毕业生在澳洲的政治、文化和商业领域涌现出许多杰出人物，包括两名诺贝尔医学奖获得者，两位澳洲的前总理以及一些亚洲的商界和政界人士。墨尔本大学为澳大利亚在亚太地区的经济发展做出了很大贡献。

● 今日的墨尔本大学

墨尔本大学除了目前的11个专业外，还有维多利亚艺术学院所提供的音乐、舞蹈、美术、戏剧以及电影和电视课程。除此之外，墨尔本商业管理学校和研究生院的各科系更为学生提供了研究进修的最佳学术场所。墨尔本大学是一所国际公认的研究型大学，与工商界和政府之间有着紧密的联系。在过去的5年中，墨尔本大学一直是"全国甄选研究补助款"中名列前茅的大学之一，这反映出墨尔本大学长期以来在研究上的出色成果。墨尔本大学目前与工业界中大约20个研究中心有合作关系。女性在墨尔本大学研究项目的参与率持续高达46.4%。

墨尔本大学和世界30多个不同国家的120多所大学有正式的交换学生的协议。墨尔本国际奖学金授予澳洲以外的优秀的本科生和研究生。

墨尔本大学的生活是一段具有丰富文化色彩的经历，该校拥有来自100多个不同国家的学生和教职工，这些是墨尔本大学多元文化所带来的收益。这种多元文化政策形成一个良好的环境。

在追求发挥其国际领先的研究类大学作用的同时，墨尔本大学以其世界级的科研和学术研究水平，为墨尔本市注入强有力的智力、文化及专业能量，同时为维多利亚州及澳大利亚提供至关重要的服务，它正努力成为世界公认的最好的大学。

百年树人、功勋卓著的阿德莱德大学

校训：十字星光指引方向。

成立于1874年的阿德莱德大学是澳大利亚历史最悠久、声誉最卓著的大学之一，被公认为南澳洲的学术中心，是澳大利亚"八大名校"之一，被《亚洲周刊》评为亚太地区最佳大学，并获得澳洲大学最佳教学奖。最近，澳大利亚政府将阿德莱德大学评为澳大利亚仅有的4所达到政府最高级别的大学之一。

● 历史上的阿德莱德大学

阿德莱德大学是全澳历史较悠久的大学，除了极少数大学之外，几乎比英国所有大学都要悠久。从创建之初，阿德莱德大学就是一所非常出色的综合大学。

1872年，南澳大利亚浸信会、公理会和长老教会共同创建了一所联合学院，为年轻人提供高等教育。开设的课程包括：经典著作、哲学、英国文学、数学和自然科学。同年，一位富有的牧场主和铜矿主沃尔特·华生·休先生提议为这所新成立的学院捐资20 000英镑，这在当时是笔巨额资金，创建一所大学绰绰有余。于是阿德莱德大学诞生了，而一项有关"组建并资助阿德莱德大学"的提案也于1874年11月6日得到总督的首肯。1876年3月，阿德莱德大学开始授课，授予的第一个学位是文学学士。1876年4月25日阿德莱德大学举行正式落成典礼，并于1877年5月2日宣布正式成立。当时因为有73名其他大学的毕业生以同等学力身份申请阿德莱德大学学位而成立了学术评委会。

● 师资力量

阿德莱德大学图书馆的馆藏超过2 000 000件，馆内订有大约11 000种期刊，每年收藏20 000多篇专题论文和相应数目的期刊装订本。馆藏主要侧重于医学、牙科学、生物科学、农业、音乐、19世纪英国文学和澳大利亚历史。另外，阿德莱德大学在联合图书馆书库还有400 000件馆藏，联合图书馆书库的馆藏与弗林德斯大学图书馆共享，位于弗林德斯校区。图书馆每年的借阅量在500 000件左右，其中包括澳大利亚其他图书馆借阅的20 000件左右，而从其他图书馆借阅的6 200件馆藏为阿德莱德大学的研究人员提供了极大的支持。阿德莱德大学图书馆在利用计算机进行信息检索领域居前沿位置。

阿德莱德大学在教学、研究和课程研发方面均属一流，其强势专业如商科、分子生物、MBA、食品农业、信息技术、环境科学等均排在澳大利亚各大学前列。其会计学专业毕业生自动成为国际认可的澳洲CPA

准会员，有资格申请CPA的考试和最终拿到CPA证书。

阿德莱德大学设有3个全国性的专业研究中心和12个合作研究中心，在工业界、高等教育和政府部门对国家重大问题进行联合研究。学校在科学技术、环境、商业、社会科学、医疗和牙科等方面也有先进的专业研究中心。怀特校园内设有南半球最重要的农业研究中心。高技术、现代化的实验室和安装了现代的计算机设备和国际数据网络的教室。这些设施由一个巨大的研究与数学用的图书馆构成。

● 今日的阿德莱德大学

澳大利亚8位诺贝尔奖获得者中有3位来自阿德莱德大学，而且该大学还培养出多位"罗德奖"获得者，尤其是学术研究的成果更突出。阿德莱德大学制造了世界上许多个第一：第一个可放入自然环境中遗传控制的有机体；世界上第一个可视计算机芯片；世界上第一个汽车可视电话；训练了澳大利亚第一位宇航员；第一所设立音乐艺术学的澳大利亚大学；第一所接受女学生的澳大利亚大学。

阿德莱德大学的毕业生被世界公认为是高质量的，许多人在亚洲、欧洲、北美洲和太平洋地区的政府、商界、工业界和大学里担任重要职务。

● 大学名人堂

诺贝尔得奖人、X射线辐射先驱劳伦斯先生和威廉Bragg先生；青霉素先驱霍华德；著名校友包括南极探险家和地质学家道格拉斯，核物理学家Mark Oliphant；新加坡前总统王鼎昌，1961年毕业于澳大利亚的阿德莱德大学，并获得建筑学士学位；新加坡共和国副总理陈庆炎博士，1965—1967年在澳大利亚阿德莱德大学攻读应用数学，获博士学位。此外，世界上众多政界、商界名人也出自阿德莱德大学。还有一些小制作，比如说悉尼奥运会的火炬也是阿德莱德大学工程学院设计的。

拥有澳洲最大校园的
莫纳什大学

校训：学海无涯。

莫纳什大学成立于1961年，是澳洲五星级大学之一，全球大学综合排名第38位（2006年《泰晤士高等教育增刊》的世界大学排名）。莫纳什大学是澳洲8所一流大学之一，拥有世界认可的课程和澳洲最大的校园。创校30多年来，莫纳什大学已经成为一所国际知名学府，1994年澳洲的大学指南也选择该校为澳洲年度大学。在澳洲，莫纳什大学拥有全国最多的在校生人数，最多的外国籍学生（来自100多个国家），最好的教学质量，是至今为数不多的MEDICIEN VISA签发学校。

● 历史上的莫纳什大学

莫纳什大学成立于1961年，位于墨尔本市。莫纳什大学虽然只有35年的历史，但却是澳洲最大的综合性大学。莫纳什大学以其创新的研究能力著称。

莫纳什大学自建校以来，一直以其优良的教学质量及世界领先的科研成果著称，是一所富有活力的大学，得到了国际上的广泛认可，其毕业生也备受雇主青睐。该大学是澳大利亚八大重点高校之一，也是澳洲顶尖的科研机构。它是最先认识到立足国际重要性的大学之一，通过创新研究，源源不断地吸引着各国学生及优秀教员。世界最大的原子能加速器将建在莫纳什大学。

根据2005年澳大利亚"Good University Guide"，莫纳什大学在综合声誉、研究经费获得数量、多元文化程度以及毕业生就业等多个项目中获五星评级；在2004年"UK Times Higher Education Supplement"进行的全球大学排名中，莫纳什大学名列第40位。

● 师资力量

目前莫纳什大学有超过 44 000 人,其中海外学生约 9 000 人,分别来自 100 多个国家和地区,为学校注入多元文化的活力,同时也是一所真正国际化大学的印证。

大学拥有 95 个独立科研中心及 17 个合作研究中心。每年超过 5 000 项学术成果通过书籍、学科期刊及会议论文等渠道发表。在所有澳大利亚大学进行的研究项目中,莫纳什大学所占比例超过 70%。莫纳什大学硬件设施达到了世界一流水平,教职员工也是非常出色的。莫纳什大学具有现代的教学资源,为开设的课程提供支持,其中包括多媒体实验室、藏书丰富的图书馆、先进的工程实验室和计算机实验室。

莫纳什大学还与全球 120 所研究机构建立了合作关系,在干细胞研究、纳米技术、繁殖生物学、药物开发、道路安全等许多研究领域都树立了国际威信。莫纳什大学事故研究中心在世界范围内处于领先地位。莫纳什大学的商学和经济学院、工程学院、法学院、医学护理和健康学院在澳大利亚也都相当出名。

除此而外,在 2006 年《泰晤士高等教育增刊》的世界科技大学排名中,莫纳什大学排名第 28 位;在世界生物医学大学排名中,该大学排名第 19 位;2005 年,莫纳什大学的 MBA 课程在《经济学家》信息部的个人发展的排名中,位居澳大利亚首位、亚洲第 2 位、全球第 6 位。莫纳什大学还获得了欧洲质量认证体系的国际商学院认证。

● 今日的莫纳什大学

莫纳什大学以创新研究和优质学术而闻名于世。它提倡创新,致力于为学生营造出一个充满活力和锐意进取的氛围。莫纳什大学欢迎新理念、新机会,培养一种创新文化。莫纳什大学参与创新研究的领域极为广泛,包括教育与工程、信息技术和医学。大学有 37 个特殊研究中心,包括 4 个与政府和工业界开展合作的研究中心。

莫纳什大学在澳大利亚设有 6 所分校,在马来西亚和南非也设有分校,在伦敦和意大利设有中心,与美洲、亚洲、欧洲的 100 多所院校建立了校际联系。在莫纳什大学接受教育,是学生在全球各地获得成功的关键。

● 大学名人堂

莫纳什大学毕业生在政府机关、跨国公司及学术界中担任要职：其中有澳大利亚财政大臣、吉隆坡股票交易所执行主席、新加坡股票交易所总裁、马来西亚健康督导、前印尼总外事顾问、新加坡首席器官移植医生以及泰国银行高级行政官等。

昆士兰州的首席大学
昆士兰大学

校训：刻苦求知，勤奋工作。

昆士兰大学，简称昆大，是昆士兰州的第一所综合型大学，始建于1910年，是澳大利亚最大、最有声望的大学之一，也是昆士兰州规模最大、历史最悠久的大学。昆大是澳大利亚的八大名校的成员之一，其科学研究的经费及学术水平在澳大利亚的大学之中始终位居前三名。

● 师资力量

昆士兰大学位于澳大利亚东部的海滨，以拥有强大的教学和科研力量而受到国际的赞誉。它颁发的学历资格证书获得全世界的公认，社会对这所大学的毕业生具有极大的需求量。在昆士兰大学学习，可以融入一个有活力的、国际化的学习环境。随着学校的不断发展和教学内容的不断丰富，拥有三个校区（圣卢西亚校区、伊普斯里其校区和加顿校区）的昆士兰大学甚至可以根据学生的个人需求，帮助学生制订个人化的课程安排。使学生在这所国际化的大学里拥有一段有价值而愉快的人生经历，这是昆士兰大学全体教职员的目标。

2002年，昆士兰大学注册在读学生超过30 000名，其中包括来自世界上130个国家和地区的5 000余名留学生。大学在澳洲优秀大学指南中的综合排名多年来始终保持领先，无论是教学水平还是研究成果都在澳洲国内外享誉盛名。

昆士兰大学设施齐备。它拥有昆士兰州最大的图书馆。它在路西亚、加顿和爱普思维奇3个校园及布里斯班教学医院分布着13个分馆。从每一个分馆或从家里及办公室的计算机上均可得到信息服务。图书馆提供一系列优良的设备和服务，包括目录、数千种电子刊物、250个网络数据库和总数为200多万种互联网资源。所有的资源通过图书馆的互联网时刻都可以得到。昆士兰大学毕业生的就业率和收入水平远超过全澳洲的平均水平。近年来，越来越多国际留学生选择前往昆士兰大学学习，为该校在世界范围赢得了更高的声望。

● 今日的昆士兰大学

昆士兰大学位居澳大利亚的八大名校前列，连续多年被亚洲周刊评为亚太地区最好的大学之一。在澳大利亚政府对各大学就教学、研究、校园服务三项指标进行的质量评比中名列前茅。昆士兰大学提供的学位获得"澳大利亚资格认证体制"的认可。

昆士兰大学与世界17个国家多所大学的交流协议极大加强了其教育在国际上的地位，1999年被罗特瑞基金会选为世界范围内8所大学为解决和平与冲突问题而组成的研讨会成员之一。

● 大学名人堂

最高法院的首席法官格拉德·布莱恩那；1996年诺贝尔奖得主、1997年澳大利亚杰出人物彼德·多禾蒂；前政府官员处尔·海顿；奥斯卡奖得主乔治佛雷·拉什等。

透过现象看本质的
澳大利亚国立大学

校训：重要的是弄清事物的本质。

澳大利亚国立大学于1946年由澳大利亚政府创建，坐落在澳大利亚首都堪培拉，校园占地226公顷，四周被国家自然保护区、伯利·格芬湖和市中心区环抱。该校连续数年在澳洲大学排名榜上夺魁。它的光学研究中心，凭借着光纤通信方面的研究成果，曾荣获马科尼国际奖；雷达与核物理的领头人奥利芬、青霉素发现者之一的弗洛里、杰出的历史学家汉考克、经济学家库姆斯以及新一代众多知名学者让它熠熠生辉。

● **历史上的澳大利亚国立大学**

澳大利亚国立大学由二战后最著名的澳大利亚籍科学家群提议，经澳大利亚联邦议会立法特批，学校于1946年由澳大利亚政府在首都堪培拉的市中心建立。

北靠守护神布来凯山，南近首都金融区，西临秀丽的格里芬人工湖，东与首都商业区相望，占地140公顷，是当时澳大利亚唯一一所专门从事研究的大学。

1960年和1992年，澳大利亚国立大学先后与堪培拉学院及堪培拉艺术学院合并，使大学的门类得到增加，教学质量得到提高。

● **师资力量**

澳大利亚国立大学还是澳大利亚唯一的联邦政府大学，教学及研究水平在国际上享有极高的声望。1994年及1995年两度被澳洲高等教育品质保证委员会评议为第一等级大学。

它拥有全澳洲最优良的师资力量，78%的教师拥有博士学位，远远高于澳洲的大学平均50%的比例。学校现有10 000名在校学生，其中海外留学生有1 000多名。澳大利亚国立大学是澳大利亚有关自然、物理以及科学、人文科学的主要研究中心，同时在创新性研究和教学方面均走在澳洲各大学前列。"认识事物的本质"是澳大利亚国立大学立校的根本理念。它拥有一所声名远播的医学研究院，先后有3位科学家因其中的研究成果荣获诺贝尔医学奖，它还将澳大利亚科学研究院1/3的院士揽于旗下。

澳大利亚国立大学比起其他大学拥有更多的联邦合作机构，这些机构均被澳洲研究委员会认可。拥有很多皇家社会成员，这些都是世界上最权威的科学学术团体。学校有3名诺贝尔奖获得者和大量著名科学家，并与许多国家的名校有学术上的交流。

全校有大小图书馆10个,藏书量超过100万册,同时该校与澳大利亚国立图书馆毗邻,此馆的藏书量丰富,包括470万册书、10万种期刊、40万幅地图、59万张照片等,可媲美任何世界级的图书馆,为澳大利亚国立大学的师生们提供了极大的便利。学校图书馆亦定期举办各种语言的讲座(包括中文普通话和广东话),以教导新生如何查找资料以及利用图书馆内的各类资源。

学校图书馆及各院系提供大量供学生免费使用的计算机,学生亦能通过无线网络将自己的笔记本电脑接入校园网络,不过学生每日的下载流量会受到严格控制,因此利用学校网络仅能从事与学习有关的活动。据说还有某些地方提供卫星电视,可以收看欧美和亚洲各国的卫星频道。

● 今日的澳大利亚国立大学

目前,大学开设的主要科系有:文学、亚洲研究、经贸、工程和信息技术、法律、科学。艺术学院开设了可视艺术、音乐、电动化艺术课程。研究院、研究单位和学术中心开设了生物、化学、物理、医学、地球科学、机械以及信息科学、社会学、太平洋地区和亚洲研究等研究课程。

澳大利亚国立大学以全球化的视角着眼于学术和教学。它和世界各地75所院校积极举办学生交流活动,长期合作院校包括牛津大学、剑桥大学、加州大学、宾夕法尼亚大学、不列颠哥伦比亚大学等。另外,学校还设置了大量的学生互换项目,与75所大学及澳大利亚最大的互换访问项目建立联系。

在整个发展过程中,澳大利亚国立大学始终以研究为主,同时又不忽视大学的教学工作。近年来,澳大利亚国立大学在计算机应用及信息工程的教学和研究方面占有领先的地位。

澳大利亚国立大学是一所在教学和研究方面均卓有成效的世界一流大学。教学及研究水平获得了国际认可,享有很好的声誉,其亚洲研究享誉全球,居世界领先地位。曾两度被澳大利亚高等教育品质保证委员会评议为第一等级大学,并由此吸引了无数来自世界各地的留学生。

澳大利亚国立大学还是世界上最奇特的研究类大学,尽管不到60年,但它却拥有众多的世界知名专家,在英国伦敦皇家学会会员的数量,比所有其他41所澳大利亚国立大学会员的总和还要多。

新西兰最具国际化的大学
林肯大学

校训：Excellence through Studies.

林肯大学是新西兰是古老的高等学府之一，也是新西兰最早的一所大学，位于新西兰南岛最大的城市基督城郊外，是目前新西兰规模最大的大学之一，学术水平、专业设置和学校规模都处于新西兰的领先水平。始建于1878年，现有数千人在校就读。在教育和研究方面所做出的杰出表现享有很高的声誉。林肯大学作为新西兰的知名大学，致力于商业与管理、自然资源、工程学、社会科学等众多领域的教学和科研。来自54个国家的810名国际留学生在此学习，被誉为新西兰最具国际化的大学，能够提供国际认可的各种学位和毕业文凭。在国际上，该大学在自然资源等领域的研究居于领先地位。林肯大学被《星期日泰晤士报》誉为"英国最现代化和最吸引人的校园之一"。

● 历史上的林肯大学

林肯大学主校园所在地林肯市历史悠久、古迹颇多，有英国第三大的已有900年历史的大教堂和一个古城堡，维多利亚时期的古建筑也随处可见。

林肯大学是新西兰8所公立大学之一，前身是林肯农学院。它是英联邦国家第3所历史最悠久的农业教学基地，也是南半球最古老的农学院。130多年来，林肯大学已经从一所单纯的农学院成长为多学科的综合性大学，它始终站在农业研究的前沿阵地，同时在应用计算机、社会科学等多学科领域有所建树。

林肯大学的办学宗旨：以最优秀的教学研究水平为目标，为新西兰社会经济贡献力量，为人类生活贡献力量；在一流的教育环境中培养学生最大限度地发挥潜质、才干和创造力，为客户创造价值；与新西兰社会开展广泛合作，同时利用商务、医学、生物和社会科学方面的综合实力解决国内和国际问题。

林肯农学院始建于1878年，与坎特伯雷学院合二为一。当时，实用农业科学教学是该学院的唯一目标，威廉·爱德华·艾维是唯一的高级讲师兼董事长。1880年，艾维对社会大众敞开校门，当时他只有16名学生。尽管这个数字现在看来不足挂齿，但坎特伯雷人的祖先却对林肯农学院无比珍视，将它视为自己生活中不可缺少的一部分。1896年，林肯农学院与坎特伯雷学院分离，变成新西兰大学的"坎特伯雷农学院"，这个称号一直保留到1961年新西兰大学解散。此后，该院正式称为林肯学院，成为坎特伯雷大学的学院之一。随着新西兰高等教育的重大改革，林肯学院于1990年自治，1996年在林肯市投资6 000万英镑建立了新的校园，由英国女王伊丽莎白二世揭幕，并改名为林肯大学。

● 师资力量

林肯大学的每一个专业都达到了新西兰一流水平。林肯大学的农业、林业、园艺、生物、生物化学等相关课程当之无愧的处于世界领先地位。林肯商学院近年来发展很快，多次获得国际奖项，吸引了世界各国很多学生。此外资源管理、环境研究课程也都很优秀。

林肯大学计算机系统相当发达，已全校联网，包括上千个电脑工作平台。图书馆藏书210 700多册，期刊1 000多种。语言中心的语音室、卫星电视、外国电影和纪录片、视听室等现代化设施一应俱全。

林肯大学设有9个学院，分别为：艺术学院、建筑与设计学院、计算机应用学院、商学院、健康与生命科学院、媒体与通讯学院、社会科学与法律学院、农学院、国际教育学院。

林肯艺术、建筑与设计学院原先是一个有着近150年历史的独立学院，这里的不少教授被公认为是英国最好的。艺术学院的校园本身就是一件建筑艺术精品。背靠英国最独具风格的大教堂而扎根于一个历史悠久的小镇，林肯校园随处可见罗马风格的古建筑。学院的课程包括文物保存与恢复、当代装饰艺术、时尚学、纯艺术创作、图形设计、艺术史与设计艺术史、多媒体、摄影与产品设计等热门专业。

新创立的林肯大学商学院是由以前的林肯管理学院和赫尔商学院合并而成的，现在的课程设置比以前更全，教学质量也有了新的飞跃。学院有着丰富的教学和科研经验，曾多次获欧洲与国际进步创新奖。学院下设3个系：公司策略、人事管理和市场学。具体专业设置有：企业管理、会计、人事管理、市场学、公共关系与广告学等。

林肯大学斥资1 100万英镑于1998年创建的媒体与通讯学院拥有全英最好的多媒体、电视与广播设备。学院下设3个系：通讯、新闻及媒体制作。目前学生人数刚超过14 000且每年不断成长，来自58个国家的学生在此学习，占学生总人数的1/3，因此林肯大学也被誉为新西兰最具国际化的大学。

林肯大学采用独特的跨学科的教学科研方式，培养既有扎实科学专业知识又有灵活商业实践技能的学生。林肯大学的学生除了学习专业的科学技术课程外，还选修商业管理课程；除了通过课堂和实验室学习，还要进行相关课程的野外考察和假期实践。

● 今日的林肯大学

新西兰如今是全世界效率最高的奶制品和肉制品生产国，并以先进的农业技术傲视全球。其中，与林肯大学一个多世纪以来一直在农业发展中保持领先地位有密切关系。林肯大学经过20世纪初的缓慢发展，二战后迅速扩张。它的影响涉及新西兰的几代农民以及科学家，他们不仅将该学院教授的课程应用于农业生产，而且对其在保护土地和水资源中的评价不断提高。同时，林肯大学的国际声望与日俱增，接受大批英联邦国家的学生就读，许多毕业生担任政府领导职务或成为知名的研究人员。林肯大学教学设施一流，具有丰富的实验设备和实验环境，能充分满足学生的要求。学校周边拥有高达几百甚至上千公顷的物业和土地。

学无止境的
梅西大学

校训：学无止境。

梅西大学于1927年在北帕默斯顿成立，起初成立时是一所农业大学。70多年来，学校在教学和科研方面取得了很高的成就。梅西大学目前独立拥有两个校园：北帕默斯顿校园和离奥克兰市中心只有15公里的阿尔伯尼校园。近期与惠灵顿理工学院合作在惠灵顿设立了梅西惠灵顿校园。

● 历史上的梅西大学

梅西大学成立于1927年，是新西兰最大的一所教育和研究型学府，也是新西兰唯一一所真正的全国性大学。建校70多年来，梅西大学以其卓越的国际化教育和研究赢得了海内外广泛的赞誉，跻身于世界著名的大学之列，在新西兰的教育领域举足轻重。学校所总结出的成功经验是通过学习、交友、体育锻炼、校园文化和社会活动全面锻造学生，使之成材。学校以技术、理科、应用科学和商业学科著名。作为传统英式教育机构，梅西大学认为知识是无限膨胀的，坚信人的一生是一个学习的过程，因此提出"学无止境"的校训。基于此校训，梅西大学提供从幼儿教育到博士的全方位的课程和训练，认为课程的设计不应该是一个传统的"概念上的构架"，而应是潜在知识的培育，提倡对未知世界的探索。

梅西大学，最初建立于1927年，前身是梅西农业学院。之所以取名为梅西（MASSEY），是为了纪念该大学毕业生、积极发展农业的新西兰前总理威廉姆·弗格森·梅西。最开始，学院只提供很少的几个关于农业的学士和硕士学位的课程，在第二次世界大战以后，开始提供园艺的课程。第一年的学生，只有可怜的84个人，谁会想到现在梅西大学学生会超过40 000呢，换一句话说，每100个新西兰人中，就有一个是梅西大学的在读学生。到了1956年，学生人数已经能够长期稳定在600人左右。在接下来的20年中，也就是70年代到80年代，是梅西大学历史上发展最快的阶段，学校的学术、教育、行政机构基本上是在这20年中发展起来的。特别是在1963年，梅西大学基本上完成了从农业学院到综合性大学的过渡，不过当时各个学院的管理比较混乱，也比较分散。当时梅西大学具有农业和农艺学院、科技学院、兽医学院、自然科学院、人文和社会科学院这5大学院。又过了7年的时间，也就是1970年，新西兰最大、最著名的梅西大学商学院成立了。不久，现在的五大学院之一的教育学院也诞生在梅西的校园。至此，梅西大学完成了从农业学院到一个国际性综合大学的转变，并且成为世界上第一个提供完全的校外教学模式的课程。此课程，带来的不仅仅是学习上的便利，而是一场教育界的革命。众所周知，新西兰人是世界上最不爱学习的国民之一，而校外教学模式的课程则给他们提供了一个比较"懒惰"的学习环境，为新西兰的教育事业和全民素质的培养做出了卓越而富有成效的贡献。80年代过后，学术机构的发展成为梅西大学的主要任务。梅西大学开始大力发展学术研究机构，招聘知名学者教授，以及兴建科研场所。1993年，梅西大学的第二校园在新西兰最大的城市奥克兰建立了。当时有人开玩笑地说，梅西大学开始和奥克兰大学抢地盘了。80年代，梅西大学建立起了自己的飞行学院。世界上培训民航飞行员的三大摇篮之一就是梅西大学，新加坡航空公司的总飞行师是1982年第一批从梅西大学飞行学院毕业的。之后每两年新加坡航空公司都会送学员到梅西大学飞行学院培训，一直到2000年新加坡航空公司建立了自己的飞行训练基地为止。泰国航空公司、马来西亚航空公司、新西兰航空公司、中国东方航空公司、厦门航空公司、上海航空公司、云南航空公司，先后都将养成飞行训练阶段放在梅西大学飞行学院。2001年，梅西大学飞行学院又在原有基础上扩大成了梅西大学航空学院，开设了航空管理、飞机维修等专业。飞行技术又增加了直升机驾驶。1999年，梅西大学吞并了惠灵顿工艺学院，建立了梅西大学惠灵顿校区，并且创立了新的纯艺术学院，提供美术、设计、音乐等课程，设计学院主楼被联合国教科文组织评为新西兰十大遗产建筑。

历届世界大学生运动会的火种都是在梅西大学采集的，如同圣城雅典是奥林匹克之火的采集地一样，梅西大学是世界大学生运动会的圣火采集地，包括2001年在北京举行的大学生运动会。

● **师资力量**

梅西大学下辖5所学院，分别是商学院、科学院、艺术学院、教育学院以及人文与社会科学学院。2008年在新西兰最新大学排名中名列第3。校园分布在惠灵顿、奥克兰和北帕城市。学校有不断发展和创新的传统，所从事的科研项目每年以15%的速度增长。学校的硕士和博士生教育实力雄厚，每年培养出的博士生数量居全国之首。建校70多年以来，梅西大学现以其卓越的国际化教育和研究跻身于世界著名的大学之列。由于学校教学注重实际，与工商企业和社会各界联系紧密，因此课程的设置灵活实用，研究气氛活跃。

● 今日的梅西大学

梅西大学是新西兰科研成果最多的大学，同时也是新西兰把科研学术成果转化为生产力最多的大学。梅西大学具有新西兰最大的商学院，同时也是世界上第一所建立以大学为基础的橄榄球训练学校（国家橄榄球队全黑队的体育科学研究都是在梅西大学）。梅西大学诞生了世界上第一个生物工艺学家（1965年）。梅西大学是世界上第二个建立和拥有食品工程系的大学，是新西兰唯一提供遗传学本科学位的大学。梅西大学是世界上唯一一所在校园内建造毛利会堂的大学，也是新西兰唯一一所提供毛利视觉艺术学位的大学，还是新西兰唯一一所提供3年全毛利语教学的大学。梅西大学是世界上第一个提供真正远距离教学的大学，采用邮寄和e-mail的方式。梅西大学是新西兰唯一一所拥有航空学院的大学并拥有自己的训练机场，也是新西兰唯一一所提供兽医本科学位的大学，还是新西兰第一个由女性担当校长的大学，并且是新西兰唯一一所研制卫星的大学，更是新西兰拥有世界级实验室最多的大学。

北美大陆历史最悠久的大学
多伦多大学

校训：像大树一样茁壮成长。

多伦多大学，简称多大，位于加拿大安大略省多伦多市，是加拿大规模最大且最有影响力的公立大学。

● 历史上的多伦多大学

多伦多大学始建于1827年，是北美大陆最古老的大学之一，也是世界最重要的研究性大学之一。它坐落于世界上最适合人类居住的城市——多伦多。于1967年正式启用。1827年，约翰获得了成立国王的学院的皇家特许。这一学院便是后来多伦多大学的前身。与加拿大其他历史悠久的名校多受教会控制一样，早期的多伦多大学也是由英格兰教会控制的。经过100多年的发展，如今的加拿大多伦多大学的地位已经是"如果我称第二，无人敢称第一"了。大学的专业从航天技术到动物园学无所不包，而且样样堪称一流。荣获诺贝尔奖的教授人数也是加拿大最多的。

● 师资力量

多伦多大学建立于1827年，经过100多年的发展，到现在已有60 000多名学生，14个院系，30多个图书馆以及300个学士点、148个硕士点和95个博士点。由于其规模、声望以及影响力，多伦多大学吸引了世界各地及加拿大国内的顶尖学生。目前多伦多大学已连续多年排在加拿大大学的榜首，被公认为是加拿大综合实力数一数二的优秀大学。世界排名前20位。有45名毕业生获得"鲁德斯奖学金"，这是所有加拿大大学中获这一奖项最多的。多伦多大学是加拿大最古老、最大的大学之一，其师资力量雄厚，科研一直是多伦多大学发展的重点，学校拥有13亿的捐款资金，正努力成为全球十大最著名的公共研究大学之一。

多伦多大学共有3个校区，其中最大的是位于多伦多市中心的圣·乔治校区，也是多伦多大学的主校区。因此，通常所称的"多伦多大学"往往指的是多伦多大学的圣·乔治校区。另外两个校区则是分别位于多伦多市中心外的士嘉堡校区，以及位于密西沙加的密西沙加校区。多伦多大学是世界学术重镇之一，也是加拿大高等教育的翘楚，每年教授获得全国性的奖项就占了全加拿大的1/4。

作为多伦多大学主校区的圣·乔治校区由7个学院组成，这7个学院中，每个学院都有自己不同的历史、特色和资源。例如，Victoria College学院作为多伦多大学中最富有的学院之一，通常会提供更多的奖学金和相关设施。Innis College学院是以著名校友Innis的名字命名而建立于1960年的一个较新的学院，它以其优秀而富有学术精神的学生而出名。多伦多大学值得一提还有它首屈一指的图书馆，馆藏量约1 500万，共有67座图书馆和资源中心，在全北美仅次于美国常春藤的哈佛大学和耶鲁大学，多伦多大学报社是加拿大同行业的翘楚，也是北美最重要的学术出版社之一。中国人民熟悉的白求恩大夫就毕业于多伦多大学。

大学设本科学士学位300个，硕士学位148个，博士研究生学位95个。其中以统计学、经济贸易、商科、生物、财会、计算机科学、建筑学、工程学、心理学、法学、教育学、医学等尤为杰出。

● 今日的多伦多大学

现在，多伦多大学已连续4年位居全加拿大科研型大学榜首，在世界也享有很高的威望。多伦多大学现在有55 000多学生，研究生占1/10。大学开设的专业类别有应用科学及工程、建筑、基础医学、经贸、教育、人文科学、风景园林、生命科学、数理、机械、音乐、社会科学等。招生要求有高中以上的学历，对本国学生要求有中学成绩记录和正规的毕业会考分数，对外国学生来说则要求GRE、TOFEL、GMAT、密执安英语考试或IELTS的考试分数。

多伦多大学现拥有大型的图书馆（馆藏居全国第5位），设施完备的学生宿舍，庞大的计算机终端系统和国际学生学习交流中心。

"加拿大的麻省理工"
麦克马斯特大学

校训：世间万物在上帝的怀抱中和谐如一。

● 历史上的麦克马斯特大学

麦克马斯特大学建立于1887年，由加拿大当时最成功的企业家之一的威廉·麦克马斯特出资兴建故以其命名。大学从1890年开始提供学位。大学最早设在多伦多市的，后来迁至哈密尔顿。作为加拿大中型规模的大学，麦克马斯特大学以其独特的创新性和求实理念而成为加拿大最著名的大学。其革新性的教学、具有国际竞争性的奖学金和研究成果人所共知。

● 师资力量

麦克马斯特大学的研究经费十分充足，麦克马斯特大学工程院任何一个系拿出来都能够在北美排到前十名，号称"加拿大的麻省理工"，即使与美国常春藤名校相比也毫不逊色。麦克马斯特大学还拥有全球大学中唯一的一座核反应堆、著名哲学家罗素的档案馆以及藏有众多著名艺术大师作品的世界级艺术馆和各种现代化的语音教室、音乐排练厅、画廊、研讨室和国家级健身中心等。校内图书馆是研究型图书馆协会会员之一,藏书过万册,订有14 000种期刊,同时该馆藏有大量18世纪文献。

麦克马斯特大学是一所研究型大学,之所以称之为研究型,就是因为它的规模虽不是全国最大的,但却拥有全加拿大大学中最高的博士生比例。全校1 000位教学员工绝大多数有博士学位,他们既教本科生又教研究生,这使得所有学生的学术研究都能得到详尽而高水准的指导。许多在麦克马斯特大学就读的学生深切地感受到教师对他们十分周到的指导使他们获益不少。

麦克马斯特大学下设6个院系,分别是商学院、理学院、人文学院、社会科学系、工程学院及护理系,共授予160个专业的学士学位、70个专业的硕士学位和28个项目的博士学位,均提供全方位的顶尖的教学及科研服务。因为汉密尔顿为工业重镇,为麦克马斯特大学孕育了培养工程学生的土壤。

在加拿大一流大学评比中,麦克马斯特大学连年被誉为最富有创造力与革新精神的学府。这一荣誉来自其雄厚的师资力量中有1994年诺贝尔物理学奖获得者,优秀毕业生中有荣获1997年诺贝尔经济学奖的著名学者等。麦克马斯特大学已成为加拿大最受尊敬的智能中心,在世界上享有令人瞩目的学术地位。

● 今日的麦克马斯特大学

麦克马斯特大学在能源、材料、制造、机械等传统工业方面的研究能力首屈一指,在数字通讯和电脑硬件等高科技领域也堪称一流。比较著名的研究成果包括美国第一架航天飞机哥伦比亚号表面的抗热贴片等。

另外值得一提的是,麦克马斯特大学还是加拿大唯一一个拥有核反应堆的大学。这个核反应堆在1959年投入使用,是英联邦里第一个建立在大学校园里的核反应堆。麦克马斯特大学工程物理系还有一个著名的核工程研究项目。这个研究项目是由工程物理系、机械工程系、物理及航空系的专家教授所负责的。它和加拿大原子能机构、美国洛斯阿拉莫斯国家实验室、安大略省电力总公司、三菱重工业公司等著名机构携手合作从事核反应物理学、核反应仪器、熔解技术等领域的研究。

麦克马斯特大学作为加拿大的顶尖级学府之一，因其古老的学术积淀和高质量的教育水平而闻名于世。麦克马斯特大学商学院开设的MBA专业继承了麦大的优良传统，在北美工商界口碑极佳。据伦敦金融时报统计，麦克马斯特大学商学院常年居于世界百强MBA院校之列，在加拿大更令其他学校难以比肩，其毕业生平均年薪70 000余美元，3—5年后增幅达150%，无论在职位和业绩成就上都令业界瞩目。

麦克马斯特大学近年发展势头强劲，在加拿大一流博士级大学排名中已名列第4位。它的商学院在2002年全球排行榜中列入了世界100强的名单中，它的医学在全加拿大乃至在北美也名列前茅。这些都使得麦克马斯特大学在麦克琳杂志的"未来大学领袖""最有创造力的大学""最佳教学质量"和"最佳声誉"等几项排名中都名列前茅。

全球最多亿万富豪就读的大学
哈佛大学

哈佛的校训的原文翻译为：与柏拉图为友，与亚里士多德为友，更要与真理为友。

哈佛图书馆墙上的训言：

训言1　此刻打盹，你将做梦；而此刻学习，你将圆梦。

训言2　我荒废的今日，正是昨天殒身之人祈求的明日。

训言3　觉得为时已晚的时候，恰恰是最早的时候。

训言4　勿将今日之事拖到明日。

训言5　学习时的痛苦是暂时的，未学到的痛苦是终生的。

训言6　学习这件事，不是缺乏时间，而是缺乏努力。

训言7　幸福或许不排名次，但成功必排名次。

训言8　学习并不是人生的全部。但既然连人生的一部分——学习也无法征服，还能做什么呢？

训言9　请享受无法回避的痛苦。

训言10　只有比别人更早、更勤奋地努力，才能尝到成功的滋味。

训言11　谁也不能随随便便地成功，它来自彻底的自我管理和毅力。

训言12　时间在流逝。

训言13　现在流的口水，将成为明天的眼泪。

训言14　狗一样地学，绅士一样地玩。

训言15　今天不走，明天要跑。

训言16　投资未来的人是忠于现实的人。

训言17　受教育程度代表收入。

训言18　一天过完，不会再来。

训言19　即使现在，对手也在不停地翻动书页。

训言20　没有艰辛，便无所获。

它与世界上第一条地下铁、第一条电话线生活在同一个城市！美国独立战争以来几乎所有的革命先驱都出自它的门下，它被誉为美国政府的思想库。先后诞生了8位美国总统，40位诺贝尔奖得主和30位普利策奖得主。它的一举一动决定着美国的社会发展和经济的走向，商学院案例教学盛名远播。培养了微软、IBM一个个商业奇迹的缔造者。沟通中美两国关系的基辛格博士，为中国近代人文和自然学科奠定基础的林语堂、竺可桢、梁实秋、梁思成，一个个响亮的名字，都和这所世界最著名的高等学府息息相关。

● 历史上的哈佛大学

哈佛大学是美国最著名的高等学府之一，这所位于马萨诸塞州坎布里奇镇的私人学府于1636年9月8日创立，原名是坎布里奇学院，为纪念清教牧师约翰·哈佛的慷慨捐赠，于1639年3月13日更名为哈佛学院。此后众多对世界产生重大影响的人士都来自哈佛大学。哈佛大学有10所研究院，其中以商学院和法学院最为闻名。今天哈佛大学无论是在美国还是全世界都有重要影响力，也是竞争最激烈的大学之一。

哈佛大学最初的校名是"剑桥学院"，1639年改名为哈佛学院，目的是纪念办学经费的主要捐献者——毕业于英国剑桥大学伊曼纽尔学院的约翰·哈佛。他因肺病去世，临死前，将自己的全部图书（约400本）和一半财产（约780英镑）捐献给了学院。当时这是学院成立以来得到的最大一笔捐款。1780年哈佛学院升格为哈佛大学,此名沿用至今。

哈佛大学360多年的历史,是一部发展与变革互相推进的历史。创建后一个半世纪的哈佛学院,一直是以英国的牛津大学、剑桥大学两所大学为模式,以培养牧师、律师和官员为目标,注重人文学科,学生不能自由选择课程。19世纪初,高等教育课程改革的号角在哈佛吹响了,崇尚"学术自由"和"讲学自由"。"固定的学年"和"固定的课"的老框架受到冲击,自由选修课程的制度逐渐兴起。

● 师资力量

哈佛的资源是所有商学院无法比拟的。整个校区占地约16.2万平方米,主楼有33层,包括一流的教室、会议室、贝克图书馆等。整个校区有非常先进的IT系统,并且不断引进最新技术。最后,哈佛的财力是所有商学院中最为雄厚的,为哈佛大学的持续创新提供了资金保障。

哈佛大学的图书馆藏书数量超过15 000 000册,是世界第4大"百万图书馆"(前三名分别是国会图书馆、大英图书馆和法国国家图书馆,纽约公共图书馆排名在第5);哈佛大学在所有的研究机构中接受的捐赠是最多的,在2006年达到200 000 000(是仅次于盖茨·梅琳达基金会的最大的捐赠基金)。

哈佛大学有许多影响重大的科学成果,如100多年前外科麻醉手术;40年代发现的核磁共振,现已广泛用于化学和医学研究;50年代首创了器官移植的新方法,并成功地进行了第一次人体肾脏移植;60年代提出有机合成化学的理论和技巧,并首次人工合成了维生素B_{12};90年代发明新的太阳能转化电能材料以及2000年合成了一种十分有效的抗癌药等。

哈佛图书馆是美国年代最悠久的图书馆,它建于1638年,也是世界上规模最大的图书馆之一,存有19 000 000万册图书,其中包括微型胶卷、地图、图片、数据和其他资料。图书馆主要部分是哈佛学院图书馆,它包括11个主要分馆。

在哈佛的图书馆中,知名的哈佛燕京图书馆是美国学术界东亚研究的重镇,同时也是西方所有东亚研究中心中最大的大学图书馆。设立于1928年,但自哈佛大学于1879年开始开设中文课程后,就开始收集与中国相关的图书。与日本相关的书籍是于1914年加入馆藏的。

哈佛博物馆也是哈佛大学的一个重要组成部分。它包括艺术博物馆、自然历史博物馆、考古及人类文化博物馆等。

哈佛艺术博物馆是世界上最大的大学艺术博物馆之一。它收藏有15万份艺术珍品，从古到今，从欧洲、北美、北非、中东到东南亚，范围极广。艺术博物馆分三座。佛格博物馆主要收集的是西方绘画、雕刻、素描、照片和印刷品。既有意大利文艺复兴时期的艺术珍品，也有法国印象派作品。莱辛格博物馆向人们展示中欧、北欧的艺术，其收藏品主要来自德语国家。萨克勒博物馆主要收集古代亚洲和宗教艺术品。其中有中国的玉器、青铜器、陶器、古画、佛教雕塑、朝鲜陶瓷、日本浮世绘、印度绘画、阿拉伯书法、波斯地毯、希腊和罗马雕塑等。

哈佛大学自然历史博物馆包括植物博物馆、比较动物学博物馆以及矿物和地质博物馆。植物博物馆收藏了大量珍贵的经济植物和药用植物标本、照片、人工制品和考古资料。其中植物玻璃模型当数最稀有的收藏品。该馆共有这类模型3 000多个，涵盖840多种植物。模型精致完美，在世界上独树一帜。哈佛考古和人类文化博物馆是世界上最早的人类学博物馆，收集了最广泛的西半球人类文化历史的记载。这些博物馆与哈佛大学的科学研究交相辉映，异彩纷呈。

● 今日的哈佛大学

如今，哈佛大学已发展为拥有10个研究生院、40多个系科、100多个专业的大型院校。正式注册有19 000名学生，以研究生为主，也包括本科生。另外还有13 000名非学位学生在其扩展学院学习一门或多门课程。在哈佛大学工作的教职员工超过14 000人，包括超过2 000名的教授和讲师，还有7 000多名教员在所属的各个教学医院工作。多年来，哈佛大学除了培养了大量的美国学生外，还接纳了来自世界各国的大批留学生和访问学者。

在世界各大报刊以及研究机构提供的排行榜上，哈佛大学的排名经常是世界第1。该大学在世界品牌实验室编制的2008年度《世界品牌500强》排行榜中名列第1。例如在久负盛名的《美国新闻周刊》排名上，哈佛常年排名首位。在2007年万维网的世界大学排名里，哈佛大学排名世界第2（仅次于麻省理工学院）。美国Princeton Review在2006年把哈佛大学在全美"最难申请上的大学"里排名第4。今天哈佛大学无论是在美国还是全世界都有着重要的影响力，也是竞争最激烈的大学之一。

● 大学名人堂

到目前为止，哈佛大学共出过8位美国总统，34名诺贝尔奖奖金获得者和32名普利策奖获得者。

哈佛大学的毕业生中的8位美国总统分别是约翰·亚当斯、约翰·昆西·亚当斯、拉瑟福德·海斯、西奥多·罗斯福、富兰克林·罗斯福（连任四届）、约翰·肯尼迪、乔治·沃克·布什，一位现任美国总统贝拉克·侯赛因·奥巴马。

此外，哈佛大学还培养出了一大批知名的学术创始人、世界级的学术带头人、文学家、思想家，如诺伯特·德纳、拉尔夫·爱默生、亨利·梭罗、亨利·詹姆斯、查尔斯·皮尔士、罗伯特·弗罗斯特、威廉·詹姆斯、杰罗姆·布鲁纳、乔治·梅奥等。著名外交家、美国前国务卿亨利·基辛格也出自哈佛。我国近代，也有许多科学家、作家和学者曾就读于哈佛大学，如胡刚复、竺可桢、杨杏佛、赵元任、陈寅恪、林语堂、梁实秋、梁思成、江泽涵、李禾禾等。

"美国西岸的哈佛大学"
斯坦福大学

校训：愿学术自由之风劲吹。

● 历史上的斯坦福大学

斯坦福大学始建于1885年。当时的加州铁路大王、曾担任加州州长的老利兰·斯坦福为纪念他在意大利游历时染病而死的儿子，决定捐钱在帕洛·阿尔托成立斯坦福大学，并把自己8 180英亩用来培训优种赛马的农场拿出来作为学校的校园。他的这一决定为以后的加州及美国带来了无尽的财富，尽管当时这里在美国人眼中还是荒凉闭塞的边远西部。直到现在，人们还称斯坦福为"农场"。因此，在斯坦福大学，自行车是学生们必备的交通工具。

60年代，当加州大学伯克利分校在学术和学生运动上双双远近驰名之际，斯坦福大学却还"默默无闻"。但今天，斯坦福大学已经被视作"西岸的哈佛大学"了。

斯坦福的腾飞，是70年代之后的事，恐怕我们还得归功于斯坦福的"大"。8 000多英亩的面积，学校想怎么样用也用不完，于是1959年工学院院长特门提出了一个构想——这便是斯坦福大学的转折点：将1 000英亩以极低廉、只具象征性的地租，长期租给工商业界或毕业校友设立公司，再由他们与学校合作，提供各种研究项目和学生实习机会。斯坦福成为美国首家在校园内成立"工业园区"的大学。得益于拿出土地换来的巨大收获这个建议，斯坦福使自己置身于美国的前沿："工业园区"内企业一家接一家地开张，不久就超出斯坦福能提供的土地范围而向外发展扩张，形成美国加州科技尖端、精英云集的"硅谷"。斯坦福大学被科技集团与企业重重包围。随着美国西海岸"高科技带"的兴起，各个电脑公司，包括"世纪宠儿"微软公司纷纷在这一带安营扎寨，斯坦福大学的地位变得越来越重要。

如果说，哈佛大学与耶鲁大学代表着美国传统的人文精神，那么，斯坦福大学则是21世纪科技精神的象征。

● **师资力量**

斯坦福大学是一所四年制私立大学，被《美国新闻与世界报道》评为全美第5名明星级大学，全美学术排名第1。2002年《美国新闻》公布了最新的全美研究生院排行榜，工程学院和教育学院位居全美第2名，商科研究生院更是高居榜首，企业管理研究所和法律学院在美国数一数二，法学院在美国法学院排名中也一直位于前列。曾一度，美国最高法院的9个大法官，竟6个是从斯坦福大学的法学院毕业的。博士课程排名中，生物学位居榜首，计算机科学与卡内基梅隆大学、麻省理工学院、加州大学伯克利分校并列第1，地质学排名第3，数学与普林斯顿大学、加州大学伯克利分校并列第3，物理学与哈佛大学、普林斯顿大学、加州大学伯克利分校并列第3，应用数学排名第4，化学第5。其他名列前茅的课程还有英语、心理学、大众传播、生物化学、经济学和戏剧。据最近一份官方统计表明，斯坦福大学应届毕业生年平均收入高居全美大学之冠。1998年美国总统克林顿的独生女切尔西选择了斯坦福大学，成为该校的"新鲜人"。无疑,这也是斯坦福大学实力的又一证明了。

根据1995年的资料显示,斯坦福大学1 300多位教授中,有10位诺贝尔奖得主,5位普利策奖得主,142位美国艺术科学院院士,84位国家科学院院士和14位国家科学奖得主。并且有67位学生获得过"罗德奖学金"。

斯坦福大学设有30个图书馆,不仅藏书达650多万册,而且均为全电脑化管理。校内设有7 000多部电脑供学生使用,亦设有多个电脑室及电脑中心为学生提供服务。学生可利用网络与校内的师生联系。此外,校内的体育设施也很多,有能容纳85 000人的体育馆以及高尔夫球场和游泳池等,充分体现了校园面积大的好处。

● 今日的斯坦福大学

斯坦福大学商学院和哈佛大学商学院被认为是美国最好的商学院。这两所学院多次在美国权威杂志的商学院排名中并列第一。哈佛商学院提供比较传统的经营管理培训,培养的是"西装革履式"的大企业管理人才;而斯坦福商学院则更强调开创新科技、新企业的"小企业精神",培养的是"穿T-恤衫"的新一代小企业家。最近几年来,每年有5 000—6 000人申请进入斯坦福商学院,但是只有360个幸运者如愿以偿。从这个角度来说,斯坦福商学院是美国"身价"最高的商学院。之所以如此,最主要的原因是学校能够保证教学质量,保证学生的高素质和高标准。

说到斯坦福大学就必然会联系斯坦福研究园区和"硅谷"。斯坦福研究园区是由斯坦福大学副校长特曼教授于1951年创建的,是世界上第一个研究园区,特曼教授也因此被誉为"研究园区之父"。很多早期的帕洛·阿尔托的工程师都是斯坦福大学的毕业生。但1920年斯坦福大学还只是一所"乡村大学",到了1960年它便名列前茅,到1985年被评为全美大学的第1名。是斯坦福大学的崛起为硅谷微电子工业创造了条件。硅谷是世界最先进人才和最尖端技术的聚集地,在这里,共产生40多位诺贝尔奖获得者,有上千个科学院和工程院院士。硅谷的发展也尤为迅猛。

● 大学名人堂

就读于斯坦福大学的名人有美籍中国台湾人,1997年诺贝尔物理学奖获得者,现任美国能源部部长的朱棣文;美国第一位女宇航员莱德;

雅虎创办人之一,曾任雅虎CEO的美籍中国台湾人杨致远;中国台湾作家及节目主持人王文华;中国台湾法学家刘宏恩;美籍华人歌手费翔;Google创办人之一,俄裔美国人谢尔盖·布林;Google创办人之一的拉里·佩奇;香港汇贤智库的政策发展总监陈岳鹏;华人第一首富李嘉诚次子,香港著名商业、科技人士李泽楷;美国职业棒球大联盟知名球星,目前效力于纽约洋基队的麦克·穆西纳;运动员、《和平战士之路》一书作者丹·米尔曼;惠普公司创始人之一的威廉·休利特;远东国际军事法庭的中国法官梅汝璈;中国台湾数学家、微分几何学家黄蓝萱;中国台湾数学家、代数几何学家曾于容;惠普公司联合创始人之一比尔·休利特;惠普公司联合创始人之一的戴维·帕卡德;Google公司搜索产品和用户体验部门的副总裁梅里莎·梅尔。

全美最好的州立大学
加州大学伯克利分校

校训:让这里光芒闪耀。

加州大学伯克利分校,是加州最好的州立大学,也可称得上是全美最好的州立大学,1997年全美公立大学排名,它独占鳌头,列全美第1名。毕业于研究生院的学生中,成为诺贝尔奖得主和其他方面名人的都比其他大学毕业生多。学校教授里有16个诺贝尔奖得主,有的老师是克林顿政府的首席经济顾问。

● 历史上的加州大学伯克利分校

加州大学是美国一所著名的大学,也是世界巨型名牌大学之一。加州大学起源于1853年建立在奥克兰的私立加利福尼亚学院。1866年加州议会常设委员会根据林肯总统签署的《莫里尔土地赠予法案》决定建立一所"农业、矿业和机械工艺学院",但苦于没有合适的校园,而当时的私立加利福尼亚学院正缺乏办学资金。后来人们就想到了将两者合而为一，创办一所综合性大学。1868年加州州长签署法案在私立加利福尼亚学院的旧址上创办加利福尼亚大学，一所现在拥有10个分校并对加州发展影响深远的巨型大学就这样诞生了。5年后学校迁至4英里外的新校区，当时为了纪念一位远涉重洋来到北美传播宗教和文化的先哲乔治·伯克利，新校园所在的城区被命名为"伯克利"。随着伯克利加州大学的崛起和声名远扬，这座名为"伯克利"的城市也蜚声世界。加州经济和人口的发展，仅在伯克利地区的一所加州大学已经难以满足社会日益增长的需要，同时加州辽阔的地理和城市分布也决定了加州大学不能局限于在伯克利地区办学。因此，加州大学后来又在不同地区设立了9个分校，这样最终就形成了以伯克利分校为首的巨型大学系统——加州大学系统。

伯克利加州大学是加州大学总校所在地。他不仅是9个分校中校史最长的一个，而且其教学质量、科研成就、师资力量、硬件设备和学生质量也是9个"兄弟"中最棒的。可以说，伯克利分校在整个加州大学系统中独占鳌头，傲视群雄。

加州大学伯克利分校是美国最激进的两个学校之一（另一个是哥伦比亚大学）。60年代嬉皮文化、反越战运动、东方神秘主义文化、回归自然文化等都起源于这里。当年伯克利的代言人便是诗人艾伦·金斯堡。最近这十几年是高科技的天下，伯克利又开始缔造新的神话，因为身在硅谷边缘，近年来学校毕业生中出现了许多新型的亿万富翁。从该校工程系毕业的英特尔公司总裁安德鲁可以说是伯克利新的代言人。

● 师资力量

加州大学伯克利分校拥有阵容强大的教师队伍。在千余名教授中，获得各类学术荣誉者的数不胜数。该校现任教授中有8人摘取过诺贝尔奖桂冠，有112人是美国国家科学院院士，68人是国家工程院院士。雄厚的师资为伯克利分校的教学质量和科研发展奠定了坚实的基础，同时也为学校吸引了更多的优秀学生，提高了学校声望，进而为学校吸引了大量的科研资金。伯克利分校设有许多重要的研究机构，其中有美国能源开发署的3个世界闻名的大型研究中心：劳伦斯伯克利实验研究中心、劳伦斯弗莫尔实验室、阿拉莫斯科学实验室。其中，劳伦斯伯克利实验研究中心是享誉世界的物理学研究中心，该中心规模庞大，拥有实验建筑群54个。自1929年开展研究工作以来，该中心发明了三种类型的加速器——螺旋加速器、直线加速器和同步加速器，吸引着一大批世界著名的科学家和遍及美国各州的博士后研究人员前去进行科学研究。这个研究中心先后有8人获得诺贝尔奖，其中创始人劳伦斯因发明螺旋加速器和研究人造放射性于1939年荣获诺贝尔奖。另外，绝大部分不稳定基本粒子和全部已知的14种超铀元素都是在这里发现的。研究中心还第一个解决了光能合成的基本步骤，是核医学领域的开拓者。这里现已成为核科学和生物、医学、重离子方面的国际研究中心。伯克利分校1943年创建的阿拉莫斯科学实验室，是美国研制核武器的重要基地。它对美国第一颗原子弹和第一颗氢弹的研制做出了重要贡献。著名物理学家、美国原子弹之父罗格斯·奥本海默就是这个实验室的杰出科学家。伯克利分校正是以其显赫的研究成果和拥有大批优秀的科学家而闻名于世。

● 今日的加州大学伯克利分校

杰出的"掌门人"拿破仑曾有一句名言：一头狮子率领的一群绵羊可以打败一只绵羊率领的一群狮子。一所大学是否成功往往与校长的管理能力和战略眼光息息相关。伯克利加州大学在其发展历史上非常幸运地拥有了有远见、有魄力、有作为的领头人。伯克利加州大学这颗新星之所以这么迅速地在西海岸升起，他的历代"掌门人"可以说功不可没。而且伯克利除了幸运之处还在于他不是只拥有一两个优秀的校长，他的历任校长都是声名卓著、才能突出的领导人。这也并非偶然现象，这和加州大学评议会十分重视校长的聘请不无关系。吉尔曼、惠勒、斯普劳尔、克拉克·克尔、田长霖这些功勋卓著的校长们无不在加州大学的发展史上写下了浓墨重彩的一笔。

克拉克·克尔被美国教育界推崇为"最具教育行政领导才能"的前伯克利分校校长。这位被其后任称为"美国教育界的巨人之一"的校长，不仅建立了一个现代化的加州大学，而且改造了美国的高等教育，使它从面向精英转为面向大众。克尔1952年出任伯克利分校校长，历时6年。在任期内，克尔校长努力争取分校校长的行政自主权，在学术规划上，他努力把大型的项目分割为小型项目，并由个人承担责任。在他的任期内学术自由的思想得到大力维护，教师数量不断增加，学校建设得到长足的发展。1958年克尔出任加州大学校长，他的施政特点是"分权主义"和"简政"，他尽量给予分校以行政自治的权利，从而使得各个校园都得到了发展。在他的任期内由于苏联人造地球卫星上天事件震动了美国朝野各界，联邦政府和州政府成倍增加教育投资，美国高等教育得到了空前规模地拓展。克尔抓住这个有利时机，把发展加州大学系统和聘请优秀教师列为当务之急和重中之重。他提出："我们来搞新的大学。"有人说，克尔对高等教育的贡献如同福特对汽车工业的贡献。克尔任加州大学校长的年代，伯克利分校首次被评为美国最好的大学。克尔为全美树立了多元化巨型大学的榜样，并使"多元化""高质量""普及""规划"成为美国高等教育的统一纲领。在60年代的学潮中，克尔坚守岗位，坚持以静治乱以及他一如既往对青年学生怀抱热情的期望赢得了人们的尊重。伯克利分校在其校史上能遇到这样一位能力非凡、德才兼备的校长，实为一件幸事。

"世界理工大学之最"的麻省理工学院

校训：既学会动脑，也学会动手，即理论与实践并重。

麻省理工学院（MIT）是美国一所综合性私立大学，有"世界理工大学之最"的美誉。位于马萨诸塞州的波士顿查尔斯河将其与波士顿的后湾分开。今天的麻省理工学院无论是在美国还是全世界都有非常重要的影响力，培养了众多对世界产生重大影响的人士，是全球高科技和高等研究的先驱领导大学，也是世界理工科精英的所在地。麻省理工是当今世界上最负盛名的理工科大学，也是《纽约时报》笔下"全美最有声望的学校"。

麻省理工学院在理工科方面，已经连续14年占据了全美第一的宝座，足见其在这方面的领先地位。学院创建之初，只有15名学生。经过140多年的发展，现已有学生近万名，并且已被世界公认为与牛津、剑桥、哈佛等老牌大学齐名的以理工科为主的综合性的世界一流大学。

● 历史上的麻省理工学院

麻省理工学院于1861年由一位著名的自然科学家威廉·巴顿·罗杰斯创立的。他希望能够创建一个自由的学院来适应正快速发展的美国。由于南北战争的原因，直到1865年麻省理工学院才迎来了第一批学生。随后其在自然及工程领域迅速发展。在大萧条时期，麻省理工学院曾一度被认为会同哈佛大学合并，但在该校学生的抗议之下，被迫取消了这一计划。1916年麻省理工学院从波士顿迁往剑桥。

在名称方面，麻省理工学院 MIT–Massachusetts Institute of Technology 依其学校的院系规模跟学术环境翻译成中文应该是"马萨诸塞理工大学"，但大部分说中文的人已经习惯用麻省理工（学院）这个称呼，就将错就错了。

近一个世纪来的发展，麻省理工学院已经发展成全世界极为重要的高科技知识殿堂及研发基地。由于二战和冷战的原因，美国政府在自然及工程科学上大量投资，使得麻省理工学院在这段时间内迅速发展；在过去的50多年里，麻省理工学院也为美国政府制造了许多威力极大的高科技武器。20世纪麻省理工学院最主要的成就是由杰·弗里斯特领导的旋风工程，其制造出了世界上第一台能够实时处理资料的机器"旋风"，并发明了磁芯存储器。这为个人电脑的发展做出了历史性的贡献。而在19世纪80年代，麻省理工学院大力帮助美国政府研发B–2幽灵隐形战略轰炸机，并使其显示出先进的"精确饱和攻击"能力。麻省理工学院亦赢得"战争学府"之美誉。

● 师资力量

任何研究都需要充足的经费做后盾，幸运的是麻省理工通过多年积累的名声，每年都能收到一笔让人羡慕的赞助经费。单在2002年，各项赞助经费就达到了4.5亿美元。以上的一切不难解释为什么麻省理工能常年在理工科排名中独占鳌头，并拥有最多的专利权。

学校共有近1 000位教授，1：10的低师生比例确保了这么多优秀学生都能得到一流的指导。学校聘请的教授都是各自领域的佼佼者，11位在职教授还曾被授予过诺贝尔奖。在麻省理工的历史上，共有55位校友和教授曾获此殊荣，其中就有在2001年获得和平奖的前任联合国秘书长安南，1994年获得经济学奖的约翰·纳什。也许看过几年前那部好莱坞大片"A Beautiful Mind"的观众还能记得纳什就是那位发表对策论的传奇教授。

麻省理工学院的图书馆资源丰富，藏书量高达500万册，而图书馆包罗万象，工程、管理、建筑设计、科学等的书籍应有尽有，十分适合学生研究时查阅。麻省理工学院于2002年实行了开放式课程网页并公布了500门课程（到2006年底，已开放2 000门课程），以期建立全球统一的知识库，让世界各地的使用者，可以透过网际网络了解各项专业知识，以获得宝贵的资讯，此项计划获得世界各地学者的高度赞扬。麻省理工学院并不以营利为目的，非常清楚告知使用者，可自由运用相关资源，但不可用来从事商业交易或是纳为自有财产，因为这些网络知识是共享的。

● 今日的麻省理工学院

至2007年，先后有78位诺贝尔奖得主曾在麻省理工学院学习或工作过。经过麻省理工学院几代人坚持不懈地努力奋斗，时至今日，但凡有人提起"世界理工大学之最"，人人皆推麻省理工学院。麻省理工学院的名字蜚声海外，成为世界各地莘莘学子心向神往的科学圣殿。麻省理工学院的自然及工程科学在世界上享有极佳的盛誉，其管理学、经济学、哲学、政治学、语言学也同样优秀。另外，麻省理工有美国最高机密的林肯实验室、领先世界一流的计算机科学及人工智能实验室和世界尖端的媒体实验室，并培养了许多全球顶尖首席执行官。斯隆管理学院也都是麻省理工赫赫有名的宝贵资产。

在2007年万维网的世界大学排名里，享有"科技宠儿摇篮"美誉的麻省理工以压倒性的胜利排名世界第1。泰晤士报教育增刊的世界大学排名，麻省理工学院总平均排名为世界第2（仅次于哈佛大学），在科学技术方面排名世界第1，在工程科学方面排名世界第2，在自然科学方面排名世界第5，在社会科学方面排名世界第7。美国国家研究协会把麻省理工学院在美国大学的知名度排第1。美国Princeton Review在2006把麻省理工学院命名为全美最难进的大学。至2006年，麻省理工学院已连续14年在美国大学理工学院排名第1。麻省理工学院在2006年Washington Monthly期刊里被评为美国最有贡献的大学。

● 大学名人堂

诺贝尔奖得主（以下只列出大约麻省理工1/4的得主）

1977年获得麻省理工学院经济博士学位的保罗·克鲁格曼（获得2008年诺贝尔经济学奖）；1983年获得麻省理工学院生物硕士学位的郝慰民（获得2007年诺贝尔和平奖）；前麻省理工学院经济学教授的埃克里·马斯金（获得2007年诺贝尔经济学奖）；1966年获得麻省理工学院双学士学位（数学和物理），并于1970年获得麻省理工学院物理博士学位的乔治·斯穆特（获得2006年诺贝尔物理学奖）；1983年获得麻省理工学院生物博士学位的安德鲁·法厄（获得2006年诺贝尔生理学及医学奖）；现任麻省理工学院化学系正教授的理查德·施罗克（获得2005年诺贝尔化学奖）；1955年获得麻省理工学院纯数学博士学位的罗伯特·约翰·奥曼（获得2005年诺贝尔经济学奖）；现任麻省理工学院物理系正教授的弗朗克·韦尔切克（获得2004年诺贝尔物理学奖）；前麻省理工学院经济学教授的罗伯特·恩格尔（获得2003年诺贝尔经济学奖）；1968年获得麻省理工学院生物硕士学位，现任麻省理工学院生物系正教授的罗伯·霍维兹（获得2002年诺贝尔生理学及医学奖）；联合国秘书长（1997—2006），1972年获得麻省理工学院管理学院硕士学位的科菲·安南（获得了2001年诺贝尔和平奖）；现任麻省理工学院物理系正教授的沃夫冈·凯特利（获得2001年诺贝尔物理学奖）；前麻省理工学院化学系正教授的百瑞·夏普雷斯（获得2001年诺贝尔化学奖）；前麻省理工学院研究人员（1968—1982年）的崔琦（获得1998年诺贝尔物理学奖）；前麻省理工学院数学系教授的约翰·福布斯·纳什（获得1994年诺贝尔经济学奖）；现任麻省理工学院物理系正教授的丁肇中（获得1976年诺贝尔物理学奖）；1939年获得麻省理工学院物理学士学位的理察·费曼（获得1965年诺贝尔物理学奖）等。

此外还有，哈佛大学的第27任校长、1975年获得麻省理工经济学博士学位的劳伦斯·萨默斯；前麻省理工学院语言学教授诺姆·乔姆斯基。乔姆斯基的《生成语法》被认为是20世纪理论语言学研究上最伟大的贡献。第二名踏上月球的人、1962年获得麻省理工太空工程博士学位的巴兹·奥尔德林；现任美国联邦储备局主席、1979年获得麻省理工学院经济学博士学位的本·伯南克；中央情报局前局长、现任麻省理工学院化学系正教授的多伊奇；以色列前总理、1971年获得麻省理工学院建筑学学士、1973年获得麻省理工学院管理学院硕士学位的本雅明·内塔尼亚胡；万维网之父、1994年在麻省理工学院创立了万维网联盟的蒂姆·伯纳斯；前惠普公司首席执行官、1989年获得麻省理工学院管理学院硕士学位的李·卡莉·费奥丽娜；世界级建筑师、1940年获得麻省理工学院建筑学学士学位的贝聿铭；台湾集成电路制造公司董事长，1952年获省理工学院机械工程学士学位，1953年获省理工学院机械工程硕士学位的张忠谋；加州理工学院物理系迄今唯一女教授叶乃裳等。

崇尚真理的
加州理工学院

校训：真理使人自由。

加州理工学院创建于1891年，号称要招收全世界最好的天才学生，这所私立大学的宗旨是"为教育事业、政府及工业发展的需要，培养富有创造力的科学家和工程师"。

加州理工学院1997年在全美私立大学排名第9。它当之无愧的被誉为美国一流的科技理工类学院。学校治学严谨，提倡学生一进入学校就参加各项科研活动。学生多力立志献身科技事业，他们发奋读书、刻苦钻研。学校聘用的教授和讲师都是一流的科学家，很多是诺贝尔奖得主及其他科技奖得主。

● 历史上的加州理工学院

加州理工学院于1891年成立，属于私立大学。加州理工学院最早是由Throop先生在巴萨迪那市中心设立，取名Throop大学。虽有大学之名，实际上却只是一所工艺技术学校。不过，卑微的开始并没有阻碍它的发展。

在1907年，学校解散了商业、师资训练和中小学等课程，只留下理工学院，提供电机、机械和土木工程学士学位课程。于是更形成了该校"小而精、小而美"的特色。1920年，该校改名为"加州理工学院"并沿用至今。

20世纪90年代以来，加州理工学院就已经跃居美国一流大学前列。

这与该校始终遵循"学科不求过多，范围不求过宽，严格保证学生入学和学习质量"的办学方针分不开。"宁缺毋滥，精益求精"，以及扎扎实实"为教育事业、政府机构和企业发展培养急需的具有创新才能的科学家和工程师"，是加州理工学院的宗旨。

在美国著名大学中，加州理工学院还是一所比较年轻的学府。然而，就是这所年轻的学府却与斯坦福大学、加州大学比肩而立，共同撑起了与美国东部老牌学府互相呼应的西部学术大厦。

● 师资力量

虽然加州理工学院学校面积只是斯坦福大学的1/50，但却是一个人才云集的学校。迄今为止，该校有27名校友和教授获得了28次诺贝尔奖；40人获得国家科学奖章；9人获国家技术奖章。现任教授中有63名国家科学院院士，29名国家工程院院士，75名国家文理学院院士。

在加州理工，科学是唯一的主题。这里有美国大学中最现代化的实验室，有世界上最大的天文望远镜——盖克望远镜。许多著名的物理学家、化学家，都在加州理工学院有了震惊世界的发现。

加州理工的师资力量非常雄厚，所有的课程都由教授来教。加州理工最出名的系是物理系，其他的课程，如化学、生物、植物学、天文和地质学也非常引人注目。

许多著名的物理学家、化学家也在加州理工学院做出了震惊科学界的发现。爱因斯坦在这儿放弃了他的"宇宙不变论"，而认可了"宇宙扩展论"；物理学家卡尔·安德逊在这里发现了阳电子；性格外向、诙谐幽默的诺贝尔化学奖得主理查·费尔曼几十年如一日地在这里授课，成为学生们最崇拜的教授之一。

现在，这里还有诺贝尔化学奖获得者鲁道夫·马尔克斯、诺贝尔物理学奖获得者莫利·吉尔曼以及在1997年荣获诺贝尔生物学奖的艾德·路易斯。

● 今日的加州理工学院

加州理工学院是美国乃至全世界最"牛"的研究型大学之一，2004年在《美国新闻与世界报道》的"全美最佳综合大学"中名列第5位，并在多个工程学科分支中名列前茅。美国加州理工学院是精英学府的典范，自创始以来一直秉承"小而精"的办学理念。

加州理工学院有两个特点：一是人员数量少。学校现有本科生约900人，研究生1 100人，教师1 000人，包括博士后，其中教授280余人；二是机构设置简单，学校的院系设置不分校、院、系3级，而是直接分为6个系：生物系、化学及化学工程系、工程与应用科学系、地质学及行星学系、人类学和社会科学、物理数学和天文学系等。

加州理工学院的校园一点都不引人注目，不过占一个街区大小，周围是绿树掩映的居民区，不注意的话连墙上的校名都看不见，更无法想象里面是曾出现众多诺贝尔奖得主的卧虎藏龙之地。

美国精英的殿堂
普林斯顿大学

校训：它因上帝的力量而繁荣。

美国独立战争在这里赢得第一次胜利，爱因斯坦在这里度过了他生命中最后的22年时光，它记录了博弈论大师纳什波澜壮阔的人生经历。爬满常春藤的哥特式校园，永不停歇地讲述着美丽心灵的故事。它是美国政治家的摇篮，从这里走出了两位总统和44位美国州长。这里曾经出现过文学界姹紫嫣红的繁荣景象，当代最著名的大诗人艾略特在此冥想玄思，33位诺贝尔奖得主以及众多华人学术精英，在这里为人类文明注入了重量级的资本。

● 历史上的普林斯顿大学

由曙光长老会创立的普林斯顿大学原本是为培养长老而建立的。起初校址设在新泽西州伊丽莎白镇，校长为乔纳森·迪肯逊，原校名为新泽西学院（有人提出以当时的省长乔纳森·贝尔切命名，但被否决）。新泽西学院第二任校长是老阿伦·布尔，第三任是乔纳森·爱德华兹。1756年，新泽西学院迁到了普林斯顿。

普林斯顿神学院于1812年从普林斯顿大学分离，因为长老们希望能有更多的神学培训，而与教师和学生们希望的恰恰相反。此举减少了学生数量，也在一段时间内减少了来自外界的支持。大学和神学院目前由于共同的历史和共享的资源而有着非常愉快的合作。

普林斯顿大学在詹姆斯·麦考士1868年成为校长之后变得停滞不前。在他作为校长的20年间，课程被无谓地检查，科学课程的扩展被限制。麦考士还监督了一系列哥特复兴风格建筑的兴建。校园中的麦考士讲堂就是以麦考士的名字命名的。

1896年，为了表示对所在地的尊敬，新泽西学院正式改名为普林斯顿大学。同年，学院也进行了大规模的扩建，正式变为了一所大学。在伍德罗·威尔逊任校长在职期间，普林斯顿新增了一个讨论研究课程，叫作"preceptorial"。这个在当时是一个很特别的概念，这是以学生小组与教师讨论的方法替代了原有的大教室课程。

1930年，并不附属于普林斯顿大学的高等研究院在普林斯顿成立，也是全国第一所为学者研究提供住宿的学院。爱因斯坦是研究院第一批教授之一。可以说，整个20世纪就是一个全世界各地学者、研究员和企业从世界各地流入普林斯顿的过程。

1969年，普林斯顿大学开始录取女性本科学生。在1887年，普林斯顿其实已经在当地的Evelyn街和Nassau街开办了名为Evelyn女子学院的姐妹学校，大概在10年之后关闭。多年后，校方决定吸收女生，并致力于将学校办得对女性更加友好。在1969年4月，当普林斯顿发出录取通知书时，这些计划尚未完全实现。普林斯顿的5年男女同校计划拨款780万美元，计划在1974年吸收650名女生。最后，只有148名女生，包括100名1年级女新生和一些其他年级的女生，于1969年9月6日在媒体的关注和审视中进入了普林斯顿的校园。

● 师资力量

作为一所著名的综合性私立大学，普林斯顿拥有著名的教授学者、排位美国前五名的校友捐赠资金、藏书450余万册的现代图书馆，还有一个计算机中心、一个艺术博物馆、一座教堂和社会文化活动场所。学校建有等离子体物理实验室、地球物理实验室、约翰·诺曼超级计算机研究中心等主要科研机构和建筑学院、工程技术和应用学院、威尔逊公共及国际事务学院等研究生院。

在"常春藤"盟校中，普林斯顿大学学生人数不多，目前在校学生人数约6 400人，其中本科生约4 600人，研究生约1 800人。学校的学生来自全美50个州和55个国家，其中海外学生占5%，他们主要来自加拿大、中国、新加坡、英国和德国，学校拥有教师约620余人。

● 今日的普林斯顿大学

普林斯顿大学是全世界最富有的大学之一，迄今为止，已经收到了将近100亿美元，这些均来自校友会源源不断的捐款和一些投资专家的支持。普林斯顿将不少钱花到了为校艺术博物馆购买藏品上，包括莫奈、Andy Warhol以及其他著名画家的作品。

● 大学名人堂

在普林斯顿大学250多年的建校史上，出过不少星光灿烂的人物，对美国的社会文明做出过很大的贡献，从这所学校里走出过大批的科学家、文学家和政治家。著名的相对论大师爱因斯坦、数学大师冯·诺依曼·阿廷等都在这里从事过研究。历届诺贝尔物理学奖得主中，有20多位是这所学校的教授。著名的科学家华罗庚、姜伯驹以及中国科学院外籍院士陈省声、李政道、杨振宁都曾担任过普林斯顿大学的高级研究院研究员。普林斯顿大学还为美国培养了两位总统，有1 000多名普林斯顿大学的毕业生先后担任过美国国会参议员、众议员、联邦政府的高级官员以及州长和州政府的高级官员。由此，普林斯顿大学赢得了"美国政治家摇篮的美誉"。

普利策奖的诞生地
美国哥伦比亚大学

最初的建校目标：在已知的语言、人文和科学领域内教导和教育青年。

它是美国最古老的五所大学之一；欧元之父蒙代尔在这里留下了光

辉的足迹；基因学的奠基人摩尔根在这里掀起了生物界最彻底的革命；美国新闻界至高无上的普利策奖在这里诞生；这里拥有美国第一所授予博士学位的医学院；美国前总统罗斯福，联合国前秘书长加林曾在这里求学；闻一多，徐志摩，李政道等著名学者在这里留下了青春的脚步。250多年来科学与艺术是它永恒不变的主题！

● 历史上的美国哥伦比亚大学

哥伦比亚大学是世界最具声望的高等学府之一。它位于美国纽约的曼哈顿，濒临哈德逊河，在中央公园北面。它于1754年根据英国国王乔治二世颁布的《国王宪章》而成立，命名为国王学院，是美洲大陆最古老的学院之一。美国独立战争后，国王学院正式更名为哥伦比亚学院，1896年成为哥伦比亚大学。

因为经济问题，1857年，哥伦比亚大学校区由曼哈顿下城迁至中城，在此后的40年间，学校增设了医药、法律、工程、政治、建筑、哲学和理论科学等系所。于1897年，哥伦比亚大学再迁至目前的校区，而至1912年，图书馆学系、口腔外科、新闻学院、教育学院等先后加入哥伦比亚大学，哥伦比亚大学正式成为一所综合性大学。

哥伦比亚大学的16个学院和69个系所彼此并不完全隶属，有些甚至在行政、人事和经费上完全独立。早期的哥伦比亚大学只有大学部，且只收男生。1983年学校破例招收女生，成为男女兼收的大学。在哥伦比亚大学现今约20 000名的学生中，研究生约占2/3，而新闻、法律和教育学院只收研究生，一般来说哥伦比亚大学的法律、文史哲、管理、新闻、国际关系系所名声较大，工学院由于成立的比较晚，在排名上就不如前述系所。

自1901年诺贝尔奖开始颁发以来，有77位曾经在哥伦比亚大学学习或工作过的学者获此殊荣。另外有7位美国科学家曾因其在创建于1927年的普平物理实验室的研究成果而获诺贝尔奖。在哥伦比亚大学的教员中，有8位美国国家科学奖章得主，89位美国艺术科学院的现任院士，42位美国国家科学院现任院士。此外，值得一提的是其新闻学院颁发的普利策奖是美国文学和新闻界的最高荣誉。

● 师资力量

哥伦比亚大学属于私立的常春藤盟校，由3个本科生院和13个研究生院构成。现有教授3 000多人，学生20 000余人，校友25万人遍布世界150多个国家。学校每年经费预算约20亿美元，图书馆藏书870万册。哥伦比亚大学是美国最早进行通才教育的本科生院，至今仍保持着美国大学中最严格的核心课程。它的研究生院更是以卓越的学术成就而闻名。整个20世纪上半叶，哥伦比亚大学和哈佛大学以及芝加哥大学一起被公认为美国高等教育的三强。

哥伦比亚大学图书馆下设23座分馆，每个分馆都各具特色，著名的有Butler Library、School of Social Work Library、Columbia Journalism School Library，其中东亚图书馆中有各种中文书籍、流行小说、古典文学，甚至县志都可以找到，并且收集有微缩胶片600万套，2 600万种手稿以及60万册善本书，10万片VCD和DVD，20万份官方文件，还有中国族谱、家谱、谱牒约950种，是除中国的图书馆以外收集中国资料最丰富的图书馆。

● 今日的美国哥伦比亚大学

哥伦比亚大学不但因为是常春藤盟校之一吸引来自世界各国的精英，更因为其位于纽约市，地利方便，使得更多莘莘学子慕名而来，就业率高也正是哥伦比亚大学吸引人之处。据统计哥伦比亚大学毕业生，几乎每四个人就有一个留在纽约地区工作，法学院的校友也是纽约法律界的天之骄子，新闻系的毕业生也大多是三大电视网的中坚分子。

● 大学名人堂

哥伦比亚大学被誉为培养政治、经济领袖人物的摇篮。迄今为止，哥伦比亚大学法学院已培养出了两位美国最高法院大法官——哈兰·菲斯克·斯通和查尔斯·伊万斯·修斯，三位美国总统——美国第15届总统西奥多·罗斯福，第32届总统弗兰克林·罗斯福和第44届总统巴拉克·侯赛因·奥巴马。另外，美国第34届总统德怀特·艾森豪威尔是哥伦比亚大学第13任校长。纽约市有14位市长，纽约州有10位州长是哥伦比亚大学的毕业生。不但如此，美国心理学家桑待克、进步主义先驱柯普居、实验主义教育大师杜威、"欧元之父"罗伯特·蒙代尔都出自哥伦比亚大学教育学院。其实如激光、调频广播的发明，都是哥伦比亚大学的杰作；普利策，美国报坛名人，是哥伦比亚大学新闻学院的创办人，"普利策奖"由哥伦比亚大学新闻学院评审、颁发，因为此奖项的慎重、严谨，哥伦比亚大学新闻学院的地位提升不少。

从哥亚伦比亚大学走出了不少近代中国名人，如早期的胡适之、陈公博、宋子文、顾维钧、李政道、李开复、吴健雄、徐志摩、闻一多、陶行知、梁实秋、侯德榜等，还有近期的倪文亚、李焕、张京育、吴舜文等。

第一所美式大学
芝加哥大学

校训：益智厚生，意思是提升知识，以充实人生。

● 历史上的芝加哥大学

芝加哥大学成立于1890年，由约翰·洛克菲勒创办，1892年10月1日正式开课。校区位于芝加哥闹区，是全美最有名的十大私立学校之一。在学校草创初期，由于获得当时美国石油大王约翰·洛克菲勒的经济援助，让校园内部的软硬件规格在短短10年内便赶上了美国其他老字号大学的规格，再加上校园的地理位置就在美国的金融大镇——芝加哥，因此芝加哥大学在创校时就成为美国人心目中的名校之一。

与哈佛、耶鲁等大学相比，芝加哥大学只能算作一所年轻的大学。自1890年创办至今，芝加哥大学仅有110多年的历史。但是，由于芝加哥大学以开放的精神，兼收并蓄地包容了洪堡与剑桥两种大学的理念，并结合美国社会的现实，建构了独特而卓越的组织理念、研究理念和教学理念，使其在较短的时间内从美国高等教育体系中脱颖而出，成为美国乃至世界一流大学，并被誉为"第一所美式大学"。

● 师资力量

建于1890年的芝加哥大学，是一所历史悠久、规模宏大的综合性私立大学。该校教学科研设备先进，设施齐全，科研教学力量雄厚，是一所有着浓厚文化气息的现代化高等学府。芝加哥大学现有在校学生10 555人，其中本科生3 756人，从事教学和科研工作的全职教职员工共有1 200多名。学校设有数十个学科专业，其中半数以上可以授予硕士、博士学位，特别值得一提的是，该校的人类学、地球科学、经济学、地理学、历史学、语言学、统计学、社会学等学科专业在美国大学的相应领域排名中均居前十名，具有较强的学术实力。"芝加哥学派"在全世界赫赫有名。学校还建有大型癌症研究实验室，全国民意研究中心、富兰克林研究所、远东研究所、米德韦电影制片厂、科克伦–伍兹艺术中心、宫廷剧院、富兰克林–麦克林记忆研究所、都市研究中心、人口研究中心等科研机构和生物科学学院、人文学院、社会科学学院、商学院、公共政策研究学院等研究生院。

芝加哥大学的图书馆拥有多达600万册以上的藏书及数百万卷的手稿和档案。并且从1996年2月起，已有丰富藏书的里根斯坦图书馆将在接下来的10年里以每年94 000册的容量增加藏书量，其他图书馆也是如此。在芝加哥大学图书馆中，建立于1936年的远东图书馆藏书量仅次于哈佛和普林斯顿大学，在美国大学图书馆中排名第3。

作为一所研究型大学，在近70年的发展历程中，芝加哥大学的学生人数基本保持在10 000人左右，其中本科生约占30%，其余是研究生，以法学院和医学院的学生为主。在各种各样的科学研究中，芝加哥大学在物理学和医学方面的成果最为显著。

芝加哥大学的一些研究机构和实验室不仅闻名美国，也闻名世界。著名的研究机构有：建立世界第一个核子反应堆的费米研究所；研究领域主要涉及能源和工程、理论物理、生物和环境保护等学科的阿贡国家实验室；从事太空和高能天体物理学研究的天体物理实验室；从事化学和固体物理学研究、在低温实验和材料实验上拥有一流研究设备的弗兰克研究所等。

● 今日的芝加哥大学

芝大对教育观念的"宏观"与实验精神，奠定了它在美国教育史上的重要地位；而它在学术研究上的地位与贡献也同样值得称道。

芝加哥大学非常注重学术研究，在学术创新上享有盛誉，光商学院就出了6名诺贝尔奖获得者，可见其学术之强。学校也非常鼓励学术创新，在学术上独树一帜，非常重视理论知识教学，这跟很多商学院完全依靠案例教学的方式是非常不同的，从这一点上来说，芝加哥大学的这种特殊的文化教学方式的优点在于，使学生学到了很多扎实的理论知识，而且建立了浓厚的学习氛围。

● 大学名人堂

芝加哥大学是全美国获得诺贝尔奖最多的大学：至2009年共获得82个诺贝尔奖，在世界上也仅次于英国的剑桥大学的83个。在研究生方面，校方提供相当多的学术研究机会，而多数的学术研究机会都来自校方与民间企业的合作。近年来，芝加哥大学校方致力将学术研究的风气推广到大学部，而校方也在近年来提出越来越多的大学部学生研究课程。不过，大学部的学术研究课程目前还局限于商学院或理工学院，文学院与社会科学院的大学部课程仍以课堂教学为取向。自从建校以来，芝加哥大学在许多领域都做出了杰出贡献，为美国和全世界培养了许多杰出人才。芝加哥大学在近期教员中就有11位获诺贝尔奖。他们是：

芝加哥大学第6任校长、校名誉董事、荣誉退休教授、遗传学家、生化遗传学的先驱，1958年因其确定了酶的结构并发现基因对遗传影响而与塔特姆和莱德伯格共同获诺贝尔生理学及医学奖的乔治·比德尔；1966年因其证实注射合成雌性激素能使雄性个体的前列腺肿瘤消失，并证明了使用化学药物控制恶性肿瘤的可能性而与佩顿·鲁斯共同获得诺贝生理学及医学奖的查尔斯·哈金斯博士；1966年获诺贝尔化学奖的罗伯特·马勒肯（化学系教授）；1976年获诺贝尔文学奖的索尔·贝洛（社会思想委员会和英文系教授）；1976年获诺贝尔经济学奖的米尔顿·弗里德曼（经济系教授）；1976年与亚瑟·刘易斯爵士共同获得诺贝尔经济学奖的索多·舒尔茨（经济系教授）；1980年与菲奇共同获得诺贝尔物理学奖的詹姆斯·克洛宁（物理系、恩里克·费米研究所及学院部大学讲座教授）；1982年获诺贝尔经济学奖的乔治·斯蒂格勒（经济系教授）；1983年与威廉·富勒共同获得诺贝尔物理学奖的钱德雷塞哈（物理系教授）；法律及经济运动的倡导者，主张经济上的成本和利润应从法律上加以评判，因此而获得1991年诺贝尔经济学奖的罗纳德·科斯（法学院教授）；由于把微观经济学的研究领域延伸到人类行为及其相互关系方面而荣获1992年诺贝尔经济学奖的加里·贝克尔（经济学教授）。

享有"美国学院之母"美誉的
耶鲁大学

校训：真理和光明。

● 历史上的耶鲁大学

耶鲁大学成立于1701年，是一所私立大学。它和哈佛大学、普林斯顿大学齐名，历年来共同角逐美国大学和研究生院前三名的位置。该校原是一所综合性学院，因清教派领袖马瑟对哈佛大学越来越对不信教者采取宽容态度而深感不满，于是鼓励英国富商耶鲁捐款建立了这所学校。

由于耶鲁不断向这所学校提供捐款，故该校以他的名字命名。学校初期的课程设置注重古典学科，坚持正统的宗教观点。18世纪30年代至80年代，耶鲁大学在伯克利主教、斯泰尔斯牧师、波特校长等的不懈努力下，逐渐由学院发展为大学。至20世纪初，随着美国教育的迅猛发展，耶鲁大学已经发展到了惊人的规模。

耶鲁大学最重要的管理特色是"教授治校"，这一特色对美国高等教育产生了巨大影响。建校初期，经过3代校长的努力，耶鲁大学逐渐形成了董事会不具体参与校务管理，而由教授会治校的法规。在当时的美国流传着这样一句话："普林斯顿董事掌权、哈佛校长当家、耶鲁教授做主。"

300年来，耶鲁人一直为能够坚持独立精神，不向外来的政治压力、物质利诱妥协而自豪。18世纪中叶，托马斯·克莱普任院长期间，坚持耶鲁大学是私立学校，并十分强调大学的独立。为此，他采取一切可能的方式对地方政府的干涉进行抵制，直至诉诸法律。至20世纪60年代越战期间，美国政府下令：凡是自称以道德或宗教理由反战的学生一律不准得到奖学金的资助。当时美国诸多名校都遵照政府的指示行事。唯独耶鲁大学坚守学术独立的一贯作风，仍继续以申请者的成绩为考虑奖学金的唯一原则，完全漠视政府的规定。结果，耶鲁大学因此失去了来自联邦政府的一大笔基金，经济上几度陷入困境，但其信念依然不变。现任校长理查德·莱文亦曾因捐款人对耶鲁大学所设课程及其教授聘任提出附加要求，而毫不犹豫地拒绝了2 000万美元的捐赠。

● 师资力量

大学图书馆藏书600万册，是美国最大的图书馆之一。大学美术馆建于1823年，收藏广泛，是美国大学中最早设立的美术馆之一。耶鲁大学的皮波第自然历史博物馆收藏有古生物、考古和人类文化方面的重要文物。1969年以前，耶鲁大学只招收男生，此后才男女同校。耶鲁大学招生严格，其学术水准和社会声望在全国高等学府中名列前茅。

校教授阵容、课程安排、教学设施方面堪称一流。耶鲁的教师包括卓有成就的历史学家、文学批评家、科学家、工程师、艺术家、诗人等，他们中不少是诺贝尔奖、菲尔茨奖、普利策奖的获得者。

在大多数中国人的心目中，耶鲁大学还是相当神秘的，使人觉得这座校园像是一座"象牙塔"。其实，耶鲁大学更像一个荟萃世界各国优秀人才和人文特色的富于亲和力的"国际社区"。目前耶鲁大学拥有11 000多名学生和3 000多位教员，其中包括来自世界各国的优秀人才。由于具备国际性的教员队伍和学生群体，耶鲁大学能够使所有的学生生活在一个价值无可比拟的环境之中，他们可以接触到多种多样的观点和形形色色具有不同背景、目标和价值观的人。

耶鲁大学取得成功的一个关键之处，在于它拥有巨大的资源，并致力于为所有的学生提供经济资助。30余年来，耶鲁大学满足了所有美国和加拿大学生对于经济援助的需求。现在，来自世界任何国家的学生都有资格获得全额的经济资助。这一政策保证了任何一个学生无须考虑经济因素，只要其具有相应的成绩和潜能，就能够进入耶鲁学习。

● 今日的耶鲁大学

耶鲁大学人文教育的目标之一是培养学生的人文精神——一种追求人生真谛的理性态度，即人生价值的实现、人的自由与平等以及人与社会、自然之间的和谐等。因而在耶鲁大学的校徽上，书写着"光明与真知"几个字，那就是继承欧洲人文科学传统，具体地说是为公理、为民众培养的神职人员——在耶鲁1701年的宪章上写道：教育的目的是使年轻人"能为教会和公共事业服务"。现任校长理查德·莱文也说："让青年学生们用自己在学术、艺术等专业上的成就为社会做出贡献，为人类生存条件的改善而工作。"

19世纪初，美国举国上下提出大学课程设置应着重实用学科，美国东部许多高校纷纷设立实用学科。课程改革的浪潮冲击着美国的大学，也冲击着以保守著称的耶鲁大学，它迅速地对这一浪潮做出反应，其结果是，1828年，在杰里迈亚·戴校长的领导下，耶鲁大学发表了著名的《耶鲁报告》。

● 大学名人堂

迄今为止，有5位美国总统毕业于耶鲁大学：第27任总统威廉·霍华德、第38任总统杰拉尔德·福特、第41任总统乔治·布什、第42任总统比尔·克林顿和第43任总统小布什。耶鲁大学凭借其优秀的学子创造了一个政坛的奇迹：连续三任总统都出自耶鲁，并且其中包括一对父子！当然，除了总统之外，它还培养了众多美国政坛上光彩夺目的领袖人物，前任美国第一夫人——希拉里·克林顿便是一个很好的代表！1789年以来的美国内阁中，9%的成员来自耶鲁大学；十余位美国最高法院大法官都曾在耶鲁大学学习过。耶鲁大学的毕业生中有3位诺贝尔物理学奖、5位诺贝尔化学奖和8位诺贝尔文学奖得主。担任美国企业领导的耶鲁校友，数量远远超过其他大学；耶鲁大学毕业生成为众多著名大学的创始人或第一任校长，如普林斯顿大学、康奈尔大学、约翰·霍普金斯大学、哥伦比亚大学、芝加哥大学等，并因此将"美国学院之母"的桂冠奉献给自己的母校。

此外，耶鲁还造就了灿若群星的各界知名人物：电报的发明者摩尔斯；词典编纂学家诺亚·韦伯斯特；演员梅丽尔·斯特里普和保罗·纽曼等。耶鲁大学学生角逐奥运赛场，夺得50多枚金牌。还有那位著名的美国民族英雄内森·黑尔，他的铜像伫立在耶鲁丹枫似火的校园，那句广为传颂的名言："我唯一的憾事是没有第二次生命献给祖国。"

兼具公立和私立双重性质的
康奈尔大学

● **历史上的康奈尔大学**

康奈尔大学隶属于代表美国顶尖名校的常春藤联盟,除康奈尔大学外,其他七所盟校分别为哈佛大学、耶鲁大学、普林斯顿大学、哥伦比亚大学、宾夕法尼亚大学、达特茅斯学院和布朗大学。康奈尔大学从一开始就兼具公立和私立双重性质,在目前的13所学院中,私人捐助建立的有9所,州政府资助建立的有4所,这在美国是独一无二的,其他"常春藤盟校"则完全是私立的,而康奈尔大学则汇集了公立与私立学院的优点。

康奈尔大学是由企业家埃兹拉·康奈尔和学者安德鲁·怀特两人携手合作创办的一所独具特色的大学,它成立于1865年(获得州长签署的特许状)。其首任校长怀特曾留学法国和德国,后任当时最富改革精神的密歇根大学教授,1864年当选为纽约州参议员并任参议教育委员会主席,恰逢康奈尔在同一参议院任农业委员会主席。康奈尔是一个依靠自己的技术勤劳致富的企业家和农场主,西部联合电报公司股票的最大拥有者。当时莫里尔法案已通过,纽约州议会正在考虑建立一所农工学院。于是怀特说服康奈尔捐资(共50万美元及校园田地),以及政府赠地建立了这所新型大学。康奈尔大学也是最早招收女生(1872年)的大学之一。目前文理学院的招生人数列全校之冠。

● **师资力量**

康奈尔大学拥有学生18 000人,教师2 150人,其中教授905名。图书馆是全美十大图书馆之一,拥有600多万册书籍及6万多本期刊。

康奈尔大学的酒店管理学院是全美首屈一指的。为了训练学生,康奈尔自设了酒店。农业与生物学院在全国同类大学中也数一数二,从这里出来的学生很多都进入了兽医学院继续深造，攻读硕士和博士学位。此外，康奈尔大学还拥有耗资3 500万美元的康奈尔国家超级电脑中心。

康奈尔大学有6个国家研究中心，即高能同步加速器研究中心；科学、工程理论和模拟中心；弗洛伊德·纽曼核研究实验室；数理科学研究所；国家天文学和电离层研究中心（在波多黎各）以及国家纤细结构研究中心。

康奈尔大学的硬件设备相当先进，建有波内克黑文国立实验室、费米国立加速实验室、微绝对温度实验室、生物技术研究所、社会和经济研究所、计算机制图实验室、无线电物理实验室、数学研究所和太空研究中心等一批知名的教学和科研设施。康奈尔大学聚集着一批在国际上享有很高知名度的知名学者，同时，每年还有大批的访问学者慕名来到学校，因此，这里的科学研究硕果累累。

● 今日的康奈尔大学

年老的康奈尔创立这所大学时的意图就是让任何人都能在这里学到想学的科目，完全地发扬学术自由和推动普及高等教育。无论是家境贫寒的劳动阶层还是家境殷实的商宦人家或者书香门第，其子女都可以到这里来学习实用专业技术、学术理论学问、财经商贸知识，或者受到更为偏重人文的综合性教育。今天，康奈尔大学的7所学院每年开设多达4 000多门课程，可以说是实现了老康奈尔的这个梦想。

康奈尔大学更大的创举在于它独特的办学风格，其办学宗旨：把康奈尔大学办成一所任何人都可以接受任何学科教育的学校。根据这条宗旨，康奈尔大学在课程设置方面力求多为学生提供文理并重的课程，并率先实行学生自行选修课程的办法，以尽可能满足学生对高等教育的不同要求。

● 大学名人堂

康奈尔大学的著名校友不少。到1983年为止，该校毕业生中先后有18人获得诺贝尔奖，其中文学奖得主1位，和平奖得主1位，物理学奖得主6位，化学奖得主5位，医学及生物学奖得主5位。1931年毕业于康奈尔大学（博士学位）的威尔斯·比德尔是著名的遗传学家和诺贝尔奖获得者，还曾任芝加哥大学校长。

康奈尔大学几乎从它诞生起，就以其创新精神影响了整个美国高等教育，也为世界各国培养了不少有影响的人物。近年来，康奈尔大学还涌现出一批优秀的华人教员,例如时任该校中美关系史讲座教授、中国与亚太研究项目主任的陈兼,我国的郭永怀、任鸿隽、杨杏佛、戴芳澜、唐钺、邹秉文、张心一、金善宝、曾威、唐振绪、赵祖康、谈镐生等名人都曾就读于康奈尔大学。此外梁思成、林徽因、冰心、徐志摩等人也曾在此学习和生活过。还有少年胡适、桥梁专家茅以升和"清华四导师"之一语言学家赵元任等。

此外,曾在康奈尔大学工作的知名学者包括卡尔·萨根、诺曼·马尔科姆、弗拉基米尔·纳博可夫、汉斯·贝特、克林顿·罗西特、理察·费曼、比尔·奈伊、约翰·克里斯和阿伦·布鲁等。

培养务实、创新型人才的
宾夕法尼亚大学

校训:毫无特性的学习将一事无成。

● 历史上的宾夕法尼亚大学

宾夕法尼亚大学,是美国宾夕法尼亚州费城的一所男女同校的私立大学,也是美国常春藤联合会成员之一。它由美国著名科学家和政治家、独立宣言起草者之一以及避雷针、富兰克林炉和远近两用眼镜等的发明者本杰明·富兰克林创办于1740年,当时为一所慈善党校。

本杰明·富兰克林认为新的知识来自对现有资源最广泛的认识和最有创新的运用。这一思想指导着他的研究工作,同时也是他创办富兰克林学院的指导方针。他想在培养具有创新思维、对他人的创造反应敏捷、不脱离现实生活的人才。这一教育思想始终贯穿于学校260多年的发展历程。

1755年,学校改名为费城学院。1765年学校的第一届毕业生约翰·莫根创建了北美洲第一所医学院,使学校成为事实上的大学。但直到1779年,宾夕法尼亚政府才通过立法对学校进行改组,将其正式命名为宾夕法尼亚州大学。1791年,校名又被缩略为宾夕法尼亚大学。

宾夕法尼亚大学不同于依照英国模式开设老式课程的殖民地学院,它标志着新的高等学府模式在北美洲的诞生。甚至从宾夕法尼亚大学的前身费城学院时代起,学校就深受当时苏格兰教育改革的影响,这在当时的北美洲是绝无仅有的。学校的第一任院长,富兰克林的朋友威廉·史密斯先生就是一位苏格兰启蒙运动的支持者和追随者,他为美国的教育事业做出了许多贡献,将科学学科引入学院传统的希腊语和拉丁语教学大纲之中便是其中一例。可以说宾夕法尼亚大学开创了现代美国教育的先河,它不仅首先设立了科学课程,同时还是第一个开设历史、数学、农学、英语和现代语言等课程的美国大学。

● 师资力量

宾夕法尼亚大学在艺术、人文、社会科学以及建筑与工程教育上处于领先地位,其中最为知名的学科是商学、法学与医学。学校拥有约4 500名教授,近10 000名全日制本科生与10 000多名研究生。2006年学校获得的科研经费达到6 600多万美元,从事研究的人员包括约4 200名教职工、870名博士后、3 800名研究生与5 400多名技术人员。同时,学校每年的建设投入达到4亿美元以上,在常春藤盟校中名列前茅。

宾夕法尼亚大学曾在许多领域做出了很多开创性贡献。如:18世纪时曾任大学副校长的天文学家大卫·里顿豪斯创建了几座著名的机械天文台,其中的一座保留至今,成为校园的景点之一。这种被称为"太阳系仪"的机械装置实际上就是一种机械模拟计算机。1946年,宾夕法尼亚大学莫尔电子工程学院又设计出了世界上第一台全数字电子计算机"ENIAC",开创了计算机的新时代。

学校拥有知名的考古与人类学博物馆,这个博物馆得益于学校著名的考古学系所做出的贡献。博物馆的藏品中有着大量古埃及与中东的文物,同时拥有相当数量的中国文物,其中包括一个来自中国某朝代的世界上最大的水晶球。此外,校园中的当代艺术研究所每年会举办多场不同风格的艺术展览。

宾夕法尼亚大学的建筑由卡普和斯特沃森设计,两位建筑师融合了英国牛津大学与剑桥大学的建筑风格,在保留一些哥特式建筑古老元素的同时,创新并发展出了全新的校园哥特式建筑风格。

宾夕法尼亚大学现已成为拥有12所学院,几百个系、研究所和研究中心的世界一流研究性大学。在1991年度《美国新闻与世界报导》杂志对全美大学进行的评估中，宾夕法尼亚大学被列为第13所美国最好的综合性大学。在2008年度《美国新闻与世界报导》杂志对全美大学进行的评估中，宾夕法尼亚大学与加州理工学院并列第5。

● 今日的宾夕法尼亚大学

2005年华盛顿月报公布的美国大学贡献排名中，宾夕法尼亚大学在私立学校中名列第4。本科生教育方面，宾夕法尼亚大学的商学院与护理学院一直在美国大学中保持前三名的位置，同时知名的院系还包括美国文学系、人类学系、艺术史系、生物工程系、生物系、传播学系、计算机系、电子工程系、英语系、经济系、法语系、历史系、政治科学系、心理学系和西班牙语系。研究生教育方面，学校的商学、建筑学、传播学、医学、护理学与兽医学一直在排名中处于前五名的位置。而法学、公共关系学与教育学则始终处于前十名的位置。2008年5月宾夕法尼亚大学在商学MBA教育中排在世界MBA教育的第3名。

另外值得一提的是沃顿学院下属的公共与城市政策学院。它的前身是1937年由塞缪尔·弗尔斯帮助创立的当地与州政府研究所。1969年研究所成为一个面向全国的弗尔斯政府研究中心，并新开设公共政策分析方面的博士学位课程。1974年，宾夕法尼亚大学在上述中心的基础上正式创办公共与城市政策学院，扩大了教学研究和公共服务的规模。目前学院主要开设公共政策分析和能源管理与政策两方面的硕士及博士学位课程。另外学院还开设众多的继续教育学位与非学位课程，如为政府行政管理人员开设的政府管理硕士学位课程等。

● 大学名人堂

投资家、慈善家沃伦·巴菲特；地产商、企业家唐纳德·特朗普；思科系统公司创始人莱奥纳德·波萨克；杜邦公司第一任总裁尤金·杜邦；投资家、基金经理彼得·林奇；首任加纳总统、非洲独立运动领袖克瓦米·恩克鲁玛；哈佛大学第一位女校长德鲁·吉尔平·福斯特；美国第9任总统、军事家威廉·亨利·哈里森；现任美国驻华大使、前犹他州州长洪博培；建筑师、建筑教育家路易·康；文学家、诗人艾兹拉·庞德；语言学家、哲学家、思想家和政论家诺姆·乔姆斯基；爱沙尼亚共和国总统托马斯·亨德里克·伊尔韦斯；知名埃及考古学家、现任埃及古迹最高委员会秘书长札希·哈瓦斯；美籍华裔建筑师贝聿铭；华人经济学家、香港中文大学教授郎咸平；建筑学家、建筑史学家和教育家梁思成；诗人林徽因；数学家、美国科学院院士、菲尔斯数学奖得主丘成桐；生物学家、中国生物学的重要开拓者王家楫；建筑学家、建筑教育学家杨廷宝；北极光投资创始人邓锋；启明星辰创始人严望佳；中华网创始人叶克勇；银行家、金融学家资耀华等均为宾夕法尼亚大学学生。

美国公立大学的典范
密歇根大学

校训：艺术、科学、真理。

● 历史上的密歇根大学

密歇根大学在美国密歇根州有三个分校。安娜堡分校1817年建校，是美国历史最悠久的大学之一，在世界范围内享有盛誉。建校以来，在各学科领域中成就卓著，拥有巨大影响，被誉为"公立常春藤院校"，与伯克利加州大学素有"公立大学典范"之称。密歇根大学同时也是美国重要的学术联盟以及美国大学联合会的12个发起者之一（哈佛大学、耶鲁大学、普林斯顿大学、斯坦福大学、哥伦比亚大学、加州大学伯克利分校、芝加哥大学、密歇根大学安娜堡分校、宾夕法尼亚大学、康奈尔大学、约翰斯·霍普金斯大学和威斯康星大学麦迪逊分校）。

● 师资力量

根据《美国新闻杂志2000年》的报道，密歇根大学不仅是美国中西部十大名校中排名首位的大学，也是美国名列前茅的公立大学。总部设于安娜堡，学生总数有37 000人；位于Dearborn及Flint的分校则共有15 000名学生。每学期共开办5 600种学士及研究生学位的科目，课程选择富有弹性。密歇根大学拥有全美规模最大的校友会组织，其校友超过40万人。

自1817年建校以来，密歇根大学始终是美国名列前茅的大学之一，设有19个学院，各学院的学术水平排名均领先群雄，其中商学院、人力资源院、社会工作院、社会心理学院、人类学院等更是一枝独秀。大学排名全国前十名的研究院课程有商业、工程、医学、护理、法律、公共事务、心理学、社会学和历史，多位教授及校友在医学、化学、经济学、新闻学、文学等方面，获得诺贝尔奖及普立策新闻奖。密歇根大学还是全美中国学的研究重镇，其亚洲藏书馆的藏书可与哈佛的燕京图书馆相媲美。美国多任驻华大使、克林顿总统的白宫中国事务顾问等均师出该校。钱其琛之子钱宁在该校留学期间著有风靡全国的《留学美国》，书中对该校有详尽描述。

密歇根大学共有20多个图书馆。根据美国研究图书馆协会的报道，密歇根大学图书馆有全美最齐全的数学及牙医学的资料收藏，并且有西半球最多的古代纸草文的收集。其他亚洲、南亚、东南亚、斯拉维亚及东欧等的文件收集之齐全也是全美排名靠前的。密西根大学图书馆总藏书之多，为美国第八大大学研究图书馆。

密歇根大学共设有14个开放给学生及教职员使用的电脑中心，其中许多电脑中心是全天候24小时开放的。大学在每个宿舍也另外设有电脑中心，方便学生的使用。学术媒体中心大楼设有一般及电子式的图书馆、电脑培训室、先进的视像实验室、展览室、电子会议室等，设备十分先进。

作为美国的"学术重镇"，密歇根大学拥有全美最高的研究预算、浓厚的学术气氛、优良的师资以及顶尖的法学院、医学院、工学院、商学院及文理学院，在美国国家研究委员会对美国各大学研究生院41个学科的评估中，密歇根大学总分排名第3。多项调查显示密歇根大学超过70%的专业排在全美前十名。

● 今日的密歇根大学

密歇根大学生命科学研究所开辟了细胞生物学的全新领域，涉及物理学、化学、工程学、计算机科学以及深海潜水和草药研究。这种跨学科交流，一定程度上加快了专业领域的研究步伐，并增强了团队的创新意识。

目前，密歇根已投入1 000万美元，把所有医学和生物学纳米技术研究集中在新建立的跨学科的分子生物学纳米技术研究所，并创立了一个500万美元的基金，用于纳米材料、纳米电子学和纳米生物学的跨学科研究。此外，密歇根大学还把其自主研发的科研产品推向市场来获得一些科研经费。

● 大学名人堂

在密歇根大学的历史上共有7位毕业生和12位教授获得过诺贝尔奖，包括著名华裔物理学家丁肇中，多位校友荣获过图灵奖，6位教授荣获国家科学奖章，7位校友荣获普利策奖，还培养出了7名宇航员。南非总统曼德拉、美国第一夫人希拉里、老布什总统、前印尼总统苏加诺、前菲律宾总统马可斯、前墨西哥总统卡洛斯、台湾的宋美龄女士，以及有美国"汽车大王"之名的亨利·福特等许多国际知名的政治、经济界领袖，均曾获密歇根大学颁发的名誉学位。迈克尔·菲尔普斯，世界上第一个在一届奥运会上勇夺八金的人，也是本校2008届的学生。

此外，还有多位国内名人，如香港特别行政区政务司司长唐英年；物理学家、前台湾中央研究院院长吴大猷；物理学家、中国工程院首任院长朱光亚；化学家、中国国家自然科学基金委员会主任张存浩；法学家，东吴大学法学院教授吴经熊；中国国家大剧院音乐艺术总监陈佐湟等。

美国政治家的摇篮
乔治·华盛顿大学

校训：力量来自事实。

乔治·华盛顿大学(GWU)是美国顶尖的私立大学之一，位于美国首都华盛顿。它是在1821年经由国会的一项法案创立的。经过近200年的风雨洗礼，乔治·华盛顿大学已发展成为一所规模庞大、声誉卓著的国际性研究机构。

● 历史上的乔治·华盛顿大学

建立一所全国性的高等学府是美国第一任总统乔治·华盛顿的一个愿望，乔治·华盛顿大学正是在这个基础上建立的。

作为总统和一名公民，华盛顿相信这个新兴的国家需要一所权威的国立大学，全国各地的年轻人在这里都能得到文、理科的教育。作为美国的首都和当时地理上的中部城市，华盛顿认为这座城市是学校的合适所在地。

1821年2月9日，门罗总统亲笔签署了国会法案，一所全国性的非教会大学在哥伦比亚特区应运而生，取名"哥伦比亚学院"。1873年，哥伦比亚学院更名为"哥伦比亚大学"，1904年，学校最终改名为乔治·华盛顿大学，以纪念乔治·华盛顿对该校的创办做出的巨大贡献。

南北战争的枪声打响后，乔治·华盛顿大学受到重创，学生人数量急剧下降，但教授们却不退缩，在烽火连天的岁月里照样继续坚持上课，甚至经常把学生们请到家里授课。战事紧张时，乔治·华盛顿大学的校园曾一度被改建成临时医院，接收过许多北方军的伤兵。战后，联邦政府雇员急剧增长，同时也促进了学校的发展。学校开设了夜校，增加了新的课程，并且从当地的职员中聘请兼职教员。

在学校第六任校长任职期间，学校增设了理学院，开始提供博士学位，并录取了第一名女性学员。1873年，学校举办了庆祝规模扩大的招待会，当时的总统尤利塞斯·格兰特到会祝贺。在1893年7月27日，学校财务室安装了第一部电话。

1912年，校址迁往雾谷，华盛顿最初规划建校的地方。雾谷是华盛顿的心脏地带，位于宾夕法尼亚大道以南的19到24街区，与白宫、世界银行、国际货币基金组织以及众多的联邦机构、国家艺术馆、博物馆等相邻。

在Cloyd Heck Marvin(1927—1959)任校长的32年间，学校进行了大规模的扩建，增建了Lisner礼堂、一所医院和其他设施。在他任职早期，建设了玫瑰园。并且开始了名为"年度校友赠礼"的项目，此举大大增加了学校的收入。

20世纪30年代，乔治·华盛顿大学一度成为世界闻名的物理学家聚集之地，吸引了许多世界知名物理学家，举办了多个理论物理方面的重要国际会议。爱德华·特勒这位被誉为美国"氢弹之父"的伟大物理学家就在那时与乔治·华盛顿大学结缘。1935年，为躲避战乱，特勒和妻子米奇举家从欧洲迁往美国，1941年前一直在乔治·华盛顿大学任物理教授。

在艾略特(1965—1988)任校长期间，乔治·华盛顿大学经历了又一个大发展时期。学校新建了3个图书馆，增加了许多研究所，并设立了"大学教授"这一头衔作为对最杰出教授的鼓励。

在1988年8月1日，斯蒂芬·特拉奇滕伯格(1988—2007)就任学校第15任校长。在他任职期间，学校经历了黄金岁月。由于校长善于筹款，有了雄厚的资金作保证，乔治·华盛顿大学新建了许多图书馆、教学楼、医院和学院楼，使它的硬件设施达到世界一流水平。

● 师资力量

建校之初，学校只有3个教员，1个辅导教师和30名学生。课程包括航海、哲学、英语、拉丁语和希腊语。1824年，乔治·华盛顿大学举办了首届毕业典礼，美国总统门罗、美国独立战争英雄马贵斯·拉法叶将军亲自到学校捧场。

华盛顿大学具有一流的文化设施，如美国国会图书馆、美国历史博物馆、自然历史博物馆、国家艺术雕塑馆、国立美术馆、美国植物园、印第安人国家博物馆、国家航空航天博物馆、贺旭背博物馆与雕刻公园、美术和工业大厦、史密森尼博物院、傅立尔美术馆、亚瑟·恩·萨克勒美术馆、非洲艺术博物馆等，此外还有一些著名景点，如华盛顿纪念碑、林肯纪念堂、杰弗逊纪念堂、越战纪念碑、朝鲜战争纪念碑、阿灵顿国家公墓、（南北战争北军）格兰特将军纪念碑等。

在美国《新闻周刊》与著名教育机构卡普兰在2005年联合推出"全美最受欢迎的25所大学"，乔治·华盛顿大学榜上有名。乔治·华盛顿大学还荣膺"最受欢迎的政治大学"的称号。

乔治·华盛顿大学被美国人称作"政治家的摇篮"，从诞生之日起，大学就跟美国政府关系密切。它的"可靠性和风险分析研究所""政府和商业管理学院"向白宫源源不断地输送着新鲜血液。甚至国家"命门"就寄身在该校，比如，一所情报判读机构的全称就叫"乔治·华盛顿大学国家安全档案分析所"。

● 大学名人堂

政界：杰奎琳·肯尼迪、玛格丽特·杜鲁门、琳达·约翰逊、杰弗里·卡特、戴维·艾森豪威尔、西奥多·罗斯福、赫伯特·克拉克·胡佛、沃伦·甘梅利尔·哈定、卡尔文·柯立芝、哈里·杜鲁门、约翰·菲茨杰拉德·肯尼迪、罗纳德·威尔逊·里根、乔治·赫伯特·沃克·布什等。

军界：四星上将、前总统国家安全事务助理、前参谋长联席会议主席、前国务卿科林·卢瑟·鲍威尔；现任参谋长联席会议主席彼得·佩斯；前参谋长联席会议主席约翰·维西；前参谋长联席会议主席约翰·沙利克什维利；海岸警卫队现任参谋长萨德·艾伦；美国首位华裔将军、曾任百人会会长的傅履仁等。

商界：高盛集团首席投资策略师兼总经理，华尔街的"多头女司令"艾比·约瑟芬·柯恩；韩国三星集团董事长李健熙；全球最大的体育电视网ESPN创始人兼首任总裁切特·西蒙斯；美国在线总裁瑞蒙德·奥格里希洛普；巴黎雅诗兰黛全球企业总裁埃德迈尔·艾沃德；纳斯达克监管公司总裁玛丽·凯普瑞尔；全球第一个私人女性太空旅行者、伊朗裔女富豪安萨里；新加坡环球发展有限公司创建者，新加坡MPH主席西蒙·成；巴拿马航空公司总裁佩德罗·希布隆等。

学术教育界：诺贝尔奖得主、全国健康学院神经科学家路德·布莱德利；普利策奖史学奖得主、康奈尔大学历史系教授迈克尔·卡门；美国物理学家、科普作家、宇宙大爆炸理论的创立者乔治·伽莫夫；美国物理学家、氢弹之父爱德华·泰勒；哈佛大学前校长德里克·博克；图兰大学现任校长斯科特·科文等。

名副其实的研究型大学
约翰·霍普金斯大学

校训：知识使人心自由。

约翰·霍普金斯大学创建于1876年，约翰·霍普金斯大学位于巴尔的摩市的北部，地处集小城镇的魅力与大都市的活力于一身的查尔斯居民区的中心。校址的地名为霍姆伍德，原是《独立宣言》签名人之一的查尔斯·卡罗尔之子的庄园。霍姆伍德是一个十分漂亮的地方,约翰·霍普金斯大学校园设在这里既从霍姆伍德的秀丽景色中沾了不少自然风光,又为霍姆伍德的居民区增添了一道典雅的人文风景。

● 历史上的约翰·霍普金斯大学

约翰·霍普金斯大学建立之初就雄心勃勃,为自己设定了较高的起点。不同于哈佛、耶鲁、哥伦比亚等大学,约翰·霍普金斯大学在起步阶段就把目标放在科学研究领域,而不是仅仅局限于教学工作。我们知道,19世纪中叶以前,美国高等教育体系主要承袭英国的教育传统,注重教学,不搞研究工作。但在欧洲大陆的德国,那里的大学在向学生传授知识的同时,还积极鼓励大学教师从事研究工作。由于美国大学仅仅只有教学,大学提供的学位也只能停留在本科生学士一级,没有高层次的硕士和博士学位。与此相对照的是,由于德国注重研究,那里的一些著名大学已开设研究生院,专门培养高层次研究人才。为此,一些美国大学生为了进一步深造,往往在美国读完本科之后去德国攻读更高一层的学位。面对这种局面,美国的一些有识之士开始考虑改进美国大学的办学方法,在从事教学的同时,再开展一些高层次的研究工作。在这些关心美国高等教育的人中,有一个巴尔的摩市的富商,名叫约翰·霍普金斯,对美国大学仅仅从事教学不敢恭维,提出向德国学习,创办研究型大学。在他逝世前,约翰·霍普金斯留下遗嘱,明确指出,他的遗产用于创建一所仿效德国大学模式的研究型大学。于是,以这位富翁名字命名的大学———约翰·霍普金斯大学便应运而生了。

约翰·霍普金斯大学的首任校长丹尼尔·吉尔曼是个思想相当解放的人,他对约翰·霍普金斯的创新思想极为赞同。在他担任校长期间,丹尼尔·吉尔曼顶住来自各方面的干扰,致力于研究性学科的发展,率先在美国大学设立了研究生院。美国第一所研究院性质的医学院和公共卫生学院,就是在约翰·霍普金斯大学首先成立的。这一新的发展模式,为美国现代大学的发展揭开了第一页,也对其他大学产生了重大影响。继约翰·霍普金斯大学之后,哈佛、耶鲁、哥伦比亚等大学也即刻群起效仿,建立起研究生院和医学、法学等专业学院。一种新型的大学模式——研究型大学,就此在美国揭开第一篇章。

● 师资力量

自创建以来，约翰·霍普金斯大学一直致力于高水平的研究和教学工作。在美国高等院校中，霍普金斯大学的医学院和工学院长期以来享有崇高的声誉。它的医学院和公共卫生学院不仅建立时间最悠久，而且在众多相关学科领域一直保持全美、甚至全世界的领先地位。在美国历年进行的全美医学院评比中，约翰·霍普金斯大学的医学院始终名列前三名，1980年还被评为第1名。约翰·霍普金斯大学的医学院里，云集了许多包括诺贝尔奖获得者在内的一流医学专家。约翰·霍普金斯大学的工学院也极为出色。自1913年建立约翰·霍普金斯大学威汀工程学院起，工程教学和研究一直在该校受到极大重视。在该工学院里，一位教授和学生曾一起开发出了世界上第一台电子计算机——ENIAC。现代CPR技术也是由该校工学院的教授创造出来的。此外，给河水加氯消毒的早期研究工作也是最先在约翰·霍普金斯大学的工学院进行的。《美国新闻和世界报道》杂志在最近进行的一次大学学科排行榜评比活动中，把约翰·霍普金斯大学工学院排在全美最好工学院之列。

除了在医科和工科方面享有盛誉之外，约翰·霍普金斯大学在社会科学和人文学科方面也具有很高的知名度。以人文学科为例，约翰·霍普金斯大学的写作研讨班驰誉全美。在社会科学方面，约翰·霍普金斯大学政治系的国际研究课程不仅是该校最受欢迎、选修学生最多的课程，而且在全国高校的同类学科中也属于佼佼者。

● 今日的约翰·霍普金斯大学

在约翰·霍普金斯大学这种注重培养学生研究能力的办学思想指导之下，该校学生较早就养成了独立研究的习惯，其中很多人就此走上高层次的研究道路。据有关资料统计，霍普金斯大学的本科毕业生中，近2/3的学生毕业之后不是进入研究生院进一步深造，就是考入医学和法律等专科学院学习。这一比例在全美大学中绝对属最高之列。也许是基于这一原因，约翰·霍普金斯大学长期以来不追求扩大学生人数，而是把在校学生人数限定在5 000左右，以真正做到突出研究，做一个名副其实的研究型大学。从某种程度上说，约翰·霍普金斯大学在培养学生的研究能力上实现了自己的目标，因为在约翰·霍普金斯大学的毕业生中有20名左右的人后来摘取了诺贝尔奖桂冠。目前，有2名诺贝尔奖获得者和4名麦克阿瑟奖获得者在霍普金斯大学工作。

与其他注重抽象性理论研究的大学不同,约翰·霍普金斯大学的研究侧重于应用性。在约翰·霍普金斯大学的各个学科领域,教授和学者们都无一例外地强调知识的实用价值。心理学、人类学和文化研究的教授们借助各自的学科知识,告诉学生这些知识对认识自己、互相沟通、促进了解的重要作用;工程学、医学、计算机科学的教授们则在他们各自相关学科领域,向学生传授掌握技术知识的实际本领,帮助他们到这个竞争激烈的社会里去拼搏;国际问题和经济问题专家们通过现实世界中的种种实例,让学生明白,世界上的许多争端和矛盾可以凭借政治学家和经济学家的智慧和经验得到妥善的解决。由于能够有效地把理论知识和实际运用相结合,学生们在约翰·霍普金斯大学学到的东西相当实在,真正达到了"经世致用"的目的。

基于这一原因,约翰·霍普金斯大学对自己颁发给学生的学位证书感到极为自豪,认为约翰·霍普金斯大学的学位证书"含金量"很高,标志着学生在掌握实际本领上取得了较好的成绩。而一代又一代从约翰·霍普金斯大学毕业的学生们,则用他们在约翰·霍普金斯大学学到的知识、受到的训练和养成的习惯作为起点,在各自的新岗位上发挥才能,成为美国各个重要领域里的杰出人物。

有"南方哈佛"之称的
杜克大学

校训:知识与信念。

● 历史上的杜克大学

杜克大学创建于1838年,共拥有2 583名教授、6 244名本科生和6 844名研究生。当时是由北卡州的烟草大亨詹姆斯·杜克为纪念他的父亲华盛顿·杜克,利用慈善家Julian S.Carr所慷慨赠予的9 000英亩土地，无私忘我地投入全部产业和资金，不断扩充而发展成为今日傲视全美的杜克大学。

杜克大学历史上曾有过"南方哈佛"之称。其学费之昂贵与哈佛平分秋色，但杜克绝佳的设备、小班制、个别关照、城乡并重及文理合一的观念，是其他大学极为称羡的。其本科学院在2007年美国大学排行榜上排名第8，列全球大学排行第11位。连续5年在全美大学排行榜上名列第5。本科课程提供36门文理专业及46门可选择的第二专业。图书馆藏书量列全美第8名。

● 师资力量

杜克大学的图书馆拥有超过500万卷的藏书，论其规模，排名于全美私立大学图书馆系统前十名。它有1770万的手稿，120万的公共文件和数以万计的电影、录像带。

图书馆在学校有9个分支。除了位于教堂附近的Perkins图书馆外，还有生物学环境学图书馆，化学系的图书馆，Lilly图书馆（拥有美术、哲学、电影录像和表演艺术等收藏），音乐图书馆，海洋图书馆和Vesicle图书馆（拥有工程学、数学和物理学的藏书，现已搬迁）。学校档案室、善本、手稿和特别收藏都属于Perkins图书馆系统的收藏。2008年杜克大学首次公布了5 000张甘布尔在1917—1932年间在中国拍摄的珍贵历史照片。

博斯道图书馆是为了纪念学校理事会成员罗伊·博斯道而命名的，它在2005年开馆，是根据学校的规划，为了完善杜克大学的图书馆系统而建立的。它毗邻Perkins图书馆的有利位置使之成了Perkins系统图书馆里藏书范围最大的一个。如果你看到了这个图书馆里学生单独或者集体学习的场面，你一定会对这个图书馆的容量表示赞赏。

● 今日的杜克大学

近几年来，杜克以学术为重，稳定发展，作为一个学术研究机构享有盛誉。1993年，杜克的3人小组在极具权威的William Lowell Putnam数学比赛中勇夺第一，并赢得了美加最优秀本科生数学小组的称号。1996年和2000年，杜克两次重温了这项荣誉。在过去十年中，除哈佛之外，只有杜克的小组在这项比赛中9次都取得前三名。

1994年，占地31万平方英尺的Levine交叉科学研究中心建成并成为美国最大的跨学科的研究中心。同年后期，公共政策学院搬到了新楼，同时东校区的新宿舍也投入使用。1995年，Peter Nicholas向环境学院捐赠了2 000万美金，这些资金被用来创建了林学院和海洋实验室。另外，詹姆斯·杜克的女儿向学校捐赠了1 000万美金用于研究。1998年，杜克大学前校长创始了一项五年集资15亿美元的活动。1999年，Edmund T.Pratt向Pratt工程学院捐赠了3 500万美元。2000年之后，校园发展的速度一直没有减慢。截止至2003年，杜克共筹集了23.6亿美元，是美国高等教育历史上第五大集资款。在1994年财政年中，研究花销超过4.9亿美元，取得了无数的重大突破。去年，杜克大学有3个本科生获得了罗德奖学金。杜克大学历史上共有40人获得过这项极具声望的奖学金，是获得该项奖学金人数第二多的学校。最近的研究突破包括制造隐身衣的设计，以及在人类基因组计划中对人类最后一条染色体测序的贡献。

● 大学名人堂

媒体杂志名人如Dan Abrams、John Feinstein、Charlie Rose、Judy Woodruff。在艺术领域，杜克大学的校友有Annabeth Gish（X档案和白宫风云的主演），Randall Wallace（《勇敢的心》《珍珠港》《我们曾是战士》的编剧、发行者和导演）等。世界500强公司的执行总裁中很多是杜克大学的校友，如波士顿技术公司、思科、埃克森美孚（财富五百强首位）、通用汽车、摩根士丹利、西北航空等。CBS新闻报道的总裁、美国联邦通信委员会主席以及公共广播系统主席也都是杜克大学的校友。

世界上最大的债券基金公司PIMCO的经理比尔·格罗斯，1966年毕业于杜克大学三一学院。2005年与其妻共同捐赠0.23亿美元给母校杜克大学用于学生奖学金。其女珍妮佛，是97届杜克大学校友。世界首富比尔·盖茨的夫人、成立"比尔及梅琳达·盖茨基金会"的梅琳达·盖茨；1950年毕业于美国杜克大学森林系，获博士学位，并任中国林业科学研究院副院长的吴中伦；1937年毕业于杜克法学院的第37任总统尼克松；杜克大学历史上第一位国际学生宋嘉澍；前中国证监会副主席，现任中国社保基金副理事长，中金公司执行董事长，2008年被推举为现任校董的高西庆等均毕业于杜克大学。

美国最大的私立大学
纽约大学

校训：坚持和超越。

纽约大学是美国最大的一所私立大学。纽约大学的创办人为托马斯·杰弗逊总统时期的财政部部长艾伯特·格兰提。其建校的宗旨是："在一个巨大并且快速发展的世界性大都市中，建立一个充满理性并富有实践精神的教育和学术系统。"

● 历史上的纽约大学

纽约大学成立于1831年，创校至今已有170余年的历史。鉴于1828年伦敦大学的成立，人们进一步认识到纽约人也应该拥有一所属于自己的大学，于是由艾伯特·格兰提和一群热爱教育的纽约市民创立了纽约大学，由艾伯特·格兰提先生担任第一任校长。创校之初，只有158名学生及14位教授，至今已有超过46 000名学生，分别来自美国50个州及世界120个国家，而教授人数也超过了5 000位，成为全美最大的一所私立学校。这一切均可归功于纽约大学办学的成功。

● 师资力量

全校共有5处独立的图书馆，还不包括各学院系专业的图书馆。总图书馆拥有200万册以上的藏书、当代期刊、各式文献手稿及一个现代化的视听中心。视听中心珍藏大量录音带、录像带，供学生选借欣赏。举凡法律历史、法理学、犯罪学、生物学、税法、国际法等有关法律的专业丛书，皆有计划地予以收藏。

纽约大学包括14个学院和分校，在曼哈顿地区拥有6个研究中心。纽约大学每年有来自世界各地的大约5 000名在校学生和3 000多名教师。在170多年的岁月中，纽约大学成为众多著名学者、艺术家和作家的摇篮。在人文科学、自然科学、经济学、商学、法律、教育、医疗、艺术等各个领域，纽约大学都已达到了世界级的教学和研究水准，并获得了广泛的世界性声誉。

纽约大学商学院是纽约大学中最著名的一所学院，在经济、商业和管理等领域有着非常突出的学术成就。商学院在上百年的历史中也积累了一定的声望。仅举最近的例子：在《金融时报》2003年全球EMBA项目排行榜中，纽约大学商学院综合排名第5、金融科目单项排名第1；《美国新闻和世界报道》2003年全球在职MBA项目排行榜中，纽约大学商学院综合排名第1；在《商业周刊》2003年全球EMBA项目排行榜中，纽约大学商学院综合排名第7。

● 今日的纽约大学

纽约大学当初建校的精神既是提供更高深的学问去激发个人在商学、科学、艺术及法律等学科的潜力，并同时兼容理论与应用并重的理念。这一观念之所以能够被彻底实践，并造福许多纽约大学的学生，其原因是纽约大学地处全世界文化及金融中心——纽约市，使得纽约市大部分的资源均能被学校所用。如博物馆、画廊、音乐厅等，提供了学生们实地去印证所学的场所；更值得一提的是纽约市也提供了许多实习及工作的机会，让大多数的学生在学习生涯中，可以得到宝贵的工作经验，发挥学以致用的精神。例如电影、电视系的学生有机会去电视台实习；酒店管理系的学生可以到酒店实习；而主修社会工作的学生，更有机会去研究日益严重的社会问题。这优厚的条件是其他大学所不能比拟的，也为纽约大学学生日后的就业铺平了道路。

● 大学名人堂

一般而言，纽约大学较为偏重人文艺术及社会科学，举凡在这些方面的校友们大都有杰出的表现。纽约大学曾出现过12位元首级人物，另外如辜振甫、陈履安、马英九等几位名人也皆为纽约大学毕业的校友。而同学们在校友优异表现的带动下，莫不呈现一股蓬勃进取、奋发向上的精神。在校园内随处可见同学就地讨论功课，在华盛顿广场发表自己的作品或理想，使校内处处弥漫着独立研究思考的学术氛围。

纽约大学商学院在金融领域著名的校友包括：美国联邦储备委员会主席格林斯潘、莱曼兄弟投资银行控股公司总裁理查德·福德、美国纳斯达克股票交易所CEO兼总裁罗伯特·格雷费尔德、美国运通金融公司董事局主席Haroey Golub、瑞士信贷第一波士顿银行董事局主席Allen Wheat、中国信托商业银行总裁Jeffrey Koo等。2003年诺贝尔经济学奖得主罗伯特·恩格尔，目前为纽约大学商学院金融学教授。

美国最大的大学
德州大学奥斯汀分校

● 历史上的德州大学奥斯汀分校

德州大学奥斯汀分校是美国南部最负盛名的大学。得克萨斯大学奥斯汀分校是得克萨斯大学的主校，也是美国最大的大学，始建于1883年，是德州境内最顶尖的高等学府之一。

得克萨斯大学奥斯汀分校位于美国第二大州——得克萨斯州的首府奥斯汀，该市为美国5座最佳居住城市之一，为美丽的山川湖泊环抱，景色宜人，也是美国的政治中心之一。奥斯汀还被誉为美国IT业的"硅山"，是全球最大的计算机系统公司戴尔的摇篮。另外，奥斯汀的街头音乐和夜生活也为它在民间赢得"音乐之都"的称号。

● 师资力量

德州大学奥斯汀分校现有学生48 000余名，教师2 700名以及19 000名员工。每年的研究经费高达3.8亿美元。该校也是杰出的体育运动大学，曾被体育画报评为"美国最佳体育大学"。此外，德州大学美式足球队于2006年1月在玫瑰碗球场举行的玫瑰杯比赛中击败南加州大学夺得全国冠军。

得克萨斯大学校友中既有诺贝尔奖得主、也有普利策奖得主和图灵奖得主，还有3位是国家科学奖章获得者，现任教授中有13位国家科学院院士和40位国家工程院院士。

德州大学奥斯汀分校没有医学院，位于达拉斯的德州大学西南医学中心生物学综合排名第14，医学院排名第16。奥斯汀各科都很强，工程和传媒等学科尤负盛名。

● 今日的德州大学奥斯汀分校

得克萨斯大学奥斯汀分校是"德州大学系统"15所大学成员中最负盛名的综合大学，是一所在全美乃至全世界都享有盛名、历史悠久的公立学府。在2001年全美大学排名中该校位居全美50所名校之列，工程类研究生院和教育类研究生院排名分别位居第9名和第12名，顶尖的商学院和法学院分别排在第16名和15名。尤其值得一提的是，该校获得的经济资助和捐款仅紧次于哈佛大学，该校的学费比较便宜，奖学金份额较多，有约2 000份，这也是该学校之所以能在全美最有价值大学排名第10位的重要原因。

奥斯汀是德州首府，这个城市在美国西部拓荒史的早期，只是一个叫作Waterloo的小镇。根据记载，它是由4个移民家庭在科罗拉多河畔定居后慢慢扩大而形成的都市，至今已有近200多年的历史了。后来因为科罗拉多河的防洪发电工程兴建而带动了该城的工业发展，现已成为国防和消费品工业的研究发展中心。

著名的企业家大学
宾夕法尼亚州立大学

校训：使生活更美好。

● 历史上的宾夕法尼亚州立大学

宾夕法尼亚州立大学建于1855年，位于宾夕法尼亚州的斯泰特科利奇，在全国共有24个分校，是美国最早建立的大学之一，最早是宾夕法尼亚州农学院。2004年和2005年《新闻周刊》列出了全美最热门的25所大学的名单中，宾夕法尼亚州立大学被评为"培养企业家最出名的大学"，宾夕法尼亚大学人力资源管理专业在全美排行榜中名列榜首。

一百多年来，宾夕法尼亚州立大学以本科生、研究生教育和继续教育为主要形式，通过知识的传播及其在自然科学、应用科学、社会科学、艺术、人文科学和其他特定领域的应用来促进人类的发展和经济的发展。学校集教学、科研和公共服务于一体，为美国乃至全世界培养了大批优秀人才，是一所享有极高声誉的综合性公立高等学府。

● 师资力量

宾夕法尼亚州立大学在全国共有24个校区，在宾州处处可见，极大地方便了宾州教育、科技的发展。主校区位于大学公园城，在校学生达80 000多人，下设11个学术学院，分别是：农业科学院、艺术与建筑学院、商学院、传媒学院、地球与矿业科学学院、教育学院、工程学院、健康与人类发展学院、信息科学与技术学院、人文学院、理学院。共有160多个专业可以授予学士学位，150多个专业可以授予硕士和博士学位。

宾夕法尼亚州立大学的新闻与传媒学院全美知名，新闻行业权威的威廉·伦道夫·赫斯特基金会评选的新闻事业奖项中，宾夕法尼亚州立大学总体排名第4，写作排名第2，广播新闻排名第3，摄影新闻排名第9，广播新闻写作排名第3。

宾夕法尼亚州立大学的商业教育更为知名，10个本科生院中有6个开设企业管理课程，而且各具特色：商学院和工程学院联合开设复合型企业管理课程，使工程专业的学生懂得经营公司，而商科学生则可掌握最新的工程技术；酒店管理专业学生经营着学校酒店和会议中心；传播学院则注重培养信息型企业家；在农业科学院的学生们则边学习市场营销策略，边品尝自制的葡萄酒。宾夕法尼亚州立大学人力资源管理专业在全美排行榜中名列榜首。会计学排名第4，物流管理排名第5。

在《2007美国新闻与世界报道》中，宾夕法尼亚州立大学排名最佳博士大学的第47位，最佳本科课程第18位，最佳公立大学第13位。工程学院排名全美第14位，其中工业制造系排名第4，工业工程系排名第7。

培养影视艺术名人的
南加利福尼亚大学

　　校训：Let whoever earns the palm bear it.

　　南加利福尼亚大学，位于加州洛杉矶市中心，由监理会于1880年创立，是加州及美国西岸最古老的私立大学。至今已经走过了120多年的历程。南加州大学不仅见证了19世纪美国西部的"淘金热"与20世纪信息革命的发展，也见证了洛杉矶——这个美国仅次于纽约的第二大城市的崛起和发展。在美国西海岸，南加州大学也和洛杉矶同气连枝一起成长。

● 历史上的南加利福尼亚大学

　　位于美国西南部的洛杉矶市中心的南加州大学是美国西部最古老的大学，也是世界知名的拥有丰富设备、教学资源以及一流课程与师资力量的私立大学，它同时也是"美国大学联盟"的一员，全称南加利福尼亚大学，一般简称为"南加州大学"。南加州大学为洛杉矶的第一所全能大学。南加州大学亦是获得美国联邦政府给予"研究与发展"经费最多的十所美国私立大学之一。

　　校地由三位富有的洛杉矶居民捐赠，大学开设时，共招收了53位学生和10位教职人员。首届毕业生有3人——两男一女。

● 师资力量

　　南加州大学是新近的诺贝尔化学奖得主、洛克碳氢研究所所长George Olah教授的驻在处。南加州大学也是少数同时拥有两座由国家科学基金会提供资金设立的工程研究中心，他们分别是专门研究网络及多媒体的综合多媒体系统中心以及微电子生物系统中心。此外，南加州大学还被美国国土安全部选为第一所国土安全卓越中心。

　　全美第一的影视艺术学院也许是南加州大学中最出名的学院，授予学位给文学考论、编剧、电影制片、电影创作等专业，在2001年，影剧学院新增了南加州大学互动多媒体部门，研究包括立体电影、超宽银幕电影、沉浸体验电影、互动电影、电玩、虚拟实境和行动多媒体等新媒体形态。学院长期由多位杰出校友大力支持，其中包含知名校友乔治·卢卡斯、朗·霍华、罗勃·辛密克斯、约翰·米辽士等。在2006年9月19日，南加州大学宣布乔治·卢卡斯捐赠了1.75亿美金给南加州大学影视学院，这是南加州大学历史上收到的最大单笔捐赠。

2004年3月2日，由Max Nikias院长领导的南加州大学工程学院重新命名为Andrew and Erna Viterbi工程学院，用以纪念高通公司创办人Andrew Erna Viterbi夫妇，最近曾捐赠5 200万美元给学校，这笔捐赠是有史以来使工程学院改名最大的一笔。Viterbi工程学院不断地收到来自各方的捐赠，其中包含2004年来自硅谷的资本家Mark Stevens和Mary夫妇所成立的USC Stevens Institute；2002年以不动产企业家Epstein的名字命名了工业工程学系；2005年以美国能源公司首席执行官John Mork家族为名命名了化学工程与材料科学系；同样在2005年，美商温瑞尔公司首席执行官Ken Klein成立了Klein大学部工程机构，而在发明指纹辨识系统的科进系统公司创办人谢明则在2006年捐赠了3 500万美元给南加州大学谢明电机系，这是史上单一科系所收到的最庞大的捐赠。

● 今日的南加利福尼亚大学

南加州大学电影与电视学院当之无愧在美国独领风骚。它伴随着好莱坞的电影工业发展，造就了不少电影界的奇才，例如电影《星际大战》的导演乔治·鲁卡斯等。每年的奥斯卡颁奖典礼上，都会有南加州大学的校友获奖或者被提名。这些校友在功成名就后以资金赞助学校的发展，是校方丰沛的财源之一。南加州大学电影学院对于美国电影业发展的影响也反映于此。例如蜚声国际的导演史蒂芬·斯皮尔伯格虽然毕业于加州州立大学，但是却同样给予了南加州大学电影学院大量的资助。此外，安娜伯传播学院的各项学科从来都在排行榜上排名前十位。法学院和医学院为加州和美国，甚至世界培养了无数优秀的律师和医生。在今年的《美国新闻与世界报道》的研究院排行榜上，南加州大学的理工学院的排名更是上升到了第6位，在私立大学里仅次于麻省理工学院和斯坦福大学。在近十年里南加州大学的大腕教授越来越多，获得全国性大奖的教授也越来越多。目前在南加州大学的教授群中，有20位美国国家科学院和医学研究院院士，26位美国国家工程院院士和18位美国艺术与科学院院士，其中化学系教授George A. Olah于1994年独享诺贝尔化学奖奖金。

南加州大学现有学生28 000多名，其中研究生约占一半，是美国西部入选美国大学联合会的4所私立大学之一，其毕业生中担任商界、政府和专业领域重要领导职务的不乏其人，遍及美国、太平洋地区乃至全世界。

作为一所大学，南加州大学无疑是成功的，你永远不用担心在这里接受不到完整的大学教育。这所西部规模最大也最古老的私立大学同样也是当地的第一所全科大学。

● 大学名人堂

虽然只有100多年的历史，但南加州大学的课程水平却备受肯定，其中商学院、电影学院、传播学院、建筑学院、医学及理工学院等在美国大学中相当知名，在《美国新闻与世界报道》的排名上也从不缺席。尤其电影学院伴随着好莱坞的电影工业发展，造就了不少电影界的奇才，最著名的校友是电影《星球大战》系列的导演乔治·卢卡斯和音效大师班·布特；《达·芬奇密码》的导演朗·霍华德；《阿甘正传》的导演罗伯特·泽米吉斯、约翰·米辽士；巧克力工厂的导演大卫·沃尔普等，这些校友在功成名就后以资金赞助学校的发展，是校方丰沛的财源之一。此外，还有第一位踏上月球的人尼尔·阿姆斯特朗。

世界最残酷的大学之一
卡内基梅隆大学

校训：全心全意工作。

卡内基梅隆大学创建于1900年，创办者为美国知名的工业家及慈善家安德鲁·卡内基先生。卡内基先生起初是抱着为匹兹堡地区劳工阶层的子女提供职业学习教育的理念，设立了卡内基专门技术学校，也就是卡内基梅隆大学的前身。尔后于1912年再次更名，至1967年与梅隆学院合并，定名为卡内基梅隆大学。

卡内基先生的名言"My heart is in the work"，全心全意工作的态度，也是这所大学的传统精神，即使经历了百年内数次重大革新，这样的信念依旧根深蒂固地融于整个大学文化中。卡内基梅隆大学对学生的训练异常严格，课业繁重，在普林斯顿评论每年"学生累得像狗一样的大学排名"中，一直高居前几位，与加州理工学院、麻省理工学院、芝加哥大学、普林斯顿大学等同为美国乃至全世界训练最为残酷的大学。2006年新闻周刊将卡内基梅隆大学评为"新常青藤名校"。

● 历史上的卡内基梅隆大学

卡内基梅隆大学是一所美国的研究型私立大学。该校位于宾夕法尼亚州匹兹堡市。1967年由卡内基理工学院和梅隆工业研究所合并成立。该校拥有全美第一所计算机学院和戏剧学院，该校的艺术学院、商学院、工学院以及公共管理学院都在全美名列前茅。其计算机科学研究和麻省理工学院并列全美第1名。

卡内基和梅隆均为美国近代史上举足轻重的人物。卡内基是20世纪初美国四大财阀之一，其财富在人类历史上居于第2位，仅次于石油大王洛克菲勒。而梅隆是美国著名的银行家，梅隆金融财团的大家长，并于1921年至1932年间担任美国财政部长，历三届政府而不倒。梅隆财团是全世界最大的资产管理公司之一，于2007年与纽约银行完成并购。

1900年，安德鲁·卡内基致信政府，愿意出资100万英镑建立一所技术学院。后来政府在肖莱公园附近划出32公顷土地建成了卡内基技术学院。根据卡内基的设想，学院将为当时的匹兹堡培养3年制所需的工业专门人才。最初该学院包括科学与技术学校（培养工艺师和助理工程师）；艺术学校（培养设计师和手艺人）；培养制造业和建筑业的学徒工和熟练工学校，以及一所培训家庭主妇和秘书的玛格丽特·莫莱逊·卡内基学校。在这以后的20年中，学院还设置了硕士和博士的培养教程。

1967年，梅隆学院和卡内基学院的董事会决定两所学院合二为一，并取名卡内基梅隆大学。1968年，玛格丽特·莫莱逊学校改成一所人文和社会科学方面的学院；同时，又新建了招收研究生的学校，如工业管理学院、城市与科学方面的学院，以及近期新建的计算机科学学院。另外一些新的研究中心，如软件工程及机器人中心等也相继诞生。

● 师资力量

对于卡内基梅隆大学而言,过去每一次更名都可视作该校发展的里程碑,步步迈进,迄今已成为拥有8 000多名学生、4 000多名教职员工与研究团队的全国性研究型大学,深具国际威望。

在"全美大学龙虎榜"上排名第24位的卡内基梅隆大学,学术排名却是第21位。该校目前拥有7个学院,包括科技工程学院、艺术学院、人文社会科学学院、自然科学学院、工业管理研究所、电脑科学学院、公共行政管理学院。

该校拥有多个不同的学科,包括国家公认的认知心理学、管理和公共关系学、写作和修辞学、应用历史学、哲学和生物科学。它的计算机、机器人科学、理学、美术及工业管理等专业都是举世公认的一流专业。特别是计算机专业,与麻省理工学院、斯坦福大学和加州大学伯克利分校并列全美榜首,美国卡内基梅隆大学的软件工程专业更是遥遥领先于其他名校。卡内基梅隆大学在国际软件业界拥有极高的声誉,目前国际软件行业最通行的标准软件生产能力成熟度模型(CMM)正是由该校的软件工程研究院研发并制定的。近年来,卡内基梅隆大学在原有的CMM体系基础上又推出了CMMI最新体系,成为软件行业的最新标准。

卡内基梅隆大学的软件工程学院成为美国国防部军管研究院,是全球软件学院的楷模,全球500强企业中IT巨头们纷纷在卡内基梅隆大学捐款并设立研究所,以至卡内基梅隆大学的来自学员的学费收入仅为其每年总收入的极小一部分。正因如此,卡内基梅隆大学对入学学生的要求之高为全球瞩目。

卡内基梅隆大学还被公认为将计算机应用于教育的先驱者,其中以两位创始人安德鲁·卡内基和安德鲁·梅隆命名的"安德鲁"校园网至今在美国高校中保持着领先优势。

卡内基梅隆大学在艺术方面的发展,可追溯至1917年,当时就提供了戏剧相关的学士学位,开启了艺术人才的培育,至今该校的艺术教育更成熟而丰富了。

● 今日的卡内基梅隆大学

美国卡内基梅隆大学还是NASA航空航天科研任务的主要承制单位之一,该校的机器人研究所从事过自动驾车、月球探测步行机器人,单轮陀螺式滚动探测机器人的研究。美国国防高级研究计划局已经与卡内基梅隆大学国家机器人工程协会和波音公司签订了制造和测试无人地面战车的合同。这将是人类首次尝试生产在所有地形条件下都能够正常工作的无人地面战车。该大学对空间机器人的研究有很长的历史。目前，卡内基梅隆大学为五角大楼研制的"角斗士"战斗机器人在对抗测试中大获全胜，并开始挑战打造"未来美军"的技术难关。同时，卡内基梅隆大学也是世界上规模最大、参与人数最多的机器人足球比赛"RoboCup 机器人足球世界杯"的主要赞助者之一。

● 大学名人堂

由于在多个应用学科门类都积淀深厚，卡内基梅隆大学的校友获得过各专业领域的最高奖项，如诺贝尔奖、图灵奖（计算机专业最高奖）、奥斯卡奖（美国电影界最高奖）、艾米奖（美国电视界最高奖）、托尼奖（美国戏剧界最高奖）等。其中与卡内基梅隆大学有关的诺贝尔奖得主超过 15 个，比较著名的如电影"美丽心灵"的主人公，博弈论的始作俑者约翰·纳什；人类历史上罕见的通才，在心理学、计算机、经济学等领域都做出开创性贡献的百科全书式的人物希尔伯特·西蒙。

与卡内基梅隆大学有关的中国名人有：中国桥梁之父、中科院院士、美国科学院外籍院士、卡内基梅隆大学历史上授予的第一个博士茅以升；计算机专家，2005 年 7 月加盟 Google 并担任中国区总裁一职，2009 年 9 月 4 日宣布离职，目前是"创新工厂"的创始人李开复等。

美国"领导级的研究大学"
佛罗里达大学

校训：国家的利益取决于人民的道德。

● 历史上的佛罗里达大学

佛罗里达大学的前身是 1853 年东佛罗里达州立神学院，在 19 世纪

60年代，该神学院与佛罗里达州农业大学合并，1905年迁校至甘斯威尔并正式定名为佛罗里达大学；1906年开课时只有102名学生，并仅限于男性，至1947年才开始接受女性入学，学生也猛增到43 000名。佛罗里达大学是佛罗里达州历史最悠久、最具规模的公立大学，亦为颇具威望的美国大学协会的成员之一（全美共17所）。佛罗里达大学是美国学术研究最具多样化的公立大学之一，其正规课程、国际教学以及研究领域都拥有很长的历史。

● 师资力量

目前佛罗里达大学共有学生48 000人，其中本科生33 600人，研究生14 400人，男女生比例为47∶53，学校规模庞大，2008年全美大学综合排名第49，美国大学2008年材料工程专业排名第9，美国大学2008年核能工程专业排名第10，美国大学2008年化学分析专业排名第10。值得一提的是，佛罗里达大学学生虽多，素质却相当不错，获得国家级奖学金的学生人数在众多大学中名列前茅，因此，可以说佛罗里达大学的学生是量与质兼备的。尤其佛罗里达大学在国际教育方面已努力多年，经验丰富，对于国际学生而言，该校所提供的服务、课程、研究以及教学口碑都很好，因此每年慕名申请的国际生人数相当多。目前，在校国际学生约有2 400人。

佛罗里达大学的新闻传媒学院是世界一流的新闻传媒学院，其广告学专业和公共关系专业在全美大学的专业排名高居首位。其在国际和跨文化广告、全球品牌、大众媒体日程设置活动计划、大众传播和学习、广告中的创意和影响力等领域的研究和实践卓有成效。佛罗里达大学零售营销研究中心是美国三大零售营销研究中心之一。

在学术研究方面，佛罗里达大学的农学研究成果及推广教育为佛罗里达州的农业发展助益良多，而卡内基协会也曾评定佛罗里达大学是一所领导级的研究大学。佛罗里达大学是由21个专门院校和100多个研究与服务机构以及教育中心所组成的，提供了超过100种大学部主修科系与近200项研究所课程，且多数的课程采取小班制，一个班级通常少于25人，因此，教学品质能够得到保证。

● 今日的佛罗里达大学

佛罗里达大学是该州最大、最古老的综合性大学，也是全美最大、最好的大学之一，被卡内基高等教育委员会评为全美领先的研究型大学之一，是美国大学协会62个享有很高声誉的会员之一。

佛罗里达大学是全美入学人数排名第3的大学。佛罗里达大学的财政预算在全美排名第8（每年预算约为19亿美元）。佛罗里达大学共有16个学院和超过150个研究机构。2005年佛罗里达大学获得国家奖学金的学生数量排名全美第2，仅次于哈佛大学。著名的运动功能饮料"佳得乐"也是佛罗里达大学的研究专家最早开发出的产品，其名称带有明显的学校文化的烙印。

佛罗里达大学在《美国新闻与世界报道》的全美大学综合排名中名列第49位，是公立常春藤之一。在上海交通大学的2007年《世界大学学术排名》中排在全世界第51位，全美第38位，在2006年的《华盛顿月刊》所作的排名中排在全美第37位。2007年的《新闻周刊》把佛罗里达大学列为"25个最性感的大学"之一。

● 大学名人堂

佛罗里达大学当前校友数量超过320 000名，其中包括2位诺贝尔奖得主，8位参议院议员，35位众议院议员，10位州长以及多位外交大使。

被誉为"美国航空航天之母"的普渡大学

校训：教育、研究、服务。

● 历史上的普渡大学

普渡大学是位于美国中西部印第安纳州西拉法叶城的州立大学。1862年，美国总统林肯签署了由佛蒙特州参议员贾斯汀·摩利尔所提出的土地拨赠法案，联邦政府按照众议员的数目给各州拨地，而这些土地出售后的资金，用来建设以传授农业和机械知识为主的大学。1865年，印第安纳州政府收到拉法叶地区的商业领袖和慈善家约翰·普渡所捐赠的15万美元，包括Tippecanoe郡既有的5万美元经费及由拉法叶居民提供的150亩土地，于1869年在拉法叶市郊的这片土地上正式设立普渡大学。

普渡大学在1874年9月16日正式开始授课，初期的普渡大学只有3栋建筑物、6位教师及39名学生，并在1875年正式颁发了第一个学位。同年，普渡大学招收了第一个女性学生。1883年，普渡大学学生人数增加至350人。在20世纪初期，普渡大学开始在学术、教学及设备三方面快速扩张，并逐渐成为全美知名的大学。

普渡大学向来以理、工、农见长，被称为"美国航空航天之母"和"旅游界的哈佛"，教师和学生中有多人获得诺贝尔物理学奖、化学奖和经济学奖。

● 师资力量

普渡大学的管理专业也在全世界享有很高的声誉。普渡大学管理学院于1958年由工业管理与交通系和经济学系合并而成。在2001年研究生学院排名中，《美国新闻与世界报道》将其克兰纳特管理研究生院按综合实力排在全球第23位。其中生产运作管理和定量分析专业排在前十位。2002年《金融时报》按地域分布情况将克兰纳特管理学院的MBA课程评为全球第4位，按学生达到目标情况评为美国第6位、全球第8位。另外，普渡大学的教育学、数学、化学、心理学、计算机科学、听力学研究生院（系）也都在美国排名前54位之内。

西拉斐特主校位于芝加哥西南部，以工科和农学见长，现有12个学院和400多个实验室，其中工学院和文学院规模最大，共开设了200多种授予学位的专业和近6 100门课程。在校学生38 208名，来自美国50个州和全世界129个国家，其中研究生有1 622名，研究生课程和科研都归研究生院负责。美国北方学院中心协会授权该校颁发博士学位。

● 今日的普渡大学

普渡大学也是美国国际学生最多的大学之一。2000年，普渡大学招收国际学生2 892名，占该校学生总人数的8.2%。根据国际教育研究院统计，普渡大学为国际学生最多的公立大学，并在全美所有大学中排名第4位。

目前工学院教师中有20位美国工程院院士、2位美国技术和创新奖得主、45位美国科学基金得主，其中电机及计算机工程系有4位美国工程院院士、2位美国工程院Gordon Prize得主，1位美国技术奖得主，1位电气和电子工程师协会主席，23位电气和电子工程师协会院士。

普渡大学向来以理、工、农见长，但近年来也在其他领域积极发展，2006年在《美国新闻与世界报道》全美大学排行榜上，普渡大学工学院名列第6位。

普渡大学的其余5个分校区在管理和学位授予上均有所不同。其中韦恩堡分校和印第安纳波利斯分校为印第安纳大学与普渡大学合办。韦恩堡分校由普渡大学管理，颁发印第安纳大学或普渡大学的证书。印第安纳波利斯分校，由印第安纳大学管理，颁发普渡工程技术学院、理学院、旅游学院、会议和事件管理学院的学位。盖莱默分校有4个学院，在校学生达9 103名。普渡大学中北分校有11个学院和3 493名在校生。位于德国汉诺威的德国国际行政管理研究生院是普渡大学在美国境外开设的，可授予该校克兰纳特管理学院的MBA学位。该校的目标是为职业经理人提供决策技巧，覆盖信息技术、金融、会计、市场营销、战略管理、制造、定量方法、经济分析和组织行为等方面，其特点是注重实践学习。

● **大学名人堂**

中国人对普渡大学并不陌生，因为它是中国"两弹元勋"邓稼先的美国母校，抗日名将孙立人也曾在普渡大学求学并获得学士学位。2001年10月，清华大学以年薪10万美元聘请美国工程院院士、普渡大学工业工程系塞尔文迪教授担任清华工业工程系第一任系主任，开了外国一流学者任清华系主任的先河。

普渡大学培养了美国大学中人数最多的宇航员，包括第一位登上月球的阿姆斯特朗和最后一位离开月球在内的22位宇航员。2009年1月将美联航受损飞机成功迫降在纽约附近冰河上，并挽救了155人生命的英雄飞行员就是普渡大学产业心理学的硕士毕业生。

普渡大学诞生的著名NBA球员有：1980年NBA状元乔·巴里·卡罗尔；1994年NBA状元格伦·罗宾逊以及火箭队2007年新秀卡尔·兰德里、国王队的布拉德·米勒等。

美国较大的州立大学
俄亥俄州立大学

校训：Disciplina in civitatem.

俄亥俄州立大学目前是美国规模较大的大学，它由位于哥伦布的主校园和位于利马、曼斯菲尔德、马里恩、直布罗陀岛、纽瓦克和沃斯特的分校组成。它成立于1870年，是一所州立大学。俄亥俄州立大学是美国一所顶尖的公立大学，在美国所有注重研究的大学里，综合排名第15。此大学现被《美国新闻与世界报道》杂志评为2007年公立学校本科学院排名中第19名，所有学校本科排名第57，也是俄亥俄州排名第1位的公立学校。

● **历史上的俄亥俄州立大学**

1870年俄亥俄农业和机械学院成立，1873年开始招收学生。这所学校一开始位于哥伦布市外，其主要专业是农业和机械。俄亥俄州后来决定扩大教育范围，从1878年开始，这个大学改名为俄亥俄州立大学。直至1998年，俄亥俄州立大学拥有硕耳射电望远镜——世界上最大和使用时间最长的用于搜索外星智慧的射电望远镜。

● **师资力量**

俄亥俄州立大学共分为5个校区，包含俄亥俄大学校本部在内，大约有将近20 000名学生在此就读。光是研究所的学生就有近3 500人，其中的2 300人为全职学生。1804年建立了俄亥俄大学的图书馆，为全球知名图书馆之一，它知名的原因在于它的馆藏丰富，有200万册的藏书、11 000种定期刊物、160万份缩影片，并且与美国各地公共图书馆网络联机，建立良好馆际合作，图书馆各部门均采用全面自动化操作系统，每年约有33万册的借书量纪录。

俄亥俄州立大学的商学院建于1916年，如今已经发展成为美国前25位的商学院，拥有实力很强的本科和研究生专业。商学院下设5个系，包括会计学、金融、管理学、管理和人力资源、市场学和后勤学。在2000年《美国新闻与世界报道》所作的美国顶尖商学院最新排名中排在第21位，其行政学院、法学院也很出色，在2000年最新美国相应专业领域排名中分别排在第30位和第37位。

据《纽约时报大学指南》报道，俄亥俄州立大学最好的学科有会计、化学、经济、教育、地理、工业设计、外文、物理、政治科学和工程。最多学生选修的学科，依次是商科管理（19%）、工程（10%）、社会科学（9%）、教育（9%）、大众传播（9%）等。

俄亥俄州立大学拥有齐全、先进的科研和教学设施，如计算机科学研究中心、生物医学工程研究中心、中世纪和文艺复兴研究中心、高级信息技术研究中心、人类资源研究中心、公共政策研究中心等。同时，这里还聚集着一批知名的学者，从而使这里成为科研和教学成果辈出的地方。

● 今日的俄亥俄州立大学

目前俄亥俄州立大学所在的哥伦布的主校园是美国最大的单个校园。俄亥俄州立大学的语言学系和商业、教育、政治学、舞蹈和工程学院非常著名。医学院的詹姆斯癌症医院是美国最先进的癌症研究所之一。著名的威克斯纳艺术中心也位于哥伦布校园中。俄亥俄州立大学是美国顶尖的公立大学，以优良的传统及学术研究上的竞争力享誉全美。

最合算的大学
莱斯大学

校训：Letters, Science, Art.

● 历史上的莱斯大学

1892年由得克萨斯州棉花巨富威廉·马歇尔·莱斯创建的莱斯大学，位于美国南方宁静的得克萨斯州休斯敦市郊，为美国南方最高学府。莱斯大学曾与北卡罗来纳州的杜克大学和吉尼亚州的弗吉尼亚大学齐名，号称为南方哈佛。

莱斯大学以工程系闻名，凭借高水准的教学质量和低廉的收费标准，不仅登上《美国新闻与世界报道》最佳大学排名榜前20名之列，也在《金钱》杂志"最合算的大学排行榜"上荣登榜首。在美国大学学费以每年高于通货膨胀率的速度增长、家长和学生纷纷叫苦的时候，这所美国南部实力雄厚的大学，确实有极大的号召力。

莱斯大学多年来以工程、管理、科学、艺术、人类学闻名，以高水平的教学态度、低廉的学费，吸引了不少家庭经济条件不是很好的学子前来求学，并且提供了213个体育项目方面的奖学金，并有60个名额给予女性同胞们，可谓是价廉物美，物超所值的一所好大学。

其优秀的学术水平，在全美大学排行榜所列举的数据中均有体现：莱斯大学1998年的排名是第17位，与华盛顿大学并列。1996年它的录取率是19%，1997年为24%，这比多数常春藤大学还低。它的学生中，88%在高中时都是名列前茅的优秀生。莱斯大学的学生，在全美考试SAT分数的中段50%（这个概念指的是：将学习好的25%和学习差的25%，都不列入计算）的分数是1 330—1 540分，足够与哈佛、耶鲁这些名校媲美。

莱斯大学采用小班制教学，校园不大，确是美丽、和谐的，师生之间的互动良好，充满活力，其优秀的学术水准，在全美大学排行榜时常可见，在众多的科系当中，物理、英语、历史、考古学非常受学生们欢迎，工程学、医学预科的录取率极低，竞争激烈。

● 师资力量

莱斯大学的规模很小，只有2 600多名本科生。可是却有高达12.5亿美元的校友捐助！这就是它能够提供廉价的教育的原因之一。致力于综合教育及预科教育的莱斯大学是以它的工程学院出名的，可是近年来，它致力于本科的综合教育以及专科预备生的预科教育，仅是一个"优秀的工程学院"的称呼早已对它不适合了。不仅物理系非常不错，英语、历史和考古学系也非常受学生们的欢迎。不用说，工程系和医学预科（8年的荣誉双学位项目每年只收15个学生），是全校竞争最激烈的。莱斯大学建筑系是全美最好的建筑系之一，而空间物理系与美国宇航局交往甚密，并有几个共同的研究项目。

● 今日的莱斯大学

莱斯大学能够做到博采众长，集"好大学"该有的特点于一身。100多年前得克萨斯棉花巨富威廉·马歇尔·莱斯建校时，在学术上以治学严谨的普林斯顿大学作模范；在宿舍管理系统上则是效仿英国牛津大学的"住宿学院制"；在建筑风格上，许多学生说校园内笔直参天的橡树、石子小径和西班牙地中海式的房屋，都使他们想起斯坦福大学；而在价格上，莱斯大学则更像美国的一般公立大学。

刚建校时，莱斯大学的办学宗旨是为了"教育得克萨斯州和休斯敦市的青年"，但今天，校园中有52%的学生是从全美其他各州而来的。28%的学生是少数民族，还有1%是留学生，而几乎所有新生都是从公立高中毕业的。

从牛奶学院到超级大学的
密歇根州立大学

校训：传播知识，改变人生。

密歇根州立大学位于美国密歇根州的首府兰辛市，它的前身是成立于1855年的密歇根农学院，是美国的第一所农学院。他们的建校思想是：科学是普通教育的一个组成部分，知识的价值就在于它能够解决世俗问题。

● 历史上的密歇根州立大学

在1930年以前，学校没有什么名气，30年代后，汉纳就任校长后，发生了根本的改变。汉纳明白，办大学靠的是师资，凭农学院的名气和财力，根本无法与其他学校去争夺明星教授，他决定从年轻学者中培养"明星"，对有成就的教授，通过加薪、晋级、表彰等手段，使之不断进步。1954年密歇根州立大学成了美国排名第9位的大学，有学生15 000人、教授2 000多人。汉纳认为："只要社会上需要，我们就应该满足。"意思是社会需要什么样的人才，我们就开设什么专业去培养，以满足社会的需求。这一教育思想的落实，使他们的学校成为著名的"十大联盟"中的一员。1964年，进入了"美国大学联合会"。汉纳的继承人亚当斯，从耶鲁大学来到密歇根州立大学时说："汉纳把一个昏昏沉沉的奶牛学院改造成了一所全国甚至有国际声望的超级大学。一个太阳永不落、水泥永不凝固的庞大帝国"。

随着土地拨赠法案的实施，密歇根州立大学成为男女同校并将课程延伸到农业之外的其他领域的大学。二战之后，密歇根州立大学的学生人数增长了3倍并成为一所重要的大学。到2005年为止，密歇根州立大学成了美国录取人数排名第6的大学。密歇根州立大学同时也是美国大学协会的成员之一。

● 师资力量

学校共有15个学院，200多个院系和专业，很多专业在全美高校中名列前茅，且世界闻名。全校共有40 000多名学生和3 000多位教授，来自120个国家的500位访问学者和2 800余名留学生，另外有1 200位教授曾在世界各国从事教学或科学研究。密歇根州立大学校园是全美几个最大、最美的校园之一。优美的环境为学生提供了良好的活动场所。

在大学本科学生和9 488名研究生中，有54%是女性，约18%—19%的学生来自密歇根州立大学，其余则来自其他州和125个国家。密歇根州立大学有大约4 500名教职员和6 000名雇员，而学生与教师的比例约为19∶1。密歇根州立大学和其他大学一样拥有大量的助教。

密歇根州立大学图书馆是北美第26大的学术图书馆系统，收藏有超过470万本书籍和640万张微缩胶片。这座图书馆系统共由9个分部组成，其中有关于非洲的收集是全美最多的。其他值得注意的收集包括柏特·凡谷声音资料库、内藏超过4万多小时的有声书，以及罗梭·奈流行文化收集和数量庞大的美式漫画收集。

密歇根州立大学不但以教育和农业理论闻名，同时也是包装与音乐治疗研究的先锋。密歇根州立大学拥有全美历史比较悠久的酒店管理学院。密歇根州立大学的海外研修课程是全美单一校园大学中规模最大的一个，并提供超过200门课程。

● 今日的密歇根州立大学

受汉纳"世界就是校园"这一信念的影响，密歇根州立大学现在每年有1 500余人到国外短期学习，在人数上居全美之首。美国大学国外学习项目超过千人的学校有6个。密歇根州立大学、得克萨斯大学、宾夕法尼亚大学、亚利桑那大学、威斯康星大学、俄亥俄州的迈阿密大学。

密歇根州立大学2002年在研究经费上共花费2.89 787亿美元，创下投资研究纪录的新高。1877年植物学教授威廉·比尔执行了第一个有纪录的玉米基因杂交并增加产量。乳品教授马康·特在20世纪30年代发明了牛奶均质化的方法。20世纪60年代密歇根州立大学的科学家们发明了对抗癌症的药物异体铂。现今密歇根州立大学持续它的研究，包括与美国能源部合作的"密歇根州立大学－美国能源部研究室"和一部叫做国家超导粒子回旋加速器实验室的粒子加速器。2004年研究粒子回旋加速器的科学家成功研制出了名为"锗六十"的锗同位素。同一年密歇根州立大学与北卡罗来纳大学和巴西政府在智利安第斯山脉南部共同合作的天体物理学研究望远镜（SOAR）动工，这个跨国合作的望远镜可以让物理与天文部门研究宇宙的组成和起源。同时，从1999年起，密歇根州立大学参与另一个以发展密歇根当地生物科技为目标，叫做密歇根生命科学走廊的合作计划。

自由开放的
布朗大学

校训：我们信赖上帝。这句美国人的格言也被印在了一美元的纸币上。

● 历史上的布朗大学

布朗大学是美国一所著名的私立大学，是美国最早建立的高校之一。1764年刚创建立之初，它并不叫布朗大学，而是叫罗得岛学院。那时，它的校址建在罗得岛的沃伦市，并在1765年正式招收第一批男生入学。1770年，罗得岛学院搬迁到现在的罗得岛州府——普罗维登斯市。由于罗得岛学院地处一座小山之上，所以那里的地方又被称作"学院山"，并沿袭至今。1804年，一个名叫尼古拉斯·布朗的人捐给罗得岛学院5 000美元，以便在该学院设立一个教授席位。同年，为了纪念尼古拉斯·布朗对学院的慷慨捐赠，罗得岛学院正式改名为布朗大学。布朗大学是美国东北部著名的"常春藤联盟"8所大学之一。布朗大学是常春藤盟校中资力最浅，但却最有性格、最会创新、最为开放、最受学生欢迎的大学。

60年代中后期，在美国校园运动高潮期，布朗大学决定放弃原有的教纲，而实施与传统教学方针大相径庭的"布朗教纲"，为学生们提供完全自主、最大限度上自由的教育体验。这在当时的学术界和教育界是绝无仅有的，布朗大学也因此被冠以最为"自由开放"的头衔。

● 师资力量

布朗大学的最大特色在于：不论是在学术上还是在非学术方面，特别强调和崇尚自由。其本科生课程也因此备受美国高等教育界人士的推崇。在这里，学生都被当作成人平等对待，他们可以自主选择自己感兴趣的专业和课程。但是，由于该校是美国学生争相报考的热门重点大学，被录取进校的学生都是成绩优异者，因此学生之间的竞争也是非常激烈的。学校共有学生近8 000人，其中研究生近1 500人。

它每年的校友捐助率在盟校中虽然居中，金额却是最少的，与财大气粗的哈佛、耶鲁相比，简直是小巫见大巫。校友捐助基本都用在了当年的开支上。大概正因为如此，布朗大学在招生时，对95%的学生实行不看收入的"蒙眼式录取"，而对剩下的5%，则依其经济能力优先录取实力雄厚的。

作为一所研究型大学，布朗大学在相当多的领域中展开了积极、创新的研究，在美国学术界赢得了崇高的声誉。一般而言，布朗大学的所有学科在美国高校中都属一流水平，这也是布朗大学经常被选入一年一度的全美20大名校排行榜的原因所在。但相对而言，布朗大学的人文学科特别出色，它在古典文学、英文、历史、西班牙文和艺术史等方面的研究一直名列前茅，深受学界人士的赞誉。在这些学科领域，布朗大学的师资力量和研究条件在美国都是堪称一流的。此外，布朗大学的心理学、数学、机械工程、土木工程、物理、计算机科学和地球科学也相当不错，在美国高校中享有较高知名度。从这些学科领域中毕业的高学历学生，后来大多成为美国学术界和科技界的精英力量。

布朗大学的图书资料相当丰富，是美国新英格兰地区最大的大学图书馆之一，在全美109所服务于学术研究的大型图书馆中排名第48位。整个大学图书系统共有6个图书馆，它们是小约翰·洛克菲勒图书馆、科学图书馆、约翰·海图书馆、奥威葛音乐图书馆、艺术幻灯片图书馆和人口研究图书馆。小约翰·洛克菲勒图书馆主要收藏社会科学方面的书籍、杂志和政府文件；它同时设有报纸杂志室、阅览室。科学图书馆收集了物理、生物和医学等方面的书籍，并藏有大量的地图。约翰·海图书馆专门收藏善本、手稿和其他比较专门的档案材料，如美国作家和诗人的手稿等。音乐图书馆、艺术幻灯片图书馆和人口研究图书馆，如同它们的名称所显示的，专门收藏音乐书刊、磁带、唱片、艺术幻灯片和人口流动、人口统计等方面的资料。除了这6个图书馆之外，布朗大学还有一个不归其管辖，但坐落在其校园内的图书馆，名叫约翰·卡特·布朗图书馆。这座图书馆藏有4万多册图书，其中大部分书涉及欧洲国家在美洲新大陆的扩张及这种扩张对欧洲产生的影响。这座图书馆对研究美洲历史的学者极为有用。

布朗大学的研究设施在美国大学中也是属于一流的。全校拥有许多设备齐全的现代科学实验室，其中比较著名的包括巴鲁斯-豪利实验楼（工程学和物理学）、林肯费尔德实验楼（地质学）、普林斯工程实验室、麦特卡夫化学实验室、医学研究实验室、生物医学中心、亨特心理实验室和植物环境实验室等。除了上述理工科领域的实验室之外，布朗大学还拥有两个用于社会科学研究的资料中心。它们分别为：海芬瑞福人类学博物馆和社会科学数据中心。海芬瑞福人类学博物馆是鲁道夫·海芬瑞福捐赠给布朗大学的礼物，里面珍藏着从世界各地收来的人类遗骨和考古文物，藏品达10万件之多，是人类学家和考古学家研究人类发展史的重要博物馆之一。社会科学数据中心藏有丰富的人口研究资料和心理学研究资料，是布朗大学社会学系和心理学系师生们的学术活动中心。

历时12年的一项研究结果表明,布朗大学的学生们对布朗大学的教育经历相当满意。大部分人相信在布朗大学的学习生涯给他们的未来做了最好的准备,认为"布朗教纲"、布朗的学术自由和教育哲学非常优秀。更多的布朗人甚至说,如果有选择的话,愿意再上布朗读一次大学,而92%的人将鼓动自己的孩子就读布朗大学。

● 今日的布朗大学

布朗大学的入学竞争极为激烈,本科生入学率为14.6%,这是全美所有具有博士授予权的高校中接受率比较低的。在校学生来自全美50个州,以及世界上65个不同的国家。布朗大学的资金资助项目每年以奖学金、助学金、贷款等形式向学生提供大约7亿美元的资助,这使得超过50%的学生可以获得资助。

正是由于布朗大学较早摆脱了教会的束缚,所以它得以在建校不久就确立自己世俗性的办学宗旨。概括地讲,布朗大学的办学宗旨包括两条原则:一是发现和利用知识,二是借助教育手段把学生引进知识世界。

● 大学名人堂

布朗大学好像与总统的儿女特别有缘,也最受他们欢迎,如肯尼迪总统的儿子小约翰·肯尼迪;卡特总统的女儿艾美·卡特,都在这里度过了他们的大学时光。就连克林顿总统唯一的女儿切尔西,也一度被媒体盛传要去布朗大学读书(切尔西在左挑右选之后,终于去了有"西部常春藤"之称的斯坦福大学)。这充分反映了布朗大学的知名度,也说明它在学术界的地位与其他常春藤大学不相上下。